2020年度国家出版基金项目

阿坝藏族羌族自治州档案馆 / 编

走近国家级档案文献遗产——羌族《刷勒日》

羌族 刷勒日 唱经（上）

杨成立 肖永刚 马杰 / 译著

肖永庆 / 唱

四川大学出版社

总 策 划：王　军
项目策划：杨岳峰
责任编辑：杨岳峰
责任校对：宋彦博　李　耕
封面设计：墨创文化
责任印制：王　炜

图书在版编目（CIP）数据

羌族《刷勒日》唱经：上下 / 肖永庆唱；杨成立，肖永刚，马杰译著. — 成都：四川大学出版社，2020.12
（走近国家级档案文献遗产. 羌族《刷勒日》）
ISBN 978-7-5690-4191-0

Ⅰ.①羌… Ⅱ.①肖… ②杨… ③肖… ④马… Ⅲ.①羌族－原始宗教－古籍－中国 Ⅳ.① B933

中国版本图书馆 CIP 数据核字（2020）第 265640 号

书　名	羌族《刷勒日》唱经（上下）
	QIANGZU《SHUALERI》CHANGJING（SHANGXIA）
唱　者	肖永庆
译　著	杨成立　肖永刚　马　杰
出　版	四川大学出版社
地　址	成都市一环路南一段24号（610065）
发　行	四川大学出版社
书　号	ISBN 978-7-5690-4191-0
印前制作	墨创文化
印　刷	成都市金雅迪彩色印刷有限公司
成品尺寸	170mm×240mm
印　张	30
字　数	460千字
版　次	2020年12月第1版
印　次	2020年12月第1次印刷
定　价	198.00元

版权所有 ◆ 侵权必究

◆ 读者邮购本书，请与本社发行科联系。
电话：(028)85408408/(028)85401670/
(028)86408023　邮政编码：610065
◆ 本社图书如有印装质量问题，请寄回出版社调换。
◆ 网址：http://press.scu.edu.cn

四川大学出版社
微信公众号

序一

羌族《刷勒日》是古羌人留下的唯一一本图画形式的古籍，合则为册，展则为卷，一直被淹没在历史的长河中，不被世人知晓。阿坝藏族羌族自治州档案馆的杨成立经过几十年辛苦的调查与深入探索，终于完成了国家重点档案抢救项目羌族《刷勒日》的初释与研究工作，其意义深远，唤醒了民族的记忆，追寻了族群的历史，传承了古羌文明的智慧，是羌文化保护与传承的典范，值得点赞！杨成立是一位羌文化的守望者，一生致力于羌文化的保护与传承。羌族《刷勒日》文献搜集与整理研究是其独立完成的国家重点档案抢救项目，是阿坝州申报成功的唯一一个国家级档案文献遗产项目，是阿坝州中国档案文献遗产名录里的一张亮丽名片，填补了阿坝州没有国家级档案文献遗产项目的空白，使阿坝州民族档案工作有了新的成绩。

羌族《刷勒日》内容丰富、包罗万象、博大精深，是古羌人集体智慧的结晶，被今天的羌人称为"天书"。《刷勒日》主要有两部分内容，一部分是古羌人"观天俯地"的成果，另一部分是古羌人"察人"的成果。读取《刷勒日》的信息需要看图和听阿爸许唱经来配合完成。《刷勒日》的图画采用的是中国画的传统画法，其写实部分形象生动，写意部分抽象晦涩，图画整体风格古朴、寓意丰富。因为阅读时需要将阿爸许口耳相传的唱经与图画相配合，所以《刷勒日》只有阿爸许能够识读、记录、传承、利用，是羌族的濒危文化遗产。《刷勒日》承载着羌文化的核心内容，是古羌人认识世界的智慧成果。

阿坝州档案馆安排杨成立对《刷勒日》进行全面调查，访问了所有的传承人，系统搜集有关《刷勒日》的信息，并作了初步阐释，目的是让更多的人了解《刷勒日》，传承《刷勒日》，使《刷勒日》走出濒危状态，更重要的是鼓励引导传承人把羌文明的基因继续完整传承下去。经过杨成立多年的辛劳，终于形成了今天这些成果，我感到非常欣慰。这为我们准确释读羌族"天书"《刷勒日》、打开羌文化的宝库提供了一把至为关键的"钥匙"，为下一步的研究打下了基础，为羌文化的传承发展提振了信心，增强了自信。

习近平总书记指出，要重视少数民族文化保护和传承。而保护和传承少数民族文化，首要的是保护和传承少数民族经典，经典承载着民族文化的核心要义，在维护民族团结、增强民族认同、坚定民族自信、指引民族前进等方面发挥着关键作用。阿坝兰台人对《刷勒日》的抢救保护和整理释读是在羌文化领域贯彻习总书记指示的重要举措，对于羌文化的保护与传承来说，功莫大焉。有恒心则断无不成之事，希望杨成立同志不忘初心、牢记使命，继续对《刷勒日》作深入研究，为羌文化的保护与传承、为阿坝兰台事业的发展再立新功。是为序。

2019 年 10 月 25 日

序二

阿坝州档案馆副馆长杨成立同志,是四川省档案"283工程"领军人才,是土生土长的阿坝州羌族人,在茂县工作期间,于下乡途中因一次偶然机会结识了羌族《刷勒日》图经传承人陈文清(羌名:任塔纳),在与老人的访谈过程中对古老的羌文化产生了浓厚兴趣,从此便与《刷勒日》图经结下了不解之缘。长期以来,他以保护、传承、发扬羌文化为己任,围绕羌族《刷勒日》图经保护与开发,组织开展了大量卓有成效的工作,取得了丰硕成果,为阿坝州民族档案文化建设做出了积极贡献。

2008年5月12日发生的汶川特大地震使羌族档案遭到严重损坏,国家档案局紧急启动羌族档案抢救保护工作。四川省档案局的各位领导靠前指挥,亲自参与羌族档案抢救保护工作。阿坝州委、州政府高度重视,精心布置,灾区各级档案部门全力以赴,在阿坝州掀起了抢救保护羌族档案的高潮。时任茂县文化局局长的杨成立同志协助茂县档案局一班人,冒着余震的危险,走访羌族文化人,发现了《刷勒日》图经的传承人肖永庆,通过帮助关心,亲眼见到了《刷勒日》图经,然后马上上报上级档案部门,各级档案部门高度重视,安排杨成立同志牵头负责,一定要把羌族《刷勒日》图经抢救进馆。在各方的不懈努力下,肖永庆老人把《刷勒日》图经永久保存在茂县档案馆。

从2009年开始，杨成立同志独立完成了中国档案文献遗产名录项目申报文本的编写工作，"四川省阿坝藏族羌族自治州茂县羌族刷勒日文献"于2015年成功入选中国档案文献遗产名录，填补了阿坝州没有国家级档案文献遗产的空白。为更好传承、保护羌族《刷勒日》图经，阿坝州档案馆组织申报并实施了"羌族《刷勒日》图经研究"这一国家重点档案抢救保护项目。4年来，杨成立同志带领工作组走遍了茂县、汶川、理县等羌文化核心区，访遍了德高望重、身怀绝技的《刷勒日》图经传承人，厘清了传承人传承谱系和传承范围，纠正了很多长期以来错误的观点和看法，取得了一系列重要研究成果。

"走近国家级档案文献遗产——羌族《刷勒日》"丛书，是杨成立同志本着高度的文化自觉和民族自信，以扎实的田野调查为基础，以传承人亲口讲述为依据，结合自身三十余年来的研究成果撰写的一套羌文化著作，对《刷勒日》图经这一被誉为羌民族"百科全书"的珍贵图画经典，从理论、认知等方面进行了较为全面的解读，具有很强的科学性和可读性。该丛书是阿坝州档案系统第一套公开出版的中国档案文献遗产名录民族档案文化研究著作，是阿坝州开展国家重点档案抢救保护工作的重要成果，对推动全州民族特色档案文化建设具有极为重要的意义。

阿坝州是藏、羌、回、汉等多民族聚居地，民族特色档案资源丰富，加强民族特色档案文化建设，是我们一直以来坚持不懈的努力方向。作为全州档案文化建设和档案文献遗产名录工作分管领导，杨成立同志充分发挥党员领导干部带头引领作用，发扬艰苦奋斗的优良作风，凡事亲力亲为，为全州档案文献遗产名录工作做出了突出贡献。2017年，四川省档案局公布了第一批"四川省档案文献遗产名录"，阿坝州"羌族《刷勒日》文献""清代卓克基、沃日等土司藏文档案""清代芦花等土司头人汉藏文档案"和"明代洪武驿符"成功入选，数量位居全省各市（自治州）前列，得到四川省档案局的表扬。同时，杨成立致力于阿坝州档案文献遗产名录的创建工作，各种优质民族档案资源正在持续稳步申报各级档案文献遗产，这可以让阿坝民族档案真正"活起来"。

兰台织经纬，奉献创业绩。我相信，在以杨成立同志为代表的档案文化建设者的无私奉献、艰苦奋斗下，阿坝州民族档案文化研究和档案文献遗产保护将取得更多优秀成果，全州档案事业发展将翻开崭新篇章！

2019 年 10 月 15 日

序三

《刷勒日》图经是羌族唯一一部流传至今的古籍,承载着羌文化的重要根脉,十分珍贵。羌语"刷勒日"意为"变化规律的书",其阅读方式是图画与唱经相结合。《刷勒日》唱经全部用于祭祀。古人云:"国之大事,在祀与戎。"古羌人祭祀天地,就是报天地覆载之德;古羌人祭祀祖先,就是报先辈养育庇佑之恩。古羌人倡导的人间之道是自然之道、规律之道、信仰之道,他们将自己观察世界、认识社会得到的知识用艺术化的形象表达出来,形成《刷勒日》,其中有些内容,在今天依然是社会治理与世道人心培育的重要资源。因此,对于《刷勒日》,我们不传承保护不足以为族人合格之后裔。

羌文化是艺术的文化,是把绘画、音乐、舞蹈、信仰、文学等结合在一起的文化,《刷勒日》将这一点表现得十分突出。《刷勒日》画中有经、经中有画,只有将经、画结合,才能真正读懂《刷勒日》。

本书所收唱经由四川省阿坝藏族羌族自治州茂县沟口镇水若村二里寨阿爸许肖永庆(或称为"阿爸比""阿爸居")根据尼娲许版的《刷勒日》所唱,采用当地羌语方言,经杨成立、肖永刚和马杰翻译整理成文。原唱经七十二段,应传承人要求,本次公布六十段。

王安石说:"风俗之变,迁染民志,关之盛衰,不可不慎也。"《刷勒日》中蕴含着羌文化的重要基因，因而整理翻译时，我们坚持原真性保护原则，尽最大努力反映唱经本义，避免出现"转基因"成分，从2008年6月开始，历时十二年方才成就此书。虽然如此，但我们仍不认为自己就全部弄通弄懂了《刷勒日》唱经。在《刷勒日》的流传过程中，阿爸许各传各教，本书中的唱经是肖永庆的唱经，同为尼娲许《刷勒日》传承人，何清云、杨芝林的唱经与肖永庆的唱经虽有相类似的部分，但更多的是不同之处。因而我们的工作仅仅是为《刷勒日》唱经的采集、翻译与研究工作开了一个小小的头，今后还有更多的工作需要去做。文化是有尊严的，尊重一个民族必须从尊重一个民族的文化开始。《刷勒日》中的每一幅图、每一段唱经，都是羌文化的重要符号，其所包含的信息等待着更多的人去深入探索。

杨成立

2020年7月8日

翻译说明

1. 本书采用原句、直译、意译三行对照的方式来编排，以便读者理解。其中原句为肖永庆亲唱，杨成立记录。因羌语分支众多，肖永庆为四川省阿坝藏族羌族自治州茂县沟口镇水若村二里寨人，所以本书中的原句皆为此地羌语，其中大量用词与他处不同。同时，现存《刷勒日》各版本的图画不同，对应唱经及用法也不同，本书中的唱经为肖氏所传承的，其他传承人的唱经仍有待整理。

2. 本书中的原句采用汉语记音，在此特别说明：翻译团队曾在国际音标、羌族拼音文字和汉语三种记音方式之间长期犹豫不决，最后，鉴于本丛书的目的在于向最广大的社会公众普及《刷勒日》的相关知识，使得一般公众也能了解《刷勒日》的大概内容，让《刷勒日》褪去"天书"的光环，走入大众视野，而国际音标和羌族拼音文字虽然记音都更加精准、规范，但受众面远小于汉语，所以采纳了汉语记音的方式，还望读者谅解。关于"标准音"的问题，我们已经有高清录音资料，适当的时候准备将录音资料出版，以飨研究者。

3. 汉语记音存在记音不准的问题，很难做到同声同调用字，只能用近调字、近声字来替代。最常见的情况是在羌语中"同音不同义"的字词，用汉字记下来是相同的，而直译和意译却截然不同，这本来是正常现象，但为了避免引起读者误解，我们还是尽量采用不同的汉字来区别。此举虽属添足，且大大增加了我们的翻译工作难度和工作量，但便利了一般读者理解，有助于消除"此处是这样翻译，彼处是那样翻译"等疑问。而有些音，汉字数量很少，无法区别开来，还要避开生僻字、多音字以便读者理解，所以避无可避，还是只能用相同汉字，比如"日"的发音，在茂县二里寨的羌语中有首领、青稞、兔、鲸鱼等多种意思，但汉字中除了"日"字，其他同音字都是生僻字，所以只能用"日"。书中还有其他一些"同音（相同汉字）不同义"的现象，基本都是因此而产生的，也有因俗语、书面语、省略语等而产生的"不同音（不同汉字）同义"的现象，望读者见谅，万勿将本书作为"羌汉词典"来对照解读，这是阅读本书需要特别注意的问题。

4. 唱经的标题原本就有，但有些标题"词不达意"，并不能涵盖唱经的实际内容，翻译时译者根据唱经实际内容或相关的仪式活动对部分标题的意译略有调整。还有些"标题"既与内容关系不大，也与使用场景无关，但传承人是如此唱的，我们尊重原貌，照录下来，供后人研究。

5. 原句中有大量语气词，主要用来调节节奏和音韵，没有实意，本次整理为文本时做了大量精简。

6. 原句中用带"〔〕"的词表示羌语中的半膛音，其发音非常短促，类似古汉语中的反切效果。

7. 羌族民间信仰的祭司现被外界通称为"释比"，但笔者所见，仅有"比""居""许"等称谓，而无"释比"之称，在有些方言区，"释比"甚至有贬义。肖永庆的唱经中有"比""居"两种称谓，为便于理解，除个别唱经中原唱就是"居"并译为"居"外，其他均译为"比"。

8. 语言是丰富的，千变万化的，在翻译过程中，我们时常有"意思能明白，用词说不上"的感觉，同时唱经原句对仗工整、韵律协调，但因译者汉语水平和学识所限，最终只能把最直接的意思翻译出来，无法用更为高雅、工整又贴切的汉语来表达，由此也会造成一些"多对一"的翻译现象，这多是译者自身的原因造成的。从这个角度而言，本书是我们翻译团队整理的文本，特别是意译部分，读者不必偏执于我们翻译的用词，而要结合全文和实际应用场景去理解其所反映的思想。另外，《刷勒日》的图画和唱经内容都很有限，应用时却要覆盖社会生活的方方面面，因此其唱词往往都在实际应用中有引申义或者隐喻、暗示，读者不能作固化理解。

9. 关于"句式颠倒错讹""相互抵牾"现象。在一代代的口头传唱过程当中，唱词难免会发生讹转的现象，这种问题是传承人也不自觉的，导致我们在整理过程中发现较多"句式颠倒错讹""相互抵牾"现象，而传承人也无法解决，这是翻译整理《刷勒日》唱经难度最大的问题。从我们整理的情况看，《刷勒日》的唱经在长时间的流传过程中，是经过了明显的人为整理加工的，其中有大量固定的语句和段落，并在不同唱经中反复出现，有规律可循，甚至个别唱经就是一些固定段落或语句的不同组合结果，各部分之间明显"不连贯"；有些用词、语句对仗工整，前后呼应，节奏感、韵律感很强，即使普通读者也能感受到其中的音乐美学价值。根据这些发现，我们与传承人反复求证，前后互参，再结合上下文语境、民俗、传承人提供的传说故事、自己的体悟等，匡正了一些。不过考虑到《刷勒日》唱经的鲜活性和开放性特点以及我们的学识水平，只是最有把握的地方，我们才予以修改，但凡有一丝的不确定性，我们即尊重肖氏原词，期待以后的研究者能够在占有更多资料、对《刷勒日》有更深刻体认的基础上，去还原《刷勒日》唱经的原貌。另外还有一些"句式颠倒错讹"现象，我们认为这正是口头文学鲜活性的特点，不应强求统一，制定"标准版本"。比在使用《刷勒日》时，会根据实际情况，有增加，有节选，也会改换有些段落或语句的顺序，这是《刷勒日》与羌人日常生活息息相关、具有鲜活性和开放性特点的体现，我们应如是观之，而不能轻易言"错"。从这个角度而言，我们整理的文本只是肖永庆所传《刷勒日》唱经的一个样本，在实际应用当中，肖永庆并不会严格按照此书中的唱经文本去唱，而是会做增、节、换、改等，但此样本是"母版"。因此，与其他民族的经典经过岁月的打磨形成固定用词的版本不同，羌族《刷勒日》唱经不论在遣词用句还是使用方式上始终没有完全固化，这或许是因《刷勒日》唱经采用口传心授的方式以及羌族分支较多等因素导致的，研究者也可以据此认为《刷勒日》唱经"尚未定型"，但从文化多样性角度而言，这丝毫不影响《刷勒日》本身的价值，反而使得《刷勒日》独具特色，更值得去深入研究。

杨成立

2020 年 6 月 10 日

目录

第一段：木巴火石（谨请天神唱经）······················· 1

第二段：木巴火石（谨请天神唱经）······················· 17

第三段：日巴比（还大愿唱经）··························· 24

第四段：斯依得（接神唱经）····························· 33

第五段：斯依出（供神唱经）····························· 41

第六段：喜何得（泡咂酒开坛唱经）······················· 52

第七段：日者热（赞美青稞唱经）························· 61

第八段：斯格说（敬请诸神唱经）························· 70

第九段：泽苏（宰羊还愿唱经）··························· 76

第十段：木那处处（恭请祖师爷唱经）····················· 81

第十一段：果递（毛狗精来历唱经）······················· 88

第十二段：泽兀作（喷法水使吉羊发抖唱经）··············· 97

第十三段：达忒（通白唱经）····························· 102

第十四段：出苦（清洁唱经）····························· 116

第十五段：西地（铁的唱经）····························· 128

第十六段：西说五得（丢铁刀唱经）……………………………… 136

第十七段：热日昔（驱邪唱经）…………………………………… 142

第十八段：遇木得（寻魂唱经）…………………………………… 149

第十九段：阿忒（袚邪唱经）……………………………………… 153

第二十段：出出昔（送妖怪替身唱经）…………………………… 158

第二十一段：阿爸白爷笛（歌颂阿爸白爷唱经）………………… 165

第二十二段：夸笛（歌颂风神唱经）……………………………… 176

第二十三段：萨勒儿（还愿唱经）………………………………… 185

第二十四段：木尔勒儿（古羌唱经）……………………………… 192

第二十五段：萨花（血祭唱经）…………………………………… 222

第二十六段：卡息（插小彩旗唱经）……………………………… 227

第二十七段：驻息（插大彩旗唱经）……………………………… 235

第二十八段：洒于惹（压邪唱经）………………………………… 239

第二十九段：洒木黑昔（送茅人唱经）…………………………… 244

第一段：木巴火石
（谨请天神唱经）

原句　木巴　　　火石
直译　天神　　　谨请
意译　谨请天神唱经

原句　特居　　　格巴　　斯木
直译　居的鼻祖　头顶　　神
意译　居的鼻祖头顶有神灵

原句　特麻　　　比润
直译　远古　　　这样
意译　远古时候就是这样

原句　土不支　　土不冬
直译　前代　　　后代
意译　代代都不变

原句　特居　　　麦支　　斯依文
直译　居的鼻祖　往上　　神
意译　居的鼻祖往上就是神

原句　斯支　　　达巴　　木都　　比达文
直译　神中　　　最大　　天上　　（神名）
意译　谨请神中最大的"比达"神

原句　木都　　　英木
直译　天上　　　太阳
意译　谨请天上的太阳神

原句　木都　　　勒刷
直译　天上　　　月亮
意译　谨请天上的月亮神

原句　木都　　　至木
直译　天上　　　星星

意译	谨请天上的星神	
原句	木都	达匹
直译	天上	白云
意译	谨请天上的白云神	
原句	木都	达尼
直译	天上	黑云
意译	谨请天上的黑云神	
原句	木都	达喜
直译	天上	彩云
意译	谨请天上的彩云神	
原句	〔日阿〕得	岐山土主
直译	（地名）	（神名）
意译	谨请"〔日阿〕得"的"岐山土主"神	
原句	卡火	雅鲁
直译	（地名）	（神名）
意译	谨请"卡火"的"雅鲁"神	
原句	〔日阿〕麻	雅鲁
直译	（地名）	（神名）
意译	谨请"〔日阿〕麻"的"雅鲁"神	
原句	格日	牙尼
直译	（地名）	（神名）
意译	谨请"格日"的"牙尼"神	
原句	格如	牙尼
直译	（地名）	（神名）
意译	谨请"格如"的"牙尼"神	
原句	尔如	牙尼
直译	（地名）	（神名）

第一段：木巴火石（谨请天神唱经）

意译	谨请"尔如"的"牙尼"神			
原句	沙儿哇	牙月		
直译	（地名）	（神名）		
意译	谨请"沙儿哇"的"牙月"神			
原句	瓦格	纳萨		
直译	（地名）	（神名）		
意译	谨请"瓦格"的"纳萨"神			
原句	尔勒	阿爸	牙尼	
直译	（地名）	（尊称）	（神名）	
意译	谨请"尔勒"的阿爸"牙尼"			
原句	牙尼	都则		
直译	（神名）	小弟		
意译	谨请"牙尼"神的小弟			
原句	牙尼	者巴		
直译	（神名）	大儿子		
意译	谨请"牙尼"神的大儿子			
原句	内石	巴五		
直译	（地名）	（神名）		
意译	谨请"内石"的"巴五"神			
原句	勒啄	巴五		
直译	（地名）	（神名）		
意译	谨请"勒啄"的"巴五"神			
原句	古珠	斯勒		
直译	（地名）	（神名）		
意译	谨请"古珠"的"斯勒"神			
原句	勒于	云尼		
直译	（地名）	（神名）		

意译	谨请"勒于"的"云尼"神	
原句	不如	牙尼
直译	（地名）	（神名）
意译	谨请"不如"的"牙尼"神	
原句	色尔都	牙白〔沙文〕
直译	（地名）	（神名）
意译	谨请"色尔都"的"牙白〔沙文〕"神	
原句	白斯勒	纳萨
直译	（地名）	（神名）
意译	谨请"白斯勒"的"纳萨"神	
原句	巴支	哈瓜
直译	（地名）	（神名）
意译	谨请"巴支"的"哈瓜"神	
原句	勒哇	牙月
直译	（地名）	（神名）
意译	谨请"勒哇"的"牙月"神	
原句	牙五都支	巴格
直译	（地名）	（神名）
意译	谨请"牙五都支"的"巴格"神	
原句	朱古	说尼
直译	（地名）	（神名）
意译	谨请"朱古"的"说尼"神	
原句	勒几	哈五
直译	（地名）	（神名）
意译	谨请"勒几"的"哈五"神	
原句	日五格支	牙尼
直译	（地名）	（神名）

第一段：木巴火石（谨请天神唱经）

意译	谨请"日五格支"的"牙尼"神			
原句	那都	雷刷		
直译	（地名）	（神名）		
意译	谨请"那都"的"雷刷"神			
原句	谷于	云格		
直译	（地名）	（神名）		
意译	谨请"谷于"的"云格"神			
原句	擦巴	牙五		
直译	（地名）	（神名）		
意译	谨请"擦巴"的"牙五"神			
原句	喜格	土主		
直译	（地名）	（神名）		
意译	谨请"喜格"的"土主"神			
原句	喜擦	牙月		
直译	（地名）	（神名）		
意译	谨请"喜擦"的"牙月"神			
原句	日子	玉不		
直译	（地名）	（神名）		
意译	谨请"日子"的"玉不"神			
原句	牙月古不	思穆		
直译	（地名）	（神名）		
意译	谨请"牙月古不"的"思穆"神			
原句	朱不	艾尺		
直译	（地名）	（神名）		
意译	谨请"朱不"的"艾尺"神			
原句	泽牙文那	阿爸	鲁去	牙月文
直译	（地名）	（尊称）	（神名）	（神名）

意译	谨请"泽牙"的阿爸"鲁去"和"牙月"	
原句	牙克	牙尼
直译	（地名）	（神名）
意译	谨请"牙克"的"牙尼"神	
原句	雅都	说尼
直译	（地名）	（神名）
意译	谨请"雅都"的"说尼"神	
原句	若嘎不东	玉不冬
直译	（地名）	（神名）
意译	谨请"若嘎不东"的"玉不冬"神	
原句	格弟文那	格巴
直译	（地名）	（神名）
意译	谨请"格弟"的"格巴"神	
原句	比机	哇米
直译	（地名）	（神名）
意译	谨请"比机"的"哇米"神	
原句	迫勒那	尔文
直译	（地名）	（神名）
意译	谨请"迫勒那"的"尔"神	
原句	色尔	尼朱
直译	（地名）	（神名）
意译	谨请"色尔"的"尼朱"神	
原句	泽格	则布
直译	（地名）	（神名）
意译	谨请"泽格"的"则布"神	
原句	泽不	玉尼
直译	（地名）	（神名）

第一段：木巴火石（谨请天神唱经）

意译	谨请"泽不"的"玉尼"神		
原句	支巴	尼比	
直译	（地名）	（神名）	
意译	谨请"支巴"的"尼比"神		
原句	五多那	刷尼	
直译	（地名）	（神名）	
意译	谨请"五多"的"刷尼"神		
原句	玉比那	刷尼	
直译	（地名）	（神名）	
意译	谨请"玉比"的"刷尼"神		
原句	第尼	牙不	
直译	（地名）	（神名）	
意译	谨请"第尼"的"牙不"神		
原句	特比那	都都	
直译	（地名）	（神名）	
意译	谨请"特比"的"都都"神		
原句	挂达	牙鲁	
直译	（地名）	（神名）	
意译	谨请"挂达"的"牙鲁"神		
原句	牙哈	不都	
直译	（地名）	（神名）	
意译	谨请"牙哈"的"不都"神		
原句	哇子革勒	玛那	鲁期
直译	（地名）	（神名）	（神名）
意译	谨请"哇子革勒"的"玛那"神、"鲁期"神		
原句	知日麻	日鲁	
直译	（地名）	（神名）	

意译	谨请"知日麻"的"日鲁"神	
原句	格尼	三升雅鲁
直译	（地名）	（神名）
意译	谨请"格尼"的"三升雅鲁"神	
原句	格尼依作	三升虺龙
直译	（地名）	（神名）
意译	谨请"格尼依作"的"三升虺龙"神	
原句	苦萨牙五	灵勇　　斯依
直译	（地名）	（神名）　神
意译	谨请"苦萨牙五"的"灵勇"神	
原句	文地	塞娘
直译	（地名）	（神名）
意译	谨请"文地"的"塞娘"神	
原句	巴子巴嘎	布木　　斯依
直译	（地名）	（神名）　神
意译	谨请"巴子巴嘎"的"布木"神	
原句	啄喜	牙鲁
直译	（地名）	（神名）
意译	谨请"啄喜"的"牙鲁"神	
原句	日地	三切
直译	（地名）	（神名）
意译	谨请"日地"的"三切"神	
原句	卡	牙月
直译	（地名）	（神名）
意译	谨请"卡"的"牙月"神	
原句	文巴格日	沙身
直译	（地名）	（神名）

第一段：木巴火石（谨请天神唱经）

意译	谨请"文巴格日"的"沙身"神
原句	木尔　　图朱
直译	（地名）　（神名）
意译	谨请"木尔"的"图朱"神
原句	喜长不者　　敏山图朱
直译	（地名）　　（神名）
意译	谨请"喜长不者"的"敏山图朱"神
原句	冈木若都　　得格儿比哇
直译	（地名）　　（神名）
意译	谨请"冈木若都"的"得格儿比哇"神
原句	玛不俄口儿　　牙尼
直译	（地名）　　（神名）
意译	谨请"玛不俄口儿"的"牙尼"神
原句	低支　　牙月
直译	（地名）　（神名）
意译	谨请"低支"的"牙月"神
原句	古勒　　刷尼
直译	（地名）　（神名）
意译	谨请"古勒"的"刷尼"神
原句	卡尔　　刷尼
直译	（地名）　（神名）
意译	谨请"卡尔"的"刷尼"神
原句	卡匹　　刷儿
直译	（地名）　（神名）
意译	谨请"卡匹"的"刷儿"神
原句	木那朱
直译	伏羲兄妹

意译	谨请伏羲兄妹		
原句	知擦那	知萨	
直译	（地名）	（神名）	
意译	谨请"知擦"的"知萨"神		
原句	瓦皮那	牙月	
直译	（地名）	（神名）	
意译	谨请"瓦皮"的"牙月"神		
原句	直不	牙尼纳萨	
直译	（地名）	（神名）	
意译	谨请"直不"的"牙尼纳萨"神		
原句	得五	朱石	
直译	（地名）	（神名）	
意译	谨请"得五"的"朱石"神		
原句	得斯	盘蓝老母	
直译	（地名）	（神名）	
意译	谨请"得斯"的"盘蓝老母"		
原句	吕得	作若木都	
直译	（地名）	（神名）	
意译	谨请"吕得"的"作若木都"神		
原句	那不格支	阿爸	老君
直译	（地名）	（尊称）	（神名）
意译	谨请"那不格支"的阿爸"老君"		
原句	斯阿者格	观音老母	
直译	（地名）	（神名）	
意译	谨请"斯阿者格"的"观音老母"		
原句	瓦巴不冬	哇不冬	若不冬
直译	（地名）	（神名）	（神名）

第一段：木巴火石（谨请天神唱经）

意译	谨请"瓦巴不冬"的"哇不冬"神、"若不冬"神			
原句	鲁女阿	木都		
直译	（地名）	（神名）		
意译	谨请"鲁女阿"的"木都"神			
原句	作匹格都	木比达		
直译	（地名）	（神名）		
意译	谨请"作匹格都"的"木比达"神			
原句	支火	阿爸	佛爷	
直译	（地名）	（尊称）	（神名）	
意译	谨请"支火"的阿爸"佛爷"			
原句	达巴	木巴	玉皇爷	
直译	最大	天神	（神名）	
意译	谨请最大的天神"玉皇爷"			
原句	木尔	者者	慕叶	
直译	羌人	家家	火塘	
意译	羌人家家敬重火塘上的火神			
原句	〔日阿〕	麦外那	特	麦外
直译	吃	没有	喝	没有
意译	如果不敬重火塘上的火神就会没吃没喝			
原句	亿	麦外那	低	麦外
直译	手	没有	足	没有
意译	如果不敬重火塘上的火神，手足之情都没有了			
原句	慕日	达都	慕勒尺	
直译	火塘	之中	有火	
意译	火塘中一直要有火种			
原句	尼楚	巴都	作勒尺	
直译	接水	大坪	有水	

意译	接水的大坪长年要有清水流淌							
原句	阿爸	灶爷	阿斯	塞花	依斯	朱花	塞斯	古花
直译	（尊称）	灶神	一天	三次	两天	六次	三天	九次
意译	灶神爷一天三次、两天六次、三天九次上天奏事							
原句	纹	塞萨	得底根					
直译	好的	三句	奏上去					
意译	敬请灶神爷把好的三句奏上去							
原句	尼纹	塞萨	日都根					
直译	不好的	三句	隐瞒					
意译	把不好的三句瞒下来							
原句	尔日尔格	阿爸	坪神帝王	城隍爷				
直译	汉人的地方	（尊称）	（神名）	（神名）				
意译	汉人的地方敬阿爸"坪神帝王"和"城隍爷"							
原句	纹	塞萨	得底根					
直译	好的	三句	奏上去					
意译	请"坪神帝王"和"城隍爷"把好的三句奏上去							
原句	尼纹	塞萨	日都根					
直译	不好的	三句	隐瞒					
意译	把不好的三句瞒下来							
原句	不不那	日格来	日八都	日五成				
直译	前代人	当首领	当首领之命	首领的后代				
意译	前代人当首领，后代就有当首领之命							
原句	不不那	比格来	比八都	比五成				
直译	前代人	当比	当比之命	比的后代				
意译	前代人当比，后代就有当比之命							
原句	不不那	诸格来	诸八都	诸五成				
直译	前代人	当铁匠	当铁匠之命	铁匠的后代				

第一段：木巴火石（谨请天神唱经）

意译	前代人当铁匠，后代就有当铁匠之命			
原句	不不那	〔日儿〕格来	〔日儿〕八都	〔日儿〕五成
直译	前代人	当木匠	当木匠之命	木匠的后代
意译	前代人当木匠，后代就有当木匠之命			
原句	不不那	伊格来	伊八都	伊五成
直译	前代人	当管财人	当管财人之命	管财人的后代
意译	前代人当管财人，后代就有当管财人之命			
原句	不不那	失格来	失八都	失五成
直译	前代人	当头目人	当头目人之命	头目人的后代
意译	前代人当头目人，后代就有当头目人之命			
原句	麦巴	剋底	麦则	黑如
直译	大人	底下	小孩	成长
意译	大人之后有小孩在成长			
原句	扑巴	剋底	扑则	黑如
直译	大树	底下	小树	生长
意译	大树底下有小树在生长			
原句	古儿	何楚		
直译	正气	树起		
意译	正气树起来			
原句	纳萨	达〔入阿〕		
直译	纳萨杆	立起		
意译	纳萨杆立起来			
原句	不麻	得给	不斯	
直译	年份	过去	来年	
意译	年复一年			
原句	勒麻	得给	勒斯	
直译	月份	过去	来月	

意译	月复一月
原句	羽不　　得给　　库不　　日如
直译	鸡年　　过去　　狗年　　到来
意译	鸡年过去狗年来了
原句	目眯察　　哈尼勒
直译	眨眼间　　十二月
意译	眨眼间十二个月就过去了
原句	几勒　　塞底
直译	正月　　初三
意译	今天是正月初三
原句	国文　　斯文　　毒文　　朱文
直译	愿　　　神　　　毒药猫　　大门
意译	一家人要许愿还愿，要请神敬神，要驱毒药猫，要建好大门
原句	阿古巴　　知子古
直译	一家内　　很多事
意译	一个家庭有很多事要办
原句	国五　　斯五　　尼叶萨五　　石几萨五　　得拜格
直译	还愿　　请神　　家业愿　　　家财愿　　　还了
意译	先要请神把家业愿、家财愿还了
原句	阿爸斯主　　阿爸麻主　　阿爸升几　　阿爸根帕　　阿爸井保 阿爸石保　　阿爸七儿　　阿爸英长保　阿爸长命保　阿爸方喜 阿爸作匹不支　尔舅爷　　　升木那　　　庆木那　　　依木那
直译	（均为尊称和人名，此即肖永庆的传承谱系）
意译	恭请比的历代祖师（羌名）：阿爸"斯主"、阿爸"麻主"、阿爸"升几"、阿爸"根帕"、阿爸"井保"、阿爸"石保"、阿爸"七儿"、阿爸"英长保"、阿爸"长命保"、阿爸"方喜"、阿爸"作匹不支"、"尔舅爷"、"升木那"、"庆木那"、"依木那"

第一段：木巴火石（谨请天神唱经）

原句	阿须	次格雷	次格阿〔日阿〕雷
直译	一起	尝佳肴	请尝佳肴
意译	恭请师祖师爷和诸神一起品尝佳肴		

原句	喜格雷	喜格阿尺雷
直译	品美酒	请品美酒
意译	恭请师祖师爷和诸神一起品尝美酒	

文解

木巴火石：木巴——天神，火石——谨请，合起来即"谨请天神唱经"。这是做大祭祀时比必须要唱的经，请的神既有太阳神、月亮神、星神，也有羌区各村寨的保护神。无论比做大祭祀、小祭祀，还大愿、还小愿，还是招魂、劝灵、送灵、扫身时，都必须先请神，再请历代的祖师爷，然后才开始祭祀还愿。这样寓意比为主家唱经祭祀时神以及比的历代祖师爷就会在暗中帮助，所以《木巴火石》是所有祭祀还愿仪式的开头经。

第二段：木巴火石
（谨请天神唱经）

原句	木巴	火石	
直译	天神	谨请	
意译	谨请天神唱经		
原句	特居	格巴	斯木
直译	居的鼻祖	头顶	神
意译	居的鼻祖头顶有神灵		
原句	特麻	比润	
直译	远古	这样	
意译	远古时候就是这样		
原句	土不支	土不冬	
直译	前代	后代	
意译	代代都不变		
原句	特居	麦支	斯依文
直译	居的鼻祖	往上	神
意译	居的鼻祖往上就是神		
原句	斯支	达巴	木都	比达文
直译	神中	最大	天上	（神名）
意译	谨请神中最大的"比达"神			
原句	木都	英木	
直译	天上	太阳	
意译	谨请天上的太阳神		
原句	木都	勒刷	
直译	天上	月亮	
意译	谨请天上的月亮神		
原句	木都	至木	
直译	天上	星星	

意译	谨请天上的星神		
原句	木都	达匹	
直译	天上	白云	
意译	谨请天上的白云神		
原句	木都	达尼	
直译	天上	黑云	
意译	谨请天上的黑云神		
原句	木都	达喜	
直译	天上	彩云	
意译	谨请天上的彩云神		
原句	木都	阿爸	白爷
直译	天上	（尊称）	（神名）
意译	谨请天上的阿爸"白爷"		
原句	木那朱		
直译	伏羲兄妹		
意译	谨请伏羲兄妹		
原句	木都	阿爸	布木
直译	天上	（尊称）	（神名）
意译	谨请天上的阿爸"布木"		
原句	阿爸	布居	
直译	（尊称）	（神名）	
意译	谨请天上的阿爸"布居"		
原句	作格顺	禹巴	
直译	治水	大禹	
意译	谨请治水的大禹		
原句	日巴	蚕丛文	
直译	大首领	蚕丛	

第二段：木巴火石（谨请天神唱经）

意译	谨请蚕丛大帝		
原句	日巴	元昊文	
直译	大首领	元昊	
意译	谨请元昊大帝		
原句	阿爸	布木	子支
直译	（尊称）	（神名）	这位
意译	这位阿爸"布木"		
原句	日	挨梯那	植 挨梯
直译	青稞	下来	麦子 下来
意译	从天上为人们带来青稞和麦子		
原句	茹	挨梯	速 挨梯
直译	荞麦	下来	麻 下来
意译	带来了荞麦和麻		
原句	麦页页	得荷〔日阿〕	
直译	人们	吃饱	
意译	让人们有饭吃		
原句	麦页页	日尔	
直译	人们	礼拜	
意译	人们都要拜他		
原句	阿爸	布居	子支
直译	（尊称）	（神名）	这位
意译	这位阿爸"布居"		
原句	估	挨梯	那达 挨梯
直译	穿的	下来	戴的 下来
意译	从天上为人们带来穿的和戴的		
原句	白日白格	出不文	
直译	番人的地方	毪衫	

意译	在番人的地方，人们穿牛毛毡衫	
原句	木尔日木尔格	数不文
直译	羌人的地方	麻布衣服
意译	在羌人的地方，人们穿麻布衣服	
原句	尔日尔格	哇不文
直译	汉人的地方	绸缎衣服
意译	在汉人的地方，人们穿绸缎衣服	
原句	麦页页	得都日
直译	人们	穿暖
意译	让人们有衣穿	
原句	麦页页	日尔
直译	人们	礼拜
意译	人们都要拜他	
原句	尔 者者	灶叶
直译	汉人 人人	灶神
意译	汉人都敬灶神	
原句	木尔 者者	慕叶
直译	羌 人人	火塘神
意译	羌人都敬火塘神	
原句	格都那	〔地云〕叶
直译	房顶	白石磈
意译	羌人的房顶上都有白石磈	
原句	阿择勒	木尔子古
直译	我们	羌人们
意译	我们都是羌人	
原句	作哎古那	作哎依
直译	烧水	水好喝

第二段：木巴火石（谨请天神唱经）

意译	烧的水好喝	
原句	喜哎古那	喜哎依
直译	酿酒	酒好喝
意译	酿的酒好喝	
原句	木都　斯一　得五住	
直译	天上　神　请动	
意译	把天上诸神请动了	
原句	古儿　何楚	
直译	正气　树起	
意译	正气树起来	
原句	纳萨　达〔入阿〕	
直译	纳萨杆　立起	
意译	纳萨杆立起来	
原句	巫度　黑支	
直译	邪魔　镇伏	
意译	把邪魔镇伏	
原句	阿度　艾给	
直译	秽物　埋葬	
意译	把秽物埋掉	
原句	达亚那　得石	
直译	变好　变美	
意译	这里就变好变美了	
原句	得彼那得勒	
直译	事遂人意	
意译	事遂人意	
原句	纳吉那纳禄	
直译	吉祥如意	

意译	吉祥如意			
原句	木都	斯一勒	得五住	
直译	天上	神们	请动	
意译	把天上诸神请动了			
原句	次格阿〔日阿〕雷			
直译	请尝佳肴			
意译	请尝佳肴			
原句	喜格阿尺雷			
直译	请品美酒			
意译	请品美酒			

文解

　　此段唱经也叫"木巴火石",即"谨请天神唱经",是一个简本。比一般在举行大型活动的时候唱全文,而在举行小型活动的时候唱此简本。

第三段：日巴比
（还大愿唱经）

原句	日巴	比				
直译	大首领	比				
意译	大首领和比参加的还愿唱经（还大愿唱经）					
原句	斯支	达巴	木都	比达	舍	得找
直译	神中	最大	天上	（神名）	牦牛	祭典
意译	敬请神中最大的"比达"神参加牦牛愿大祭典					
原句	木都那	英木	舍	得找		
直译	天上	太阳	牦牛	祭典		
意译	敬请天上的太阳神参加牦牛愿大祭典					
原句	木都	勒刷	舍	得找		
直译	天上	月亮	牦牛	祭典		
意译	敬请天上的月亮神参加牦牛愿大祭典					
原句	木都那	至木	舍	得找		
直译	天上	星星	牦牛	祭典		
意译	敬请天上的星神参加牦牛愿大祭典					
原句	木都	达匹	舍	得找		
直译	天上	白云	牦牛	祭典		
意译	敬请天上的白云神参加牦牛愿大祭典					
原句	木都那	达尼	舍	得找		
直译	天上	黑云	牦牛	祭典		
意译	敬请天上的黑云神参加牦牛愿大祭典					
原句	木都	达喜	舍	得找		
直译	天上	彩云	牦牛	祭典		
意译	敬请天上的彩云神参加牦牛愿大祭典					
原句	〔日阿〕得依那	岐山土主	舍	得找		
直译	（地名）	（神名）	牦牛	祭典		

意译	敬请"〔日阿〕得"的"岐山土主"神参加牦牛愿大祭典					
原句	卡火那	雅鲁	舍	得找		
直译	（地名）	雅鲁	牦牛	祭典		
意译	敬请"卡火"的"雅鲁"神参加牦牛愿大祭典					
原句	〔日阿〕麻依支	阿爸	雅鲁	舍	得找	
直译	（地名）	（尊称）	（神名）	牦牛	祭典	
意译	敬请"〔日阿〕麻"的阿爸"雅鲁"参加牦牛愿大祭典					
原句	格日那	牙尼	舍	得找		
直译	（地名）	（神名）	牦牛	祭典		
意译	敬请"格日"的"牙尼"神参加牦牛愿大祭典					
原句	格如那	牙尼	舍	得找		
直译	（地名）	（神名）	牦牛	祭典		
意译	敬请"格如"的"牙尼"神参加牦牛愿大祭典					
原句	尔如那	牙尼	舍	得找		
直译	（地名）	（神名）	牦牛	祭典		
意译	敬请"尔如"的"牙尼"神参加牦牛愿大祭典					
原句	沙儿哇那	牙月	舍	得找		
直译	（地名）	（神名）	牦牛	祭典		
意译	敬请"沙儿哇"的"牙月"神参加牦牛愿大祭典					
原句	瓦格那	纳萨	舍	得找		
直译	（地名）	（神名）	牦牛	祭典		
意译	敬请"瓦格"的"纳萨"神参加牦牛愿大祭典					
原句	尔勒依那	阿爸	牙尼	舍	得找	
直译	（地名）	（尊称）	（神名）	牦牛	祭典	
意译	敬请"尔勒"的阿爸"牙尼"参加牦牛愿大祭典					
原句	牙尼那	都则	舍	得找		
直译	（神名）	小弟	牦牛	祭典		

意译	敬请"牙尼"神的小弟参加牦牛愿大祭典			
原句	牙尼那	者巴	舍	得找
直译	（神名）	大儿子	牦牛	祭典
意译	敬请"牙尼"神的大儿子参加牦牛愿大祭典			
原句	内石那	巴五	舍	得找
直译	（地名）	（神名）	牦牛	祭典
意译	敬请"内石"的"巴五"神参加牦牛愿大祭典			
原句	勒啄那	巴五	舍	得找
直译	（地名）	（神名）	牦牛	祭典
意译	敬请"勒啄"的"巴五"神参加牦牛愿大祭典			
原句	古珠那	斯勒	舍	得找
直译	（地名）	（神名）	牦牛	祭典
意译	敬请"古珠"的"斯勒"神参加牦牛愿大祭典			
原句	勒于那	云尼	舍	得找
直译	（地名）	（神名）	牦牛	祭典
意译	敬请"勒于"的"云尼"神参加牦牛愿大祭典			
原句	不如那	牙尼	舍	得找
直译	（地名）	（神名）	牦牛	祭典
意译	敬请"不如"的"牙尼"神参加牦牛愿大祭典			
原句	色尔都	牙白〔沙文〕	舍	得找
直译	（地名）	（神名）	牦牛	祭典
意译	敬请"色尔都"的"牙白〔沙文〕"神参加牦牛愿大祭典			
原句	白斯勒	纳萨	舍	得找
直译	（地名）	（神名）	牦牛	祭典
意译	敬请"白斯勒"的"纳萨"神参加牦牛愿大祭典			
原句	巴支	哈瓜	舍	得找
直译	（地名）	（神名）	牦牛	祭典

意译	敬请"巴支"的"哈瓜"神参加牦牛愿大祭典			
原句	勒哇那	牙月	舍	得找
直译	（地名）	（神名）	牦牛	祭典
意译	敬请"勒哇"的"牙月"神参加牦牛愿大祭典			
原句	牙五都支	巴格	舍	得找
直译	（地名）	（神名）	牦牛	祭典
意译	敬请"牙五都支"的"巴格"神参加牦牛愿大祭典			
原句	朱古	说尼	舍	得找
直译	（地名）	（神名）	牦牛	祭典
意译	敬请"朱古"的"说尼"神参加牦牛愿大祭典			
原句	勒几那	哈五	舍	得找
直译	（地名）	（神名）	牦牛	祭典
意译	敬请"勒几"的"哈五"神参加牦牛愿大祭典			
原句	日五格支	牙尼	舍	得找
直译	（地名）	（神名）	牦牛	祭典
意译	敬请"日五格支"的"牙尼"神参加牦牛愿大祭典			
原句	那都	雷刷	舍	得找
直译	（地名）	（神名）	牦牛	祭典
意译	敬请"那都"的"雷刷"神参加牦牛愿大祭典			
原句	谷于那	云格	舍	得找
直译	（地名）	（神名）	牦牛	祭典
意译	敬请"谷于"的"云格"神参加牦牛愿大祭典			
原句	擦巴那	牙五	舍	得找
直译	（地名）	（神名）	牦牛	祭典
意译	敬请"擦巴"的"牙五"神参加牦牛愿大祭典			
原句	喜格那	土主	舍	得找
直译	（地名）	（神名）	牦牛	祭典

意译	敬请"喜格"的"土主"神参加牦牛愿大祭典				
原句	喜擦那	牙月	舍	得找	
直译	（地名）	（神名）	牦牛	祭典	
意译	敬请"喜擦"的"牙月"神参加牦牛愿大祭典				
原句	日子那	玉不	舍	得找	
直译	（地名）	（神名）	牦牛	祭典	
意译	敬请"日子"的"玉不"神参加牦牛愿大祭典				
原句	牙月古不	思穆依那	舍	得找	
直译	（地名）	（神名）	牦牛	祭典	
意译	敬请"牙月古不"的"思穆"神参加牦牛愿大祭典				
原句	朱不那	艾尺	舍	得找	
直译	（地名）	（神名）	牦牛	祭典	
意译	敬请"朱不"的"艾尺"神参加牦牛愿大祭典				
原句	泽牙文那	阿爸	鲁去	牙月	舍 得找
直译	（地名）	（尊称）	（神名）	（神名）	牦牛 祭典
意译	谨请"泽牙"的阿爸"鲁去"和"牙月"参加牦牛愿大祭典				
原句	牙克那	牙尼	舍	得找	
直译	（地名）	（神名）	牦牛	祭典	
意译	敬请"牙克"的"牙尼"神参加牦牛愿大祭典				
原句	雅都	说尼	舍	得找	
直译	（地名）	（神名）	牦牛	祭典	
意译	敬请"雅都"的"说尼"神参加牦牛愿大祭典				
原句	若嘎不东	玉不冬	舍	得找	
直译	（地名）	（神名）	牦牛	祭典	
意译	敬请"若嘎不东"的"玉不冬"神参加牦牛愿大祭典				
原句	格弟那	格巴	舍	得找	
直译	（地名）	（神名）	牦牛	祭典	

意译	敬请"格弟"的"格巴"神参加牦牛愿大祭典			
原句	比机那	哇米	舍	得找
直译	（地名）	（神名）	牦牛	祭典
意译	敬请"比机"的"哇米"神参加牦牛愿大祭典			
原句	日格那	牙尼哎	舍	得找
直译	（地名）	（神名）	牦牛	祭典
意译	敬请"日格"的"牙尼"神参加牦牛愿大祭典			
原句	那都那	比格	舍	得找
直译	（地名）	（神名）	牦牛	祭典
意译	敬请"那都"的"比格"神参加牦牛愿大祭典			
原句	泽格那	则布	舍	得找
直译	（地名）	（神名）	牦牛	祭典
意译	敬请"泽格"的"则布"神参加牦牛愿大祭典			
原句	泽不那	玉尼	舍	得找
直译	（地名）	（神名）	牦牛	祭典
意译	敬请"泽不"的"玉尼"神参加牦牛愿大祭典			
原句	玉比那	刷尼	舍	得找
直译	（地名）	（神名）	牦牛	祭典
意译	敬请"玉比"的"刷尼"神参加牦牛愿大祭典			
原句	日支不东	嘎达那牙五	舍	得找
直译	（地名）	（神名）	牦牛	祭典
意译	敬请"日支不东"的"嘎达牙五"神参加牦牛愿大祭典			
原句	得支不冬	嘎拉冬塞	舍	得找
直译	（地名）	（神名）	牦牛	祭典
意译	敬请"得支不冬"的"嘎拉冬塞"神参加牦牛愿大祭典			
原句	格尼格都	三升那雅鲁	舍	得找

直译	（地名）	（神名）		牦牛	祭典
意译	敬请"格尼格都"的"三升雅鲁"神参加牦牛愿大祭典				
原句	格尼依作	三升骁龙		舍	得找
直译	（地名）	（神名）		牦牛	祭典
意译	敬请"格尼依作"的"三升骁龙"神参加牦牛愿大祭典				
原句	苦萨那牙五	灵勇	斯依	舍	得找
直译	（地名）	（神名）	神	牦牛	祭典
意译	敬请"苦萨牙五"的"灵勇"神参加牦牛愿大祭典				
原句	文地那	塞娘		舍	得找
直译	（地名）	（神名）		牦牛	祭典
意译	敬请"文地"的"塞娘"神参加牦牛愿大祭典				
原句	巴子巴嘎	布木那	斯依	舍	得找
直译	（地名）	（神名）	神	牦牛	祭典
意译	敬请"巴子巴嘎"的"布木"神参加牦牛愿大祭典				
原句	帕鲁那	牧杜		舍	得找
直译	（地名）	（神名）		牦牛	祭典
意译	敬请"帕鲁"的"牧杜"神参加牦牛愿大祭典				
原句	作匹那	比达		舍	得找
直译	（地名）	（神名）		牦牛	祭典
意译	敬请"作匹"的"比达"神参加牦牛愿大祭典				
原句	尔若那	牙月		舍	得找
直译	（地名）	（神名）		牦牛	祭典
意译	敬请"尔若"的"牙月"神参加牦牛愿大祭典				
原句	尔勒依那	尼娲比		舍	得找
直译	（地名）	（比名）		牦牛	祭典
意译	敬请"尔勒"的"尼娲"比参加牦牛愿大祭典				

原句	千千师祖		舍	得找
直译	千千师祖		牦牛	祭典
意译	敬请千千师祖参加牦牛愿大祭典			
原句	万万那师爷		舍	得找
直译	万万师爷		牦牛	祭典
意译	敬请万万师爷参加牦牛愿大祭典			

文解

日巴比：大首领、比，本段唱经即"大首领和比参加的还愿唱经"，意译为"还大愿唱经"。这段唱经是比在羌寨举行最大的祭祀时唱的。唱这段经时要请全寨的人参加，还要十二位品德好的人"作保"，祭品是一头黑牦牛。比要请三批以上。在祭杀牦牛时比就开始唱这段经，请所有的神灵前来。与本书第一段唱经《木巴火石》比起来，后半部分的地名和神名有不一致之处，有待今后考证。

第四段：斯依得（接神唱经）

原句	斯依	得				
直译	神	接				
意译	接神唱经					

原句	特居	格巴	斯木
直译	居的鼻祖	头顶	神
意译	居的鼻祖头顶有神灵		

原句	特麻	比润
直译	远古	这样
意译	远古时候就是这样		

原句	土不支	土不冬
直译	前代	后代
意译	代代都不变		

原句	特居	麦支	斯依文
直译	居的鼻祖	往上	神
意译	居的鼻祖往上就是神		

原句	斯支	达巴	木都	比达	斯依 得哈
直译	神中	最大	天上	（神名）	神 接
意译	比接神时要先接神中最大的"比达"神				

原句	木都	英木	斯依	得哈
直译	天上	太阳	神	接
意译	比接神时要接天上的太阳神			

原句	木都	勒刷	斯依	得哈
直译	天上	月亮	神	接
意译	比接神时要接天上的月亮神			

原句	木都	至木	斯依	得哈
直译	天上	星星	神	接
意译	比接神时要接天上的星神			

原句	木都	达匹	斯依	得哈
直译	天上	白云	神	接
意译	比接神时要接天上的白云神			

原句	木都	达尼	斯依	得哈
直译	天上	黑云	神	接
意译	比接神时要接天上的黑云神			

原句	木都	达喜	斯依	得哈
直译	天上	彩云	神	接
意译	比接神时要接天上的彩云神			

原句	〔日阿〕得依支	岐山土主	斯依	得哈
直译	（地名）	（神名）	神	接
意译	比接神时要接"〔日阿〕得"的"岐山土主"神			

原句	卡火	雅鲁	斯依	得哈
直译	（地名）	（神名）	神	接
意译	比接神时要接"卡火"的"雅鲁"神			

原句	〔日阿〕麻依支	阿爸	雅鲁	斯依	得哈
直译	（地名）	（尊称）	（神名）	神	接
意译	比接神时要接"〔日阿〕麻"的阿爸"雅鲁"				

原句	格日	牙尼	斯依	得哈
直译	（地名）	（神名）	神	接
意译	比接神时要接"格日"的"牙尼"神			

原句	格如	牙尼	斯依	得哈
直译	（地名）	（神名）	神	接
意译	比接神时要接"格如"的"牙尼"神			

原句	尔如	牙尼	斯依	得哈
直译	（地名）	（神名）	神	接
意译	比接神时要接"尔如"的"牙尼"神			

原句	沙儿哇	牙月	斯依	得哈

第四段：斯依得（接神唱经）

直译	（地名）	（神名）	神	接	
意译	比接神时要接"沙儿哇"的"牙月"神				
原句	瓦格	纳萨	斯依	得哈	
直译	（地名）	（神名）	神	接	
意译	比接神时要接"瓦格"的"纳萨"神				
原句	尔勒依支	阿爸	牙尼	斯依	得哈
直译	（地名）	（尊称）	（神名）	神	接
意译	比接神时要接"尔勒"的阿爸"牙尼"				
原句	牙尼	都则	斯依	得哈	
直译	（神名）	小弟	神	接	
意译	比接神时要接"牙尼"神的小弟				
原句	牙尼	者巴	斯依	得哈	
直译	（神名）	大儿子	神	接	
意译	比接神时要接"牙尼"神的大儿子				
原句	内石	巴五	斯依	得哈	
直译	（地名）	（神名）	神	接	
意译	比接神时要接"内石"的"巴五"神				
原句	勒啄	巴五	斯依	得哈	
直译	（地名）	（神名）	神	接	
意译	比接神时要接"勒啄"的"巴五"神				
原句	古珠	斯勒	斯依	得哈	
直译	（地名）	（神名）	神	接	
意译	比接神时要接"古珠"的"斯勒"神				
原句	勒于	云尼	斯依	得哈	
直译	（地名）	（神名）	神	接	
意译	比接神时要接"勒于"的"云尼"神				
原句	不如	牙尼	斯依	得哈	
直译	（地名）	（神名）	神	接	

意译	比接神时要接"不如"的"牙尼"神			
原句	色尔都	牙白〔沙文〕	斯依	得哈
直译	（地名）	（神名）	神	接
意译	比接神时要接"色尔都"的"牙白〔沙文〕"神			
原句	白斯勒	纳萨	斯依	得哈
直译	（地名）	（神名）	神	接
意译	比接神时要接"白斯勒"的"纳萨"神			
原句	巴支	哈瓜	斯依	得哈
直译	（地名）	（神名）	神	接
意译	比接神时要接"巴支"的"哈瓜"神			
原句	勒哇	牙月	斯依	得哈
直译	（地名）	（神名）	神	接
意译	比接神时要接"勒哇"的"牙月"神			
原句	格尼日格	哇尼	斯依	得哈
直译	（地名）	（神名）	神	接
意译	比接神时要接"格尼日格"的"哇尼"神			

原句	巴子巴嘎	阿爸	布木	斯依	得哈
直译	（地名）	（尊称）	（神名）	神	接
意译	比接神时要接"巴子巴嘎"的阿爸"布木"				
原句	支火依支	阿爸	佛爷	斯依	得哈
直译	（地名）	（尊称）	（神名）	神	接
意译	比接神时要接"支火"的阿爸"佛爷"				

原句	观音圣母	斯依	得哈
直译	（神名）	神	接
意译	比接神时要接"观音圣母"		
原句	十八罗汉	斯依	得哈
直译	（神名）	神	接
意译	比还愿时要接"十八罗汉"		

原句	十二金仙		斯依	得哈
直译	（神名）		神	接
意译	比接神时要接"十二金仙"			
原句	十二元足		斯依	得哈
直译	（神名）		神	接
意译	比接神时要接"十二元足"			
原句	川主	土主	斯依	得哈
直译	（神名）	（神名）	神	接
意译	比接神时要接"川主"神、"土主"神			
原句	药王三圣		斯依	得哈
直译	（神名）		神	接
意译	比接神时要接"药王三圣"			
原句	牛王	马王	斯依	得哈
直译	（神名）	（神名）	神	接
意译	比接神时要接"牛王"神、"马王"神			
原句	龙王太子		斯依	得哈
直译	（神名）		神	接
意译	比接神时要接"龙王太子"			
原句	文昌帝君		斯依	得哈
直译	（神名）		神	接
意译	比接神时要接"文昌帝君"			
原句	风火二相		斯依	得哈
直译	（神名）		神	接
意译	比接神时要接"风火二相"			
原句	地母娘娘		斯依	得哈
直译	（神名）		神	接
意译	比接神时要接"地母娘娘"			

原句	眼光圣母	斯依	得哈	
直译	（神名）	神	接	
意译	比接神时要接"眼光圣母"			
原句	催生娘娘	斯依	得哈	
直译	（神名）	神	接	
意译	比接神时要接"催生娘娘"			
原句	三霄圣母	斯依	得哈	
直译	（神名）	神	接	
意译	比接神时要接"三霄圣母"			
原句	护法韦陀	山门土地	斯依	得哈
直译	（神名）	（神名）	神	接
意译	比接神时要接"护法韦陀"和"山门土地"			
原句	支火不都	纳萨	斯依	得哈
直译	（地名）	（神名）	神	接
意译	比接神时要接"支火不都"的"纳萨"神			
原句	责得支那	纳萨	斯依	得哈
直译	（地名）	（神名）	神	接
意译	比接神时要接"责得支那"的"纳萨"神			
原句	勒古替牙	斯依	得哈	
直译	（神名）	神	接	
意译	比接神时要接"勒古替牙"神			
原句	兴迫牙	斯依	得哈	
直译	（神名）	神	接	
意译	比接神时要接"兴迫牙"神			
原句	达忒	达忒	古衣那	
直译	通白	通白	（妖名）	
意译	通白通白"古衣那"这个妖魔			

第四段：斯依得（接神唱经）

原句	达忒	达忒	如衣那
直译	通白	通白	（妖名）
意译	通白通白"如衣那"这个妖魔		

原句	达忒	达忒	朱衣哈
直译	通白	通白	（妖名）
意译	通白通白"朱衣哈"这个妖魔		

原句	达忒	达忒	巫衣哈
直译	通白	通白	（妖名）
意译	通白通白"巫衣哈"这个妖魔		

原句	巫衣哈	比于住呀
直译	（妖名）	好了
意译	把"巫衣哈"这伙妖魔都通白上去就好了	

文解

斯依得：斯依——神，得——接，合起来即"接神唱经"。这段唱经应用较广。被接的神中，既有羌族民间信仰的神，也有佛教、道教及部分汉族民间信仰的神，且用汉语表达，如阿爸佛爷、观音圣母、十八罗汉、十二金仙、川主、龙王太子、文昌帝君、护法韦陀等，反映了民族文化交流融合的现象。

第五段：斯依出（供神唱经）

原句	斯依	出		
直译	神	供		
意译	供神唱经			
原句	日	热牙	尼支亚	
直译	青稞	熟了	籽粒好	
意译	青稞熟了，籽粒很好			
原句	布木	也于那	格不亚文	
直译	（神名）	恩赐	种子好	
意译	布木恩赐的种子很好			
原句	哈木出鲁		次日外	
直译	（地名）		最好	
意译	在"哈木出鲁"种的青稞最好（要敬献给神）			
原句	勒古替牙	斯依那	次日外	
直译	（神名）	神	最好	
意译	索卦鼻祖"勒古替牙"是扯索卦最好的神			
原句	西麦特叶	不叶那	泽日亚文	
直译	（牧羊人名）	喂养	喂好羊	
意译	牧羊人"西麦特叶"用青稞把羊喂好（敬献给神）			
原句	木机	基依那	日尼日王	
直译	（工具名）	女人	种青稞	
意译	女人们用"木机"种青稞			
原句	木马	者依那	日尼日王	
直译	（工具名）	男人	种青稞	
意译	男人们用"木马"种青稞			
原句	木机	木马	瓦勒	瓦底那	日克水

直译	木机	木马	五月	初五	收青稞	
意译	五月初五，人们又用"木机""木马"收割青稞了					
原句	竹勒	竹底那	植克水			
直译	六月	初六	收麦子			
意译	六月初六，人们开始收割麦子了					
原句	阿爸	布不	迫依那	日得	〔官儿〕那	
直译	（尊称）	（神名）	后襟	青稞	包了	
意译	阿爸布木用衣衫后襟包了青稞					
原句	迫依哇嘎	植得	〔官儿〕那			
直译	前襟	麦子	包了			
意译	用前襟包了麦子					
原句	内朱	格格	植巴	〔居一〕		
直译	耳朵	缝	红麻	藏		
意译	耳朵缝里藏了红麻					
原句	依数	格格	古如	〔居一〕		
直译	指甲	缝	菜籽	藏		
意译	指甲缝里藏了菜籽					
原句	阿爸	布木	阿杜日杜	不日〔苏一〕		
直译	（尊称）	（神名）	藏着掖着	不让人看见		
意译	阿爸布木把各种种子都藏着不让人看见，带回来					
原句	斯替裲子	勒目苏那				
直译	牛毛长衫	遮住				
意译	他用牛毛长衫遮住了种子					
原句	特火	特朱那	日得	〔朱一〕		
直译	那次	那儿	青稞	拿了		
意译	就是那一次从天上把青稞带下来了					

第五段：斯依出（供神唱经）

原句	特勒	特不那	日得	〔朱一〕	
直译	那月	那年	青稞	拿了	
意译	就是那年那月从天上把青稞带下来了				
原句	特火	特朱那	植得	〔朱一〕	
直译	那次	那儿	麦子	拿了	
意译	就是那一次从天上把麦子带下来了				
原句	特勒	特不那	植得	〔朱一〕	
直译	那月	那年	麦子	拿了	
意译	就是那年那月从天上把麦子带下来了				
原句	几勒都木那	日热归			
直译	正月里	看青稞			
意译	正月里去看青稞				
原句	尺石扭	巴尔开			
直译	像蜘蛛一样	扎根			
意译	青稞扎根了，像蜘蛛一样				
原句	依勒都木那	日热归			
直译	二月里	看青稞			
意译	二月里去看青稞				
原句	黑尼扭	说罗哦			
直译	像针尖一样	发芽			
意译	青稞发芽了，像针尖一样				
原句	塞勒都木那	日热归			
直译	三月里	看青稞			
意译	三月里去看青稞				
原句	日荷扭	都米牙			
直译	像老鼠屎一样	结籽			

意译	青稞结籽了，像老鼠屎一样	
原句	只勒都木那	日热归
直译	四月里	看青稞
意译	四月里去看青稞	
原句	尔〔古儿〕扭	格得〔如一〕
直译	像细竹子一样	抽穗
意译	青稞抽穗了，像细竹子一样	
原句	瓦勒都木那	日热归
直译	五月里	看青稞
意译	五月里去看青稞	
原句	不阿扭	不丝文
直译	像油竹一样	长芒刺
意译	青稞穗子长芒刺了，像油竹一样	
原句	竹勒那 日	格巴
直译	六月 青稞	穗子大
意译	六月，青稞穗子很大了	
原句	得勒 提牙那 日	提牙
直译	七月 背回 青稞	背回
意译	七月，所有的青稞都收割完背回来了	
原句	日米哎 古鲁那	瓦数〔支一〕
直译	青稞籽 九棱	五十多粒
意译	每条青稞穗子有九条棱五十多粒籽	
原句	植米哎 古鲁那	瓦数〔支一〕
直译	麦籽 九棱	五十多粒
意译	每条麦穗也有九条棱五十多粒籽	
原句	日得 阿乍那	五那扎王

第五段：斯依出（供神唱经）

直译	青稞	捆好	晾架		
意译	把青稞捆好，架在晾架上晾干				
原句	日得	阿乍	阿乍呀		
直译	青稞	捆好	捆好呀		
意译	要把青稞捆好、捆好呀				
原句	木若	剋底	阿如〔东木〕	哇得来那	哇〔日阿〕来
直译	天	底下	抛第一把	粮用不尽	粮吃不完
意译	站在天底下向上抛第一把青稞（感谢神），粮食用不尽吃不完				
原句	依如〔东木〕	日得来那	比〔日阿〕来		
直译	抛第二把	首领富有	比富足		
意译	抛第二把上去，首领富了，比也富了				
原句	塞如〔东木〕	国得来那	国〔日阿〕来		
直译	抛第三把	愿品丰富	愿品多		
意译	抛第三把上去，愿品又多又丰富				
原句	〔日阿〕得	岐山土主	斯依那	日尼日王	
直译	（地名）	（神名）	神	种青稞	
意译	"〔日阿〕得"的"岐山土主"神保佑人们种好青稞				
原句	卡火	雅鲁	斯依那	日尼日王	
直译	（地名）	（神名）	神	种青稞	
意译	"卡火"的"雅鲁"神保佑人们种好青稞				
原句	〔日阿〕麻	雅鲁	斯依那	日尼日王	
直译	（地名）	（神名）	神	种青稞	
意译	"〔日阿〕麻"的"雅鲁"神保佑人们种好青稞				
原句	格日	牙尼	斯依那	日尼日王	
直译	（地名）	（神名）	神	种青稞	
意译	"格日"的"牙尼"神保佑人们种好青稞				

原句	格如	牙尼	斯依那	日尼日王
直译	（地名）	（神名）	神	种青稞
意译	"格如"的"牙尼"神保佑人们种好青稞			

原句	沙儿哇	牙月	斯依那	日尼日王
直译	（地名）	（神名）	神	种青稞
意译	"沙儿哇"的"牙月"神保佑人们种好青稞			

原句	尔如	牙尼	斯依那	日尼日王
直译	（地名）	（神名）	神	种青稞
意译	"尔如"的"牙尼"神保佑人们种好青稞			

原句	瓦格	纳萨	斯依那	日尼日王
直译	（地名）	（神名）	神	种青稞
意译	"瓦格"的"纳萨"神保佑人们种好青稞			

原句	尔勒	阿爸	牙尼	斯依那	日尼日王
直译	（地名）	（尊称）	（神名）	神	种青稞
意译	"尔勒"的阿爸"牙尼"保佑人们种好青稞				

原句	牙尼	都则	斯依那	日尼日王
直译	（神名）	小弟	神	种青稞
意译	"牙尼"神的小弟保佑人们种好青稞			

原句	牙尼	者巴	斯依那	日尼日王
直译	（神名）	大儿子	神	种青稞
意译	"牙尼"神的大儿子保佑人们种好青稞			

原句	内石	巴五	斯依那	日尼日王
直译	（地名）	（神名）	神	种青稞
意译	"内石"的"巴五"神保佑人们种好青稞			

原句	勒啄	巴五	斯依那	日尼日王
直译	（地名）	（神名）	神	种青稞

第五段：斯依出（供神唱经）

意译	"勒啄"的"巴五"神保佑人们种好青稞				
原句	古珠	斯勒	斯依那	日尼日王	
直译	（地名）	（神名）	神	种青稞	
意译	"古珠"的"斯勒"神保佑人们种好青稞				
原句	勒于	云尼	斯依那	日尼日王	
直译	（地名）	（神名）	神	种青稞	
意译	"勒于"的"云尼"神保佑人们种好青稞				
原句	不如	牙尼	斯依那	日尼日王	
直译	（地名）	（神名）	神	种青稞	
意译	"不如"的"牙尼"神保佑人们种好青稞				
原句	色尔都	牙白〔沙文〕	斯依那	日尼日王	
直译	（地名）	（神名）	神	种青稞	
意译	"色尔都"的"牙白〔沙文〕"神保佑人们种好青稞				
原句	白斯勒	纳萨	斯依那	日尼日王	
直译	（地名）	（神名）	神	种青稞	
意译	"白斯勒"的"纳萨"神保佑人们种好青稞				
原句	巴支	哈瓜	斯依那	日尼日王	
直译	（地名）	（神名）	神	种青稞	
意译	"巴支"的"哈瓜"神保佑人们种好青稞				
原句	勒哇	牙月	斯依那	日尼日王	
直译	（地名）	（神名）	神	种青稞	
意译	"勒哇"的"牙月"神保佑人们种好青稞				
原句	巴子巴嘎	阿爸	布木	斯依那	日尼日王
直译	（地名）	（尊称）	（神名）	神	种青稞
意译	"巴子巴嘎"的阿爸"布木"保佑人们种好青稞				
原句	木都	英木	斯依那	日尼日王	

直译	天上	太阳	神	种青稞
意译	天上的太阳神保佑人们种好青稞			
原句	观音圣母	斯依那	日尼日王	
直译	（神名）	神	种青稞	
意译	"观音圣母"保佑人们种好青稞			
原句	十八罗汉	斯依那	日尼日王	
直译	（神名）	神	种青稞	
意译	"十八罗汉"保佑人们种好青稞			
原句	十二金仙	斯依那	日尼日王	
直译	（神名）	神	种青稞	
意译	"十二金仙"保佑人们种好青稞			
原句	十二元足	斯依那	日尼日王	
直译	（神名）	神	种青稞	
意译	"十二元足"保佑人们种好青稞			
原句	川主	土主	斯依那	日尼日王
直译	（神名）	（神名）	神	种青稞
意译	"川主"神、"土主"神保佑人们种好青稞			
原句	药王三圣	斯依那	日尼日王	
直译	（神名）	神	种青稞	
意译	"药王三圣"保佑人们种好青稞			
原句	牛王	马王	斯依那	日尼日王
直译	（神名）	（神名）	神	种青稞
意译	"牛王"神、"马王"神保佑人们种好青稞			
原句	龙王太子	斯依那	日尼日王	
直译	（神名）	神	种青稞	
意译	"龙王太子"保佑人们种好青稞			

原句	文昌帝君	斯依那	日尼日王	
直译	（神名）	神	种青稞	
意译	"文昌帝君"保佑人们种好青稞			
原句	风火二相	斯依那	日尼日王	
直译	（神名）	神	种青稞	
意译	"风火二相"保佑人们种好青稞			
原句	地母娘娘	斯依那	日尼日王	
直译	（神名）	神	种青稞	
意译	"地母娘娘"保佑人们种好青稞			
原句	眼光圣母	斯依那	日尼日王	
直译	（神名）	神	种青稞	
意译	"眼光圣母"保佑人们种好青稞			
原句	催生娘娘	斯依那	日尼日王	
直译	（神名）	神	种青稞	
意译	"催生娘娘"保佑人们种好青稞			
原句	三霄圣母	斯依那	日尼日王	
直译	（神名）	神	种青稞	
意译	"三霄圣母"保佑人们种好青稞			
原句	护法韦陀	斯依那	日尼日王	
直译	（神名）	神	种青稞	
意译	"护法韦陀"保佑人们种好青稞			
原句	山门土地	斯依那	日尼日王	
直译	（神名）	神	种青稞	
意译	"山门土地"保佑人们种好青稞			
原句	特迈特雷	嘎拉	斯依那	日尼日王
直译	（地名）	（神名）	神	种青稞
意译	"特迈特雷"的"嘎拉"神保佑人们种好青稞			

原句	刷白麦刷	刷巴	斯依那	日尼日王
直译	（地名）	（神名）	神	种青稞
意译	"刷白麦刷"的"刷巴"神保佑人们种好青稞			

文解

斯依出：斯依——神，出——供，合起来即"供神唱经"。这段唱经是比在扯索卦开始前必唱的。扯索卦开始前比要用青稞供神，此时就唱这段经，供神完成后再开始占卜活动。

第五段：斯依出（供神唱经）

第六段：喜何得
（泡咂酒开坛唱经）

原句	喜何	得				
直译	泡哑酒	开坛				
意译	泡哑酒开坛唱经					

原句	木都	得五	斯	得五	得五来	
直译	天上	请动	神	请动	请动了	
意译	请动天上的诸神了,请动神了,请动了					

原句	日都	得五	日	得五	比	得五	得五来
直译	地上	请动	首领	请动	比	请动	请动了
意译	请动地上的首领和比了,请动了						

原句	察五	得五	古则	得五那	得五来
直译	寨子	请动	老小娘舅	请动	请动了
意译	请动了寨子里的人和老小娘舅,请动了				

原句	日	地多米	地多文
直译	青稞	传说	传说
意译	青稞的传说		

原句	日	白爷米	白爷文
直译	青稞	（神名）	（神名）
意译	青稞在白爷神时期就有了		

原句	日	如罗米	如罗王
直译	青稞	起源	起源
意译	这就是青稞的起源		

原句	日	出麦出	出麦出那
直译	青稞	流传	流传
意译	从此青稞传了下来		

原句	恩基都	日热归	恩妈者	日热归
直译	你女儿	看青稞	你娘家人	看青稞

意译	你女儿和娘家人都去看青稞					
原句	恩基都	恩妈者	瓦勒	瓦底	日克水	
直译	你女儿	你娘家人	五月	初五	收青稞	
意译	你女儿和娘家人从五月初五开始收青稞					
原句	竹勒	竹底	植克水			
直译	六月	初六	收麦子			
意译	六月初六又开始收麦子					
原句	阿爸	布木	迫依那	日得	〔官儿〕那	
直译	（尊称）	（神名）	后襟	青稞	包了	
意译	阿爸布木用衣衫后襟包了青稞					
原句	迫依哇嘎	植得	〔官儿〕那			
直译	前襟	麦子	包了			
意译	用前襟包了麦子					
原句	内朱	格格	植巴	〔居一〕		
直译	耳朵	缝	红麻	藏		
意译	耳朵缝里藏了红麻					
原句	依数	格格	古日	〔居一〕		
直译	指甲	缝	菜籽	藏		
意译	指甲缝藏了菜籽					
原句	阿爸	布木	阿杜日杜	不日〔苏一〕		
直译	（尊称）	（神名）	藏着披着	不让人看见		
意译	阿爸布木把各种种子都藏着不让人看见，带回来					
原句	斯替褂子	勒目苏那				
直译	牛毛长衫	遮住				
意译	他用牛毛长衫遮住了种子					
原句	特火	牧朱那	日得	〔朱一〕		
直译	那次	那儿	青稞	拿了		

意译	就是那一次从天上把青稞带下来了
原句	特勒　　特不那　　日得　　〔朱一〕
直译	那月　　那年　　青稞　　拿了
意译	就是那年那月从天上把青稞带下来了
原句	特火　　特朱那　　植得　　〔朱一〕
直译	那次　　那儿　　麦子　　拿了
意译	就是那一次从天上把麦子带下来了
原句	特勒　　特不那　　植得　　〔朱一〕
直译	那月　　那年　　麦子　　拿了
意译	就是那年那月从天上把麦子带下来了
原句	几勒都木　　日热归
直译	正月里　　看青稞
意译	正月里去看青稞
原句	尺石扭　　巴尔开
直译	像蜘蛛一样　　扎根
意译	青稞扎根了，像蜘蛛一样
原句	依勒都木　　日热归
直译	二月里　　看青稞
意译	二月里去看青稞
原句	黑尼扭　　说罗哦
直译	像针尖一样　　发芽
意译	青稞发芽了，像针尖一样
原句	塞勒都木　　日热归
直译	三月里　　看青稞
意译	三月里去看青稞
原句	日荷扭　　都米牙
直译	像老鼠屎一样　　结籽

第六段：喜何得（泡咂酒开坛唱经）

意译	青稞结籽了，像老鼠屎一样	
原句	只勒都木	日热归
直译	四月里	看青稞
意译	四月里去看青稞	
原句	尔〔古儿〕扭	格得〔如一〕
直译	像细竹子一样	抽穗
意译	青稞抽穗了，像细竹子一样	
原句	瓦勒都木那	日热归
直译	五月里	看青稞
意译	五月里去看青稞	
原句	不阿扭	不丝文
直译	像油竹一样	长芒刺
意译	青稞穗子长芒刺了，像油竹一样	
原句	竹勒那	日 格巴
直译	六月	青稞 穗子大
意译	六月，青稞穗子很大了	
原句	得勒 提牙那	日 提牙
直译	七月 背回	青稞 背回
意译	七月，所有的青稞都收割完背回来了	
原句	日米哎	古鲁那
直译	青稞籽	九棱
意译	每条青稞穗子有九条棱的籽	
原句	植米哎	罗那来
直译	麦籽	同样多
意译	麦穗籽粒同样多	
原句	日得 阿乍那	五那扎王
直译	青稞 捆好	晾架

意译	把青稞捆好，架在晾架上晾干						
原句	日得	阿乍	阿乍呀				
直译	青稞	捆好	捆好呀				
意译	要把青稞捆好、捆好呀						
原句	木若	剁底	阿如〔东木〕	国得来	国〔日阿〕来		
直译	天	底下	抛第一把	愿品丰富	愿品多		
意译	站在天底下向上抛第一把青稞，愿品又多又丰富						
原句	依如〔东木〕	日得来	比〔日阿〕来				
直译	抛第二把	首领富有	比富足				
意译	抛第二把上去，首领富了，比也富了						
原句	塞如〔东木〕	哇得来	哇〔日阿〕来				
直译	抛第三把	粮用不尽	粮吃不完				
意译	第三把抛上去，粮食用不尽吃不完						
原句	阿爸	灶爷	阿斯	塞花	依斯	朱花	塞斯	古花
直译	（尊称）	灶神	一天	三次	两天	六次	三天	九次
意译	灶神爷一天三次、两天六次、三天九次上天奏事						
原句	纹	塞萨	得底根				
直译	好的	三句	奏上				
意译	敬请灶神爷把好的三句奏上去						
原句	尼纹	塞萨	日都根				
直译	不好的	三句	隐瞒				
直译	把不好的三句瞒下来						
原句	尔日尔格	阿爸	城隍爷				
直译	汉人的地方	（尊称）	（神名）				
意译	汉人的地方敬奉"城隍爷"						
原句	纹	塞萨	得底根				
直译	好的	三句	奏上去				

第六段：喜何得（泡咂酒开坛唱经）

意译	请"城隍爷"把好的三句奏上去			
原句	尼纹	塞萨	日都根	
直译	不好的	三句	隐瞒	
意译	把不好的三句瞒下来			
原句	不不那	日格来	日八都	日五成
直译	前代人	当首领	当首领之命	首领的后代
意译	前代人当首领,后代就有当首领之命			
原句	不不那	比格来	比八都	比五成
直译	前代人	当比	当比之命	比的后代
意译	前代人当比,后代就有当比之命			
原句	不不那	诸格来	诸八都	诸五成
直译	前代人	当铁匠	当铁匠之命	铁匠的后代
意译	前代人当铁匠,后代就有当铁匠之命			
原句	不不那	〔日儿〕格来	〔日儿〕八都	〔日儿〕五成
直译	前代人	当木匠	当木匠之命	木匠的后代
意译	前代人当木匠,后代就有当木匠之命			
原句	不不那	伊格来	伊八都	伊五成
直译	前代人	当管财人	当管财人之命	管财人的后代
意译	前代人当管财人,后代就有当管财人之命			
原句	不不那	失格来	失八都	失五成
直译	前代人	当头目人	当头目人之命	头目人的后代
意译	前代人当头目人,后代就有当头目人之命			
原句	石勒不	得给	巨地不	日如
直译	牛年	过去	虎年	到来
意译	牛年过去,虎年到来			
原句	哈地勒	哈赤文		
直译	十月	十八		

意译	今天是十月十八			
原句	几卡者那	瓦达者		
直译	（部落名）	（部落名）		
意译	"几卡者"和"瓦达者"联姻			
原句	古那	则	阿萨	
直译	老娘舅	小娘舅	联姻	
意译	这是老娘舅和小娘舅联姻			
原句	依古	古那	则	阿萨依
直译	两家	老娘舅	小娘舅	联姻
意译	老娘舅和小娘舅两家联姻			
原句	阿石那	实王		
直译	以后	幸福		
意译	以后会成为一个幸福的家庭			
原句	麦巴	剋底	麦则	黑如
直译	大人	底下	小孩	成长
意译	大人之后有小孩在成长			
原句	扑巴	剋底	扑则	黑如
直译	大树	底下	小树	生长
意译	大树底下有小树在生长			
原句	阿巴巴那	实王		
直译	永远	幸福		
意译	百年好合			
原句	勒匹斯	刷得欸		
直译	白石神	更亮了		
意译	白石神更亮了			
原句	纳萨	达〔入阿〕		
直译	纳萨杆	立起		

第六段：喜何得（泡咂酒开坛唱经）

意译	纳萨杆立起来了			
原句	英木	日何	嘎拉	日何
直译	太阳	保佑	（神名）	保佑
意译	太阳神保佑，嘎拉神保佑			
原句	喜	纳果勒		
直译	酒	好得很		
意译	酒好得很！			
原句	子斯	纳果勒		
直译	今天	好得很		
意译	今天好得很！			
原句	啊	日洒	日洒	亚日洒
直译	啊	好呀	好呀	太好了
意译	啊，好呀！好呀！太好了！			

文解

喜何得：喜何——泡咂酒，得——开坛，合起来即"泡咂酒开坛唱经"。泡砸酒在羌族的日常生活中具有重要作用，很多重要场合如婚丧嫁娶、迎来送往、乔迁新居等都要用到，在制作好的泡咂酒开坛的时候比就会唱这段经。唱经会根据不同的场合替换部分用词，以契合实用。此处收载的是一段结婚用的唱经。

第七段：日者热
（赞美青稞唱经）

原句	日	者热	
直译	青稞	赞美	
意译	赞美青稞唱经		
原句	日	地多米那	地多文
直译	青稞	传说	传说
意译	青稞的传说		
原句	日	白爷米	白爷文
直译	青稞	（神名）	（神名）
意译	青稞在白爷神时期就有了		
原句	日	如罗米	如罗王
直译	青稞	起源	起源
意译	这就是青稞的起源		
原句	日	出麦出	出麦出那
直译	青稞	流传	流传
意译	从此青稞传了下来		
原句	木机	基依那	日尼日王
直译	（工具名）	女人	种青稞
意译	女人们用"木机"种青稞		
原句	木马	者依那	日尼日王
直译	（工具名）	男人	种青稞
意译	男人们用"木马"种青稞		

原句	木机	木马	瓦勒	瓦底那	日克水
直译	（工具名）	（工具名）	五月	初五	收青稞
意译	五月初五，人们又用"木机""木马"收割青稞了				

原句	竹勒	竹底那	植克哎水呀
直译	六月	初六	收麦子

意译	六月初六，人们开始收割麦子了				
原句	阿爸	布木	迫依那	日得	〔官儿〕呀
直译	（尊称）	（神名）	后襟	青稞	包了
意译	阿爸布木用衣衫后襟包了青稞				
原句	迫依哇嘎	植得	〔官儿〕呀		
直译	前襟	麦子	包了		
意译	用前襟包了麦子				
原句	内朱	格格	植巴	〔居一〕	
直译	耳朵	缝	红麻	藏	
意译	耳朵缝里藏了红麻				
原句	依数	格格	古如	〔居一〕	
直译	指甲	缝	菜籽	藏	
意译	指甲缝里藏了菜籽				
原句	阿爸	布木	阿杜日杜	不日〔苏一〕	
直译	（尊称）	（神名）	藏着掖着	不让人看见	
意译	阿爸布木把各种种子都藏着不让人看见，带回来				
原句	斯替褂子	勒目苏那			
直译	牛毛长衫	遮住			
意译	他用牛毛长衫遮住了种子				
原句	特火	特朱那	日得	〔朱一〕	
直译	那次	那儿	青稞	拿了	
意译	就是那一次从天上把青稞带下来了				
原句	特勒	特不那	日得	〔朱一〕	
直译	那月	那年	青稞	拿了	
意译	就是那年那月从天上把青稞带下来了				
原句	特火	特朱那	植得	〔朱一〕	
直译	那次	那儿	麦子	拿了	

意译	就是那一次从天上把麦子带下来了
原句	特勒　　特不那　　植得哎　　〔朱一〕
直译	那月　　那年　　麦子　　拿了
意译	就是那年那月从天上把麦子带下来了
原句	几勒都木那　　日热归
直译	正月里　　看青稞
意译	正月里去看青稞
原句	尺石扭　　巴尔开
直译	像蜘蛛一样　　扎根
意译	青稞扎根了，像蜘蛛一样
原句	依勒都木那　　日热归
直译	二月里　　看青稞
意译	二月里去看青稞
原句	黑尼扭　　说罗哦
直译	像针尖一样　　发芽
意译	青稞发芽了，像针尖一样
原句	塞勒都木那　　日热归
直译	三月里　　看青稞
意译	三月里去看青稞
原句	日荷扭　　都米牙
直译	像老鼠屎一样　　结籽
意译	青稞结籽了，像老鼠屎一样
原句	只勒都木那　　日热归
直译	四月里　　看青稞
意译	四月里去看青稞
原句	尔〔古儿〕扭　　格得〔如一〕
直译	像细竹子一样　　抽穗

意译	青稞抽穗了，像细竹子一样				
原句	瓦勒都木那	日热归			
直译	五月里	看青稞			
意译	五月里去看青稞				
原句	不阿扭	不丝文			
直译	像油竹一样	长芒刺			
意译	青稞穗子长芒刺了，像油竹一样				
原句	竹勒那	日	格巴		
直译	六月	青稞	穗子大		
意译	六月，青稞穗子很大了				
原句	得勒	提牙那	日	提哎牙	
直译	七月	背回	青稞	背回来	
意译	七月，所有的青稞都收割完背回来了				
原句	日米哎	古鲁那	瓦数〔支一〕		
直译	青稞籽	九棱	五十多粒		
意译	每条青稞穗子有九条棱五十多粒籽				
原句	植米哎	古鲁那	瓦数〔支一〕		
直译	麦籽	九棱	五十多粒		
意译	每条麦穗也有九条棱五十多粒籽				
原句	木若	剋底	阿如〔东木〕	哇得来那	哇〔日阿〕来呀
直译	天	底下	抛第一把	粮用不尽	粮吃不完
意译	站在天底下向上抛第一把青稞（感谢神），粮食用不尽吃不完				
原句	木若	剋底	依如〔东木〕	日得来那	比〔日阿〕来呀
直译	天	底下	抛第二把	首领富有	比富足
意译	站在天底下向上抛第二把青稞，首领富了，比也富了				
原句	木若	剋底	塞如〔东木〕	国得来那	国〔日阿〕来呀
直译	天	底下	抛第三把	愿品丰富	愿品多

意译	站在天底下向上抛第三把青稞，愿品又多又丰富			
原句	不麻	得给	不斯哎	
直译	年份	过去	来年	
意译	年复一年			
原句	勒麻	得给那	勒斯哎	
直译	月份	过去	来月	
意译	月复一月			
原句	羽不文那	得给哎	库不那哎	日如呀
直译	鸡年	过去	狗年	到来
意译	鸡年过去，狗年来了			
原句	只勒依那	瓦底哎		
直译	四月	初五		
意译	今天是四月初五			
原句	麦妈	子支	阿古达都	得地住
直译	老母亲	这位	一家之中	说了
意译	这位老母亲在家中说过的			
原句	日荷	沃那	娲萨	塞哈
直译	鼠	龙	猴	三个
意译	鼠（子）、龙（辰）、猴（申）三个属相相合			
原句	羽	卜	乙那	塞哈
直译	鸡	蛇	牛	三个
意译	鸡（酉）、蛇（巳）、牛（丑）三个属相相合			
原句	库日	巨地	午	塞哈
直译	狗	虎	马	三个
意译	狗（戌）、虎（寅）、马（午）三个属相相合			
原句	泽	扒文那	日	塞哈
直译	羊	猪	兔	三个

意译	羊（未）、猪（亥）、兔（卯）三个属相相合		
原句	哈尼	拉古那	格麻哎住呀
直译	十二（生肖动物）	拉古病	医治
意译	十二（生肖动物）拉古病要医治好		
原句	日荷	拉古那	格麻住
直译	鼠	拉古病	医治
意译	鼠拉古病要医治好		
原句	石那	拉古	格麻哎住呀
直译	牛	拉古病	医治
意译	牛拉古病要医治好		
原句	巨地	拉古那	格麻住
直译	虎	拉古病	医治
意译	虎拉古病要医治好		
原句	日	拉古那	格麻住
直译	兔	拉古病	医治
意译	兔拉古病要医治好		
原句	沃	拉古那	格麻住
直译	龙	拉古病	医治
意译	龙拉古病要医治好		
原句	白斯	拉古那	格麻哎住呀
直译	蛇	拉古病	医治
意译	蛇拉古病要医治好		
原句	午	拉古那	格麻住
直译	马	拉古病	医治
意译	马拉古病要医治好		
原句	泽	拉古那	格麻哎住呀
直译	羊	拉古病	医治

意译	羊拉古病要医治好			
原句	娲萨	拉古那	格麻住	
直译	猴	拉古病	医治	
意译	猴拉古病要医治好			
原句	羽如	拉古那	格麻哎住呀	
直译	鸡	拉古病	医治	
意译	鸡拉古病要医治好			
原句	库如	拉古那	格麻住	
直译	狗	拉古病	医治	
意译	狗拉古病要医治好			
原句	扒如	拉古那	格麻哎住呀	
直译	猪	拉古病	医治	
意译	猪拉古病要医治好			
原句	哈尼	拉古那	格麻哎住呀	
直译	十二（生肖动物）	拉古病	医治	
意译	十二（生肖动物）拉古病都要医治好			
原句	扑巴	剅底	扑则	黑如那	比于哎住呀
直译	大树	底下	小树	生长	好了
意译	大树底下有小树在生长就好了				
原句	麦巴	剅底	麦则	黑如那	比于哎住呀
直译	大人	底下	小孩	成长	好了
意译	大人之后有小孩在成长就好了				
原句	日巴	塞则	日地古做	比于住	
直译	大首领	三位	首领达成一致	好了	
意译	三位大首领达成一致就好了				
原句	日古	艾责那	艾责呀		
直译	首领嘴	少说	少说		

意译	首领可以少说了，少说了呀			
原句	比巴	塞则	比地古做	比于住
直译	大比	三位	比达成一致	好了
意译	三位大比达成一致就好了			
原句	比古	艾责那	艾责呀	
直译	比嘴	少说	少说	
意译	比可以少说了，少说了呀			

文解

日者热：日——青稞，者热——赞美，合起来即"赞美青稞唱经"。这段经是比在治病驱邪法事上唱的。当比做法事活动要用到青稞时就会唱这段经，此处是以治拉古病为例，关于拉古病，请见本书《哈尼拉古噗得》唱经。

第八段：斯格说
（敬请诸神唱经）

原句　斯格　　　说
直译　诸神　　　敬请
意译　敬请诸神唱经

原句　哎　　阿爸　　　斯日巴　　　兵巴斯马那
直译　哎　　（尊称）　（神名）　　（神名）
意译　哎，敬请阿爸"斯日巴"和"兵巴斯马"

原句　比热哎古　　发日发古
直译　（神名）　　（神名）
意译　敬请"比热古"神和"发日发古"神

原句　玛比西弟　　麦者冉巴
直译　（神名）　　（神名）
意译　敬请"玛比西弟"神和"麦者冉巴"神

原句　西弟尼格　　麦者冉
直译　（神名）　　（神名）
意译　敬请"西弟尼格"神和"麦者冉"神

原句　英〔木尔〕者　　达披依者
直译　（神名）　　　　（神名）
意译　敬请"英〔木尔〕者"神和"达披依者"神

原句　依不日者文
直译　（神名）
意译　敬请"依不日者"神

原句　阿爸　　　佛爷　　　阿爸　　　雷神
直译　（尊称）　（神名）　（尊称）　（神名）
意译　敬请阿爸"佛爷"、阿爸"雷神"

原句　阿爸　　　老君　　　北方真武祖师
直译　（尊称）　（神名）　（神名）

意译	敬请阿爸"老君"、"北方真武祖师"
原句	玄天上帝　　披发祖师
直译	（神名）　　（神名）
意译	敬请"玄天上帝""披发祖师"
原句	红衣喇嘛　　黄衣喇嘛
直译	（神名）　　（神名）
意译	敬请"红衣喇嘛""黄衣喇嘛"
原句	阴兵先师　　压兵童子
直译	（神名）　　（神名）
意译	敬请"阴兵祖师""压兵童子"
原句	四大天王　　八大金刚
直译	（神名）　　（神名）
意译	敬请"四大天王""八大金刚"
原句	上天童子　　入地郎君
直译	（神名）　　（神名）
意译	敬请"上天童子""入地郎君"
原句	风伯雨师　　白马将军　　黑虎玄坛
直译	（神名）　　（神名）　　（神名）
意译	敬请"风伯雨师""白马将军""黑虎玄坛"
原句	周公先师　　桃花圣母
直译	（神名）　　（神名）
意译	敬请"周公先师""桃花圣母"
原句	日月二光先师　　五雷祖师
直译	（神名）　　　　（神名）
意译	敬请"日月二光先师""五雷祖师"
原句	开山祖师　　避瘟祖师
直译	（神名）　　（神名）

意译	敬请"开山祖师""避瘟祖师"	
原句	普庵祖师　　茅山祖师	
直译	（神名）　　（神名）	
意译	敬请"普庵祖师""茅山祖师"	
原句	罗鼎祖师　　应谷祖师	
直译	（神名）　　（神名）	
意译	敬请"罗鼎祖师""应谷祖师"	
原句	达摩祖师　　兜口灵祖	
直译	（神名）　　（神名）	
意译	敬请"达摩祖师""兜口灵祖"	
原句	哼哈二将	
直译	（神名）	
意译	敬请"哼哈二将"	
原句	千千师祖　　万万师爷	
直译	千千师祖　　万万师爷	
意译	敬请千千师祖、万万师爷	
原句	阿须　　得五	
直译	一起　　请动	
意译	一起请动	
原句	不麻　　得给　　不斯	
直译	年份　　过去　　来年	
意译	年复一年	
原句	勒麻　　得给　　勒斯	
直译	月份　　过去　　来月	
意译	月复一月	
原句	日不　　得给　　沃不　　日如	
直译	兔年　　过去　　龙年　　到来	

第八段：斯格说（敬请诸神唱经）

意译	兔年过去龙年到来	
原句	目眯察　　哈尼勒	
直译	眨眼间　　十二月	
意译	眨眼间十二个月就过去了	
原句	古勒文那　　内刷〔文一〕	
直译	九月　　　　二十日	
意译	今天是九月二十日	
原句	国文　斯文　毒文　朱文	
直译	愿　　神　　毒药猫　大门	
意译	一家人要许愿还愿，要请神敬神，要驱毒药猫，要建好大门	
原句	阿古巴　　知子古	
直译	一家内　　很多事	
意译	一个家庭有很多事要办	
原句	巫度文那　　黑支	
直译	邪魔　　　　镇伏	
意译	要把邪魔镇伏	
原句	阿度　　艾给	
直译	秽物　　埋葬	
意译	要把秽物埋掉	
原句	古儿　　何楚	
直译	正气　　树起	
意译	正气树起来	
原句	纳萨　　达〔入阿〕	
直译	纳萨杆　　立起	
意译	纳萨杆立起来	

文解

斯格说：斯格——诸神，说——敬请，合起来即"敬请诸神唱经"。这段唱经在举行大型祭祀活动时才唱，而且要在祭品牛的前面唱，请众神来享用祭品。

第八段：斯格说（敬请诸神唱经）

第九段：泽苏
（宰羊还愿唱经）

原句	泽	苏	
直译	羊	宰了还愿	
意译	宰羊还愿唱经		
原句	萨	地多米	地多文
直译	愿	传说	传说
意译	愿的传说		
原句	萨	白爷米	白爷文
直译	愿	（神名）	（神名）
意译	愿在白爷神时期就有了		
原句	萨	如罗米	如罗王
直译	愿	起源	起源
意译	这就是愿的起源		
原句	萨	出麦出	出麦出
直译	愿	流传	流传
意译	从此愿就传了下来		
原句	英木文那	得五那来	
直译	太阳神	请动了	
意译	请动了太阳神		
原句	勒匹木那	得五那来	
直译	白石神	请动了	
意译	请动了白石神		
原句	勒刷木那	得五那来	
直译	月亮神	请动了	
意译	请动了月亮神		
原句	达尼木那	得五那来	

第九段：泽苏（宰羊还愿唱经）

直译	黑云神	请动了	
意译	请动了黑云神		
原句	达匹木那	得五那来	
直译	白云神	请动了	
意译	请动了白云神		
原句	达喜木那	得五那来	
直译	彩云神	请动了	
意译	请动了彩云神		
原句	夸都文那	得五那来	
直译	凤凰神	请动了	
意译	请动了凤凰神		
原句	米勒哇弟	斯火木那	得五那来
直译	（神名）	（神名）	请动了
意译	请动了"米勒哇弟"神、"斯火"神		
原句	居作牙五	日朱木那	得五那来
直译	（神名）	（神名）	请动了
意译	请动了"居作牙五"神、"日朱"神		
原句	哈五比格	乐尼木那	得五那来
直译	（神名）	（神名）	请动了
意译	请动了"哈五比格"神、"乐尼"神		
原句	北方真武祖师	得五那来	
直译	（神名）	请动了	
意译	请动了"北方真武祖师"		
原句	玄天上帝	得五那来	
直译	（神名）	请动了	
意译	请动了"玄天上帝"		

原句	披发祖师	得五那来	
直译	（神名）	请动了	
意译	请动了"披发祖师"		
原句	红衣喇嘛	黄衣喇嘛	得五那来
直译	（神名）	（神名）	请动了
意译	请动了"红衣喇嘛""黄衣喇嘛"		
原句	上天童子	得五那来	
直译	（神名）	请动了	
意译	请动了"上天童子"		
原句	入地郎君	得五那来	
直译	（神名）	请动了	
意译	请动了"入地郎君"		
原句	风伯雨师	得五那来	
直译	（神名）	请动了	
意译	请动了"风伯雨师"		
原句	阿爸	老君	得五那来
直译	（尊称）	（神名）	请动了
意译	请动了阿爸"老君"		
原句	千千师祖	万万师爷	得五那来
直译	千千师祖	万万师爷	请动了
意译	请动了千千师祖、万万师爷		

第九段：泽苏（宰羊还愿唱经）

文解

泽苏：泽——羊，苏——宰了还愿，合起来即"宰羊还愿唱经"。羊为吉祥的代表，因此这段唱经也可称为"吉羊唱经"或"吉祥唱经"。这段唱经是在宰羊还愿的时候唱的，比唱完这段经之后才开始宰羊。

第十段：木那处处
（恭请祖师爷唱经）

原句	木那处处	
直译	恭请祖师爷	
意译	恭请祖师爷唱经	
原句	知白	哈尼哦
直译	（神名）	（神名）
意译	请到了"知白"祖师和"哈尼"祖师	
原句	木说	得五哦
直译	（神名）	请动
意译	请动了"木说"祖师	
原句	处白	哈处哦
直译	（神名）	（神名）
意译	请到了"处白"祖师和"哈处"祖师	
原句	哦火	得五哦
直译	哦火	请动
意译	哦火，都请动了	
原句	依木	扎了哦
直译	（神名）	请到
意译	请到了"依木"祖师	
原句	依扎	鲁耶哦
直译	（神名）	请来
意译	请来了"依扎"祖师	
原句	哦火	得五哦
直译	哦火	请动
意译	哦火，都请动了	
原句	雷匹	扎了哦
直译	（神名）	请到

意译	请到了"雷匹"祖师	
原句	刷扎	鲁耶哦
直译	（神名）	请来
意译	请来了"刷扎"祖师	
原句	织不	扎了哦
直译	（神名）	请到
意译	请到了"织不"祖师	
原句	哦火	鲁耶哦
直译	哦火	请来
意译	哦火，都请来了	
原句	哦火	得五哦
直译	哦火	请动
意译	哦火，都请动了	
原句	兴迫牙	扎了哦
直译	（神名）	请到
意译	请到了"兴迫牙"祖师	
原句	刷扎	乐耶哦
直译	（神名）	请来
意译	请来了"刷扎"祖师	
原句	哦火	得五哦
直译	哦火	请动
意译	哦火，都请动了哦	
原句	帝阿麦者	扎了哦
直译	（神名）	请到
意译	请到了"帝阿麦者"祖师	
原句	哦火	得五哦
直译	哦火	请动

第十段：木那处处（恭请祖师爷唱经）

83

意译	哦火，都请动了
原句	勒古替牙哦
直译	（神名）
意译	请到了"勒古替牙"祖师
原句	哦火　鲁耶哦
直译	哦火　请来
意译	哦火，都请来了
原句	哦火　得五哦
直译	哦火　请动
意译	哦火，都请动了
原句	麻叶那戈哦
直译	（神名）
意译	请到了"麻叶那戈"祖师
原句	哦火　得五哦
直译	哦火　请动
意译	哦火，都请动了
原句	木都那叶哦
直译	（神名）
意译	请到了"木都那叶"祖师
原句	米勒哇弟哦
直译	（神名）
意译	请到了"米勒哇弟"祖师
原句	斯火木那哦
直译	（神名）
意译	请到了"斯火"祖师
原句	哦火　得五哦
直译	哦火　请动

意译	哦火，都请动了
原句	红木那依哦
直译	（神名）
意译	请到了"红木"祖师
原句	哦火　　得五哦
直译	哦火　　请动
意译	哦火，都请动了
原句	居作牙五哦
直译	（神名）
意译	请到了"居作牙五"祖师
原句	日朱木那哦
直译	（神名）
意译	请到了"日朱"祖师
原句	哦火　　得五哦
直译	哦火　　请动
意译	哦火，都请动了
原句	入木那依哦
直译	（神名）
意译	请到了"入木"祖师
原句	哦火　　得五哦
直译	哦火　　请动
意译	哦火，都请动了哦
原句	哈五比格哦
直译	（神名）
意译	请到了"哈五比格"祖师
原句	乐尼木那哦
直译	（神名）

意译	请到了"乐尼"祖师
原句	女木那依哦
直译	（神名）
意译	请到了"女木"祖师
原句	哦火　　得五哦
直译	哦火　　请动
意译	哦火，都请到了哦
原句	卡叶巴格哦
直译	（神名）
意译	请到了"卡叶巴格"祖师
原句	塞支木那哦
直译	（神名）
意译	请到了"塞支"祖师
原句	哦火　　得五哦
直译	哦火　　请动
意译	哦火，都请动了
原句	木须作国哦
直译	（神名）
意译	请到了"木须作国"祖师
原句	阿须斯玛哦
直译	全部一起
意译	所有祖师爷都请到了
原句	哦火　　得五哦
直译	哦火　　请动
意译	哦火，所有祖师爷一起请动了

文解

　　木那处处：恭请祖师爷唱经。本段唱经是肖永庆在扯索卦之前唱的，所请的祖师爷即历代索卦先师。古时羌人于每年十月初一羌历年那天请比扯索卦卜问全家人在新的一年中吉凶祸福，后来这个时间改为了十月初二。

第十段：木那处处（恭请祖师爷唱经）

第十一段：果递
（毛狗精来历唱经）

原句	果	递		
直译	毛狗	来历		
意译	毛狗精来历唱经			
原句	阿爸	布木	得日达那	得止哈
直译	（尊称）	（神名）	说起来	很生气
意译	阿爸布木说起这事就生气			
原句	木斯艾卓	埃作嘎那		
直译	天蒙蒙亮	我们一家		
意译	天蒙蒙亮，我们一家早起干活			
原句	哇女擦格	埃作嘎		
直译	上山积肥	我们一家		
意译	我们一家非常早地上山积肥			
原句	布木	者那	布木	基勒
直译	（神名）	儿子们	（神名）	女儿们
意译	布木的儿女们			
原句	纳	得给那	徐米支	
直译	动物	过去	看不见	
意译	看见一只动物跑过去，转眼就不见了			
原句	纳	得给那	那米哈	
直译	动物	过去	追不上	
意译	看见一只动物跑过去，就是追不上			
原句	作日给那	木须雷	茶知给那	
直译	去背水	天不亮	去揽叶子	
意译	天不亮他们就去背水、揽叶子			
原句	布木	者那	布木	基勒
直译	（神名）	儿子们	（神名）	女儿们

意译	布木的儿女们				
原句	得木须那	得作根一			
直译	天快亮	捉住一只动物			
意译	天快亮的时候他们捉住了一只动物				
原句	格依哎支	库给斯处尼			
直译	看头部	像狗的样子			
意译	看头部像只狗				
原句	眯依哎支	库给斯外			
直译	看眼睛	像狗的样子			
意译	看眼睛也像只狗				
原句	格尼斯	麦尼	作支尼		
直译	头部的毛有点黑	不黑	脊梁黑		
意译	头部的毛有点黑,又不太黑,脊梁上是黑色的				
原句	格斯麦匹	数得匹			
直译	头部的毛不白	尾巴的毛白			
意译	头部的毛不白,尾巴的毛是白色的				
原句	布木	者那	布木	基勒	
直译	(神名)	儿子们	(神名)	女儿们	
意译	布木的儿女们				
原句	拘得那哎	撸哈文为			
直译	拴住	绑住			
意译	布木的儿女们把它拴住绑牢了				
原句	阿爸	布木	布木	子支	得日达那	得止哈
直译	(尊称)	(神名)	(神名)	这位	说起来	很生气
意译	阿爸布木说起这事就很生气					
原句	木都	斯库文那	斯泽文尼			
直译	天上	神狗	神羊			

意译	布木猜它是天上的神狗呢还是神羊呢			
原句	支火那都	黑火	苦火	
直译	后山上	（野兽名）	（野兽名）	
意译	又像后山上的野兽"黑火"和"苦火"			
原句	塞火哈文为			
直译	三不像			
意译	有点像这，又有点像那，是三不像			
原句	莫尔库文那	莫尔泽文尼		
直译	狗妖	羊妖		
意译	是狗妖还是羊妖呢			
原句	止抵	库抵	塞火哈文为	
直译	棕熊	狗熊	三不像	
意译	既不是棕熊，又不是狗熊，是三不像			
原句	者库文那	者泽文尼		
直译	公狗	公羊		
意译	是公狗还是公羊呢			
原句	支哈那都	哈哈	库哈	塞火哈
直译	房间	慢慢	狗	三不像
意译	布木慢慢将三不像的狗拉进自己的房间			
原句	阿爸	布木	布木	得忒
直译	（尊称）	（神名）	（神名）	抱起
意译	阿爸布木将它抱起			
原句	格得比尺	阿如地		
直译	床头上	系		
意译	把它系在床头上			
原句	拄拄	得木	巴提	北尺
直译	裹足	找	铺垫好	挡好

意译	又找裹足给它铺垫并挡好			
原句	布木	格依	阿日雷	
直译	（神名）	头帕	咬烂	
意译	布木醒来时，发现毛狗把他的头帕咬烂了			
原句	塔麻达都	阿如地		
直译	腰部	系		
意译	布木又把它系在腰上			
原句	布木	塔都	古丝	阿日雷
直译	（神名）	腰中间	衣服	咬烂
意译	布木醒来时，发现毛狗又把他衣服的腰部咬烂了			
原句	阿爸	布木	得日达那	得止哈
直译	（尊称）	（神名）	说起来	很生气
意译	阿爸布木说起它就很生气			
原句	果玛	子支	不叶斯勒	麦勒玛尼
直译	毛狗	这只	喂养	不适合
意译	这只毛狗不适合喂养			
原句	厌地	火迫	麦勒哈	
直译	争气	顺心	没有	
意译	它是一点也不争气、让人顺心的东西			
原句	艾支斯那	艾牙斯那		
直译	杀死	割		
意译	杀了它，割它的肉			
原句	果玛	子支	得日达那	得止哈
直译	毛狗	这只	说起来	很生气
意译	这只毛狗说起来很生气			
原句	艾支斯那	米五尼		
直译	杀死	不会		

意译　你不会杀死我吧？

原句　艾牙斯那　　米五哈

直译　割　　　　　不会

意译　你不会割我的肉吧？

原句　艾支　艾牙　　萨　　麦勒

直译　杀死　割　　　血　　没有

意译　你杀死我、割我，又没有血

原句　艾支　艾牙　　次　　麦勒

直译　杀死　割　　　肉　　没有

意译　你杀死我、割我，也没有肉

原句　艾支　艾出　　格朱　　格那　　尕米瓦

直译　杀死　咬死　　以前　　如今　　不是我

意译　以前及现在都有杀死人、咬死人的事，但不是我做的

原句　察都得的　　尕米瓦

直译　寨中出事　　不是我

意译　寨中出的事不是我做的

原句　艾支　艾色　　米五斯一

直译　杀死　弄死　　不会

意译　你们不会杀死、弄死我

原句　艾牙　〔日阿〕　米五哈

直译　割了　吃了　　　不会

意译　你们是不会割了我、吃了我的

原句　阿爸　　布木　　木都　　直则　　国苦尺那

直译　（尊称）（神名）上天　　事情　　还愿祭祀

意译　在阿爸布木向天神们做还愿祭祀的事情时

原句　兀米嘎　　哈挂　　日那

直译　抖得不好　传　　　秘咒

第十一段：果递（毛狗精来历唱经）

意译	用来献祭的动物抖得不好，我可以传秘咒给你们				
原句	国日米	国苦哈			
直译	还愿秘诀	还愿成功			
意译	用了还愿秘诀，愿才能还成功				
原句	白爷	吾匹	兀哇	麻五哈	
直译	（神名）	白牦牛	抖	不肯	
意译	献给白爷神的白牦牛不肯抖				
原句	知知日那	国日米	国苦哈		
直译	念秘咒	还愿秘诀	还愿成功		
意译	念动还愿秘咒，白牦牛抖动了，愿就能还成功				
原句	白爷	质匹	兀哇	麻五哈	
直译	（神名）	白犏牛	抖	不肯	
意译	献给白爷神的白犏牛不肯抖				
原句	知知日那	国日米	国苦哈		
直译	念秘咒	还愿秘诀	还愿成功		
意译	念动还愿秘咒，白犏牛抖动了，愿就能还成功				
原句	白爷	羽匹	西麻五		
直译	（神名）	白鸡	不肯叫		
意译	献给白爷神的白鸡不肯叫				
原句	知知日那	国日米	国苦哈		
直译	念秘咒	还愿秘诀	还愿成功		
意译	念动还愿秘咒，白鸡叫了，愿就能还成功				
原句	果玛	子支	作麦勒古	果	得哈
直译	毛狗	这只	没水的深沟	毛狗	跟着
意译	跟着这只毛狗经过一条没水的深沟				
原句	果玛	得都	尺不哈		
直译	毛狗	跑进	白杨林		

意译	毛狗跑进白杨林中了			
原句	国外	巴都	果	得哈
直译	还愿	大坪	毛狗	跟着
意译	跟着毛狗经过了还愿的大坪			
原句	白日	给那	果	得哈
直译	番地	走到	毛狗	跟着
意译	跟着毛狗进入番地			
原句	白日	白塔主		
直译	番地	白塔林		
意译	到了番地白塔林			
原句	果玛	子支	作麦吕都	果	得哈
直译	毛狗	这只	没水的荒坡	毛狗	跟着
意译	跟着这只毛狗经过了没水的荒坡			
原句	哇勒第都	果	得哈	
直译	种粮之地	毛狗	跟着	
意译	跟着毛狗进入番人种粮之地			
原句	白库	塞阔	得给哈	
直译	番狗	三群	过去	
意译	看见三群番狗过去了			
原句	白泽	塞阔	得给哈	
直译	番羊	三群	过去	
意译	看见三群番羊过去了			
原句	俄库	塞阔	得给哈	
直译	野狗	三群	过去	
意译	看见三群野狗过去了			
原句	俄泽	塞阔	得给哈	
直译	野羊	三群	过去	

第十一段：果递（毛狗精来历唱经）

意译	看见三群野羊过去了		
原句	内麦木不	牙阿勒	
直译	天黑时	岩洞里	
意译	天黑时，毛狗进了岩洞里		
原句	古查木都	牙阿勒	
直译	青冈树上边	岩洞里	
意译	它进了青冈树上边的岩洞里		
原句	依则木斯	阿哈勒	
直译	（神名）	在一起	
意译	原来"依则木斯"神与它在一起		

文解

果递：果——毛狗，递——来历，合起来即"毛狗精来历唱经"。这是肖永庆在扯索卦时唱的第二段经。毛狗精是羌族神话中一个很重要的形象。比在做还愿祭祀活动时，要向用来做祭品的动物喷法水，被喷法水的动物发抖（鸣叫）后才能宰杀献祭，如果动物被喷法水后没有发抖（鸣叫），比就要念"咒"，这个"咒"相传就是毛狗精传给阿爸布木，再代代传下来的。

第十二段：泽兀作
（喷法水使吉羊发抖唱经）

原句	泽	兀	作	
直译	羊	抖	水	
意译	喷法水使吉羊发抖唱经			
原句	阿爸	白爷		
直译	（尊称）	（神名）		
意译	阿爸白爷			
原句	白爷	吾匹	兀哇	麻五哈
直译	（神名）	白牦牛	抖	不肯
意译	献给白爷神的白牦牛不肯抖			
原句	果玛	子支	日尺哈	得日达
直译	毛狗	这只	唱	说
意译	这只毛狗又唱又说			
原句	果玛	子支	得日达	日尺哈
直译	毛狗	这只	说	唱
意译	这只毛狗又说又唱			
原句	白爷	吾匹	得兀	嘎于哈
直译	（神名）	白牦牛	发抖	能
意译	献给白爷神的白牦牛发抖了			
原句	白爷	内匹	兀哇	麻五哈
直译	（神名）	白绵羊	抖	不肯
意译	献给白爷神的白绵羊不肯抖			
原句	果玛	子支	日尺哈	得日达
直译	毛狗	这只	唱	说
意译	这只毛狗又唱又说			
原句	果玛	子支	得日达	日尺哈

直译	毛狗	这只	说	唱	
意译	这只毛狗又说又唱				
原句	白爷	内匹	得兀	嘎于哈	
直译	（神名）	白绵羊	发抖	能	
意译	献给白爷神的白绵羊发抖了				
原句	白爷	质匹	兀哇	麻五哈	
直译	（神名）	白犏牛	抖	不肯	
意译	献给白爷神的白犏牛不肯抖				
原句	果玛	子支	日尺哈	得日达	
直译	毛狗	这只	唱	说	
意译	这只毛狗又唱又说				
原句	果玛	子支	得日达	日尺哈	
直译	毛狗	这只	说	唱	
意译	这只毛狗又说又唱				
原句	白爷	质匹	得兀	嘎于哈	
直译	（神名）	白犏牛	发抖	肯	
意译	献给白爷神的白犏牛发抖了				
原句	白爷	泽匹	兀哇	麻五哈	
直译	（神名）	白山羊	发抖	不肯	
意译	献给白爷神的白山羊不肯抖				
原句	果玛	子支	日尺哈	得日达	
直译	毛狗	这只	唱	说	
意译	这只毛狗又唱又说				
原句	果玛	子支	得日达	日尺哈	
直译	毛狗	这只	说	唱	
意译	这只毛狗又说又唱				

第十二段：泽兀作（喷法水使吉羊发抖唱经）

原句	白爷	泽匹	得兀	嘎于哈
直译	（神名）	白山羊	发抖	能
意译	献给白爷神的白山羊发抖了			
原句	白爷	羽匹	西于	麻五哈
直译	（神名）	白鸡	鸣叫	不肯
意译	献给白爷神的白鸡不肯鸣叫			
原句	果玛	子支	日尺哈	得日达
直译	毛狗	这只	唱	说
意译	这只毛狗精又唱又说			
原句	果玛	子支	得日达	日尺哈
直译	毛狗	这只	说	唱
意译	这只毛狗又说又唱			
原句	白爷	羽匹	得西	嘎于哈
直译	（神名）	白鸡	鸣叫	能
意译	献给白爷神的白鸡鸣叫了			
原句	国巴	答呀		
直译	大愿	结束		
意译	这次还大愿结束了			
原句	国巴	得适那哈		
直译	大愿	圆满		
意译	还大愿很圆满			

文解

泽兀作：泽——羊（祭祀用的吉羊），兀——抖，作——水，合起来即"喷法水使吉羊发抖唱经"。这段唱经就是在献祭仪式上使动物发抖（鸣叫）用的，相传最早由毛狗精传给阿爸布木，再流传下来。虽然标题中仅提到吉羊，实际上也适用于其他用来献祭的动物。

第十三段：达忒
（通白唱经）

原句	达忒			
直译	通白			
意译	通白唱经			
原句	哎	斯依	米达忒	米得斯
直译	哎	神	没通白	不清楚
意译	哎，比没给神通白，神就不清楚			
原句	斯依	达忒	土不那	格斯外
直译	神	通白	这里	头顶的神灵
意译	比给头顶的神灵通白了这里的情况			
原句	达忒	土不那	巴鲁王	
直译	通白	这里	安宁了	
意译	通白后，这里就安宁了			
原句	英木	米达忒	哇米雷	
直译	太阳神	没通白	不出现	
意译	比没给太阳神通白，太阳就不出来了			
原句	英木	达忒	土不那	巴鲁王
直译	太阳神	通白	这里	安宁了
意译	比给太阳神通白后，这里就安宁了			
原句	勒匹	米达忒	刷米雷	
直译	白石神	没通白	没亮光	
意译	比没给白石神通白，白石就没有亮光			
原句	勒匹	达忒	土不那	巴鲁王
直译	白石神	通白	这里	安宁了
意译	比给白石神通白后，这里就安宁了			
原句	至木	米达忒	哇米雷	
直译	星神	没通白	不出现	

意译	比没给星神通白，星星就不出现了			
原句	勒刷	米达忒	刷米雷	
直译	月亮神	没通白	没亮光	
意译	比没给月亮神通白，月亮就没有亮光了			
原句	达忒	土不那	巴鲁王	
直译	通白	这里	安宁了	
意译	比通白后，这里就安宁了			
原句	达尼	米达忒	达尼雷	
直译	黑云神	没通白	有黑云	
意译	比没给黑云神通白，天上就有黑云了			
原句	达尼	达忒	土不那	哇米雷
直译	黑云神	通白	这里	不出现
意译	比给黑云神通白后，这里就不会出现黑云			
原句	达喜	米达忒	哇米雷	
直译	彩云神	没通白	不出现	
意译	比没给彩云神通白，天上就没有彩云			
原句	达忒	土不那	鲁王	
直译	通白	这里	来了	
意译	比通白后，彩云就来了			
原句	达忒	土不那	格斯外	
直译	通白	这里	头顶的神灵	
意译	比给头顶的神灵通白了这里的情况			
原句	达忒	土不那	巴鲁王	
直译	通白	这里	安宁了	
意译	比通白后这里就安宁了			
原句	达忒	土不那	斥斯外	
直译	通白	这里	有怨气	

意译	比要把这里的怨气通白上去			
原句	达忒	土不那	格斯外	
直译	通白	这里	头顶的神灵	
意译	比向头顶的神灵通白这里的情况			
原句	达忒	土不那	巴鲁王	
直译	通白	这里	安宁了	
意译	比通白后这里就安宁了			
原句	夸那	都斯	都哇	
直译	凤	凰	一同	
意译	凤凰齐至			
原句	米勒哇弟那	斯火	斯	达忒
直译	（神名）	（神名）	神	通白
意译	比向"米勒哇弟"神、"斯火"神通白			
原句	达忒	土不那	格斯外	
直译	通白	这里	头顶的神灵	
意译	比向头顶的神灵通白这里的情况			
原句	达忒	土不那	巴鲁王	
直译	通白	这里	安宁了	
意译	比通白后这里就安宁了			
原句	司那	火一	泽喜米勒	达忒
直译	豹	虎	（妖名）	通白
意译	比要通白虎豹和妖魔"泽喜米勒"			
原句	居作牙五那	日朱	斯	达忒
直译	（神名）	（神名）	神	通白
意译	比向"居作牙五"神、"日朱"神通白			
原句	达忒	土不那	格斯外	
直译	通白	这里	头顶的神灵	

意译	比向头顶的神灵通白这里的情况				
原句	达忒	土不那	巴鲁王		
直译	通白	这里	安宁了		
意译	通白后这里就安宁了				
原句	日那	著斯	塔五巴卡	得斯那	达忒
直译	首领	民众	（鸟名）	看见	通白
意译	看见"塔五巴卡"这种鸟，首领和民众就要向神通白				
原句	那几	苏石	得斯那	达忒	
直译	（兽名）	（兽名）	看见	通白	
意译	看见怪兽"那几"和"苏石"就要向神通白				
原句	哈五比格那	乐尼	斯	达忒	
直译	（神名）	（神名）	神	通白	
意译	比要向"哈五比格"神、"乐尼"神通白				
原句	达忒	土不那	格斯外		
直译	通白	这里	头顶的神灵		
意译	比向头顶的神灵通白这里的情况				
原句	达忒	土不那	巴鲁王		
直译	通白	这里	安宁了		
意译	通白后这里就安宁了				
原句	麦那	鲁斯	塔五巴卡	得斯那	达忒
直译	人们	来了	（鸟名）	看见	通白
意译	人们来的时候看到"塔五巴卡"鸟，就要通白				
原句	达忒	土不那	格斯外		
直译	通白	这里	头顶的神灵		
意译	比向头顶的神灵通白这里的情况				
原句	达忒	土不那	巴鲁王		

直译	通白	这里	安宁了				
意译	比通白后这里就安宁了						
原句	日勒	达忒	叶	麦	达忒	麦	嘎麦勒
直译	首领们	通白	完	人	通白	人	不兴旺
意译	通白完首领的情况又通白人丁不旺的情况						
原句	麦勒	嘎麦勒	麦	达忒			
直译	人们	不兴旺	人	通白			
意译	人丁不旺，请比向神通白人的情况						
原句	国麦	朱麦	塞朱西依那	达朱雷			
直译	还愿的人	其他人	一连三次	顺利了			
意译	一连三次，还愿的人和其他人就都顺利了						
原句	麦勒	达忒	叶	午	达忒	午	嘎麦勒
直译	人们	通白	完	马	通白	马	不兴旺
意译	通白完人的情况又通白养马不兴旺的情况						
原句	午勒	嘎麦勒	午	达忒			
直译	马群	不兴旺	马	通白			
意译	养马不兴旺，请比向神通白马的情况						
原句	国午	朱午	塞朱西依那	达朱雷			
直译	用来还愿的马	其他马	一连三次	顺利了			
意译	一连三次，用来还愿的马和其他马就都顺利了						
原句	午勒	达忒	叶	石	达忒	石	嘎麦勒
直译	马群	通白	完	牛	通白	牛	不兴旺
意译	通白完马的情况又通白养牛不兴旺的情况						
原句	石勒	嘎麦勒	石	达忒			
直译	牛群	不兴旺	牛	通白			
意译	养牛不兴旺，请比向神通白牛的情况						

第十三段：达忒（通白唱经）

原句	国石		朱石	塞朱西依那	达朱雷	
直译	用来还愿的牛		其他牛	一连三次	顺利了	
意译	一连三次,用来还愿的牛和其他牛就都顺利了					
原句	石勒	达忒	叶	泽	达忒	泽	嘎麦勒
直译	牛群	通白	完	羊	通白	羊	不兴旺
意译	通白完牛的情况又通白养羊不兴旺的情况						
原句	泽勒	嘎麦勒	泽	达忒			
直译	羊群	不兴旺	羊	通白			
意译	养羊不兴旺,请比向神通白羊的情况						
原句	国泽		朱泽	塞朱西依那	达朱雷		
直译	用来还愿的羊		其他羊	一连三次	顺利了		
意译	一连三次,用来还愿的羊和其他羊就都顺利了						
原句	泽勒	达忒	叶	扒	达忒	扒	嘎麦勒
直译	羊群	通白	完	猪	通白	猪	不兴旺
意译	通白完羊的情况又通白养猪不兴旺的情况						
原句	扒勒	嘎麦勒	扒	达忒			
直译	猪群	不兴旺	猪	通白			
意译	养猪不兴旺,请比向神通白猪的情况						
原句	国扒		朱扒	塞朱西依那	达朱雷		
直译	用来还愿的猪		其他猪	一连三次	顺利了		
意译	一连三次,用来还愿的猪和其他猪就都顺利了						
原句	扒勒	达忒	叶	羽	达忒	羽	嘎麦勒
直译	猪群	通白	完	鸡	通白	鸡	不兴旺
意译	通白完猪的情况又通白养鸡不兴旺的情况						
原句	羽勒	嘎麦勒	羽	达忒			
直译	鸡群	不兴旺	鸡	通白			

意译	养鸡不兴旺，请比向神通白鸡的情况					

原句　国羽　　　　　朱羽　　　塞朱西依那　　达朱雷
直译　用来还愿的鸡　其他鸡　　一连三次　　　顺利了
意译　一连三次，用来还愿的鸡和其他鸡就都顺利了

原句　羽勒　　达忒　叶　库　达忒　库　嘎麦勒
直译　鸡群　　通白　完　狗　通白　狗　不兴旺
意译　通白完鸡的情况又通白养狗不兴旺的情况

原句　库勒　　嘎麦勒　　库　　达忒
直译　狗群　　不兴旺　　狗　　通白
意译　养狗不兴旺，请比向神通白狗的情况

原句　国库　　　　　朱库　　　塞朱西依那　　达朱雷
直译　用来还愿的狗　其他狗　　一连三次　　　顺利了
意译　一连三次，用来还愿的狗和其他狗就都顺利了

原句　达忒　　土不那　　格斯外
直译　通白　　这里　　　头顶的神灵
意译　比向头顶的神灵通白这里的情况

原句　达忒　　土不那　　巴鲁王
直译　通白　　这里　　　安宁了
意译　比通白后这里就安宁了

原句　阿尺　　日荷文　　娲萨　　沃　　塞哈
直译　第一卦　鼠　　　　猴　　　龙　　三个
意译　第一卦是鼠（子）、猴（申）、龙（辰）三合

原句　玉哈足　　麦者　　　达忒
直译　卦意　　　（神名）　通白
意译　比向索卦先祖"帝阿麦者"通白这一卦的卦意

原句　依尺　　羽　卜　乙文　塞哈

第十三段：达忒（通白唱经）

直译	第二卦	鸡	蛇	牛	三个
意译	第二卦是鸡（西）、蛇（巳）、牛（丑）三合				

原句	玉哈足	麦者	达忒
直译	卦意	（神名）	通白
意译	比向"帝阿麦者"通白这一卦的卦意		

原句	塞尺	库日	巨地那	午	塞哈
直译	第三卦	狗	虎	马	三个
意译	第三卦是狗（戌）、虎（寅）、马（午）三合				

原句	玉哈足	麦者	达忒
直译	卦意	（神名）	通白
意译	比向"帝阿麦者"通白这一卦的卦意		

原句	只尺	泽	扒	日	塞哈
直译	第四卦	羊	猪	兔	三个
意译	第四卦是羊（未）、猪（亥）、兔（卯）三合				

原句	玉哈足	麦者	达忒
直译	卦意	（神名）	通白
意译	比向"帝阿麦者"通白这一卦的卦意		

原句	瓦尺	午如文	竹尺	泽如文
直译	第五卦	属马	第六卦	属羊
意译	第五卦是属马的人的卦位，第六卦是属羊的人的卦位			

原句	玉哈足	麦者	达忒
直译	卦意	（神名）	通白
意译	比向"帝阿麦者"通白了这两卦的卦意		

原句	得尺那	娲萨如文	赤尺	羽如文
直译	第七卦	属猴	第八卦	属鸡
意译	第七卦是属猴的人的卦位，第八卦是属鸡的人的卦位			

原句	玉哈足	麦者	达忒	
直译	卦意	（神名）	通白	
意译	比向"帝阿麦者"通白了这两卦的卦意			
原句	古尺	库如文	哈地	扒如文
直译	第九卦	属狗	第十卦	属猪
意译	第九卦是属狗的人的卦位，第十卦是属猪的人的卦位			
原句	玉哈足	麦者	达忒	
直译	卦意	（神名）	通白	
意译	比向"帝阿麦者"通白了这两卦的卦意			
原句	哈基	日荷如	哈尼	乙则如
直译	第十一卦	属鼠	第十二卦	属牛
意译	第十一卦是属鼠的人的卦位，第十二卦是属牛的人的卦位			
原句	玉哈足	麦者	达忒	
直译	卦意	（神名）	通白	
意译	比向"帝阿麦者"通白了这两卦的卦意			
原句	哈西	石斯	尼叶木	达忒
直译	第十三卦	牛神	成家立业	通白
意译	第十三卦向牛神通白成家立业的事情			
原句	查啊	尼叶	本麦	达忒
直译	草率	成家	人	通白
意译	比通白草率成家、不负责的人			
原句	玛女	库鲁本	达忒	
直译	猫	狗窝	通白	
意译	比通白猫到狗窝里住的事情			
原句	必那	那五本	达忒	
直译	冰雹	常有	通白	

第十三段：达忒（通白唱经）

意译	比通白经常发生冰雹的事情		
原句	格朱那尼朱本	达忒	
直译	东拉西扯	通白	
意译	比通白那些东拉西扯的人		
原句	格叶那勒玉本	达忒	
直译	吵吵闹闹	通白	
意译	比通白那些吵闹不安定的人		
原句	木塞格扎	达忒	
直译	（卦子名）	通白	
意译	比通白扯索卦时卦子是"木塞格扎"的情况		
原句	婆婆则牙	达忒	
直译	（卦子名）	通白	
意译	比通白扯索卦时卦子是"婆婆则牙"的情况		
原句	婆婆内格	达忒	
直译	（卦子名）	通白	
意译	比通白扯索卦时卦子是"婆婆内格"的情况		
原句	毒勒	纳都鲁为	达忒
直译	会毒药猫术	很好地对待	通白
意译	比要通白对待会毒药猫术的人很好的人		
原句	毒鲁那	都茶本	达忒
直译	毒药猫来了	好茶好饭	通白
意译	比要通白用好茶好饭善待毒药猫的人		
原句	巴鲁	洼啊　麻五本	达忒
直译	干活	苦累　没有	通白
意译	比要通白干活不肯下苦的人		
原句	泽把　得把　麻五本		达忒

直译	背	扛	没有	通白
意译	比要通白寨中偷奸耍滑不肯背扛的人			
原句	得姆	得巴那	压无本	达忒
直译	养育	长大	不听话	通白
意译	比要通白被养大后不听话的人			
原句	木塞	居五	达忒	
直译	（卦子名）	（卦子名）	通白	
意译	比要通白扯索卦时卦子是"木塞格扎"和"居五"的情况			
原句	达木	黑迫得不	达忒	
直译	（卦子名）	（卦子名）	通白	
意译	比要通白扯索卦时卦子是"达木"和"黑迫得不"的情况			
原句	得石艾石	达忒		
直译	吊儿郎当	通白		
意译	比要通白吊儿郎当的人			
原句	得朱艾朱	达忒		
直译	出尔反尔	通白		
意译	比要通白出尔反尔的人			
原句	哇斯	〔日阿〕麦勒	达忒	
直译	粮食	不够吃	通白	
意译	比要通白粮食不够吃的人家			
原句	哇巴那	刷麦勒	达忒	
直译	存粮	变得没有	通白	
意译	比要通白家中存粮告罄的人家			
原句	阔次	〔日阿〕麦勒	达忒	
直译	肉类	不够吃	通白	
意译	比要通白肉不够吃的人家			

原句	阔巴那	刷麦勒	达忒	
直译	存肉	变得没有	通白	
意译	比要通白家中存肉告罄的人家			
原句	作依	麻五本	达忒	
直译	水	没有	通白	
意译	比要通白家中没有水的人家			
原句	喜依	麻五本	达忒	
直译	酒	没有	通白	
意译	比要通白家中没有酒的人家			
原句	巴朱嘎	作格	麦须那	达忒
直译	（山名）	水源地	没有	通白
意译	比要通白"巴朱嘎"山的水源地没有水的现象			
原句	古儿	何楚	麻五本	达忒
直译	正气	树起	不行	通白
意译	比要通白寨中树不起正气的现象			
原句	纳萨	达〔入阿〕	麻嘎本	达忒
直译	纳萨杆	立起	不能	通白
意译	比要通白立不起纳萨杆的事			
原句	巴都	国得哎	外呀	
直译	大坪	愿	还	
意译	大家在大坪上要还好愿呀			

文解

达忒:通白唱经。"通白"即把需要请神解决的问题通禀给神,请神关注民间疾苦,帮助人们解决各种问题,毕在这个过程中充当了人和神的中介角色。《达忒》这段唱经也是肖永庆在扯索卦时唱的第三段经,应用很广。

第十四段：出苦
（清洁唱经）

原句　出苦
直译　熏房（圈）
意译　清洁唱经

原句　啊　　英木　　出录　　刷得欻
直译　啊　　太阳　　熏后　　更亮了
意译　啊！用火把熏了以后，太阳更亮了

原句　勒匹　　出录　　刷得欻
直译　白石　　熏后　　更亮了
意译　用火把熏了以后，白石更亮了

原句　至木　　出录　　刷得欻
直译　星星　　熏后　　更亮了
意译　用火把熏了以后，星星更亮了

原句　勒刷　　出录　　刷得欻
直译　月亮　　熏后　　更亮了
意译　用火把熏了以后，月亮更亮了

原句　达尼　　出录　　义得欻
直译　黑云　　熏后　　移走了
意译　用火把熏了以后，黑云就移走了

原句　达喜　　出录　　喜得欻
直译　彩云　　熏后　　更多彩了
意译　用火把熏了以后，彩云更多彩了

原句　木那个　　夸都　　出录　　刷刷雷
直译　天空　　　凤凰　　熏后　　跳舞
意译　用火把熏了以后，天空中凤凰齐舞

原句　米勒哇弟　　斯火　　出录　　活得欻

直译	（神名）	（神名）	熏后	驱走了	
意译	用火把熏了以后，"米勒哇弟"神和"斯火"神把地上的鬼怪驱走了				
原句	居作牙五	日朱	出录	活得欻	
直译	（神名）	（神名）	熏后	驱走了	
意译	用火把熏了以后，"居作牙五"神和"日朱"神把水里的鬼怪驱走了				
原句	哈五比格	乐尼	出录	活得欻	
直译	（神名）	（神名）	熏后	驱走了	
意译	用火把熏了以后，"哈五比格"神和"乐尼"神天上的鬼怪驱走了				
原句	特底	苦苦	石	苦夸	
直译	举着	出苦的火把	牛	熏了	
意译	比举着出苦的火把熏牛圈				
原句	石	彼麻五哦	苦夸		
直译	牛	不发展	熏了		
意译	牛的长势不好就要熏一熏				
原句	石	彼五尺哦	苦夸		
直译	牛	要发展	熏了		
意译	熏了以后牛的长势就好了				
原句	石	一日纽	古日那	得彼哇	
直译	牛	一头	九头	发展了	
意译	从一头发展到九头				
原句	石	一阔纽	古阔那	得彼哇	
直译	牛	一群	九群	发展了	
意译	从一群发展到九群				
原句	特底	苦苦	午	苦夸	
直译	举着	出苦的火把	马	熏了	
意译	比举着出苦的火把又去熏马圈				

原句	午	彼麻五	苦夸	
直译	马	不发展	熏了	
意译	马的长势不好就要熏一熏			
原句	午	巴格	则格	麻五哦	苦夸
直译	马	大驮	小驮	不肯	熏了
意译	马大驮小驮都不肯驮就要熏				
原句	午	巴格	则格	五尺	哈比哇
直译	马	大驮	小驮	要	行了
意译	熏了以后大驮小驮马都要驮就行了				
原句	特底	苦苦	泽	苦夸
直译	举着	出苦的火把	羊	熏了
意译	比举着出苦的火把又去熏羊圈			
原句	泽	彼麻五	苦夸
直译	羊	不发展	熏了
意译	羊的长势不好就要熏一熏		
原句	泽	彼五尺	苦夸
直译	羊	要发展	熏了
意译	熏了以后羊的长势就好了		
原句	泽	一日纽	古日那	得彼哇
直译	羊	一只	九只	发展了
意译	从一只发展到九只			
原句	泽	一阔纽	古阔那	得彼哇
直译	羊	一群	九群	发展了
意译	从一群发展到九群			
原句	得给支	作特	哈比哇
直译	到哪里	喝水	行了

第十四段：出苦（清洁唱经）

意译	羊不管到哪里都能找到水喝就行了
原句	得给支　　朱〔日阿〕　　　哈比哇
直译	到哪里　　吃草　　　　　行了
意译	羊不管到哪里都能找到草吃就行了
原句	特底　　苦苦　　　　扒　　苦夸
直译	举着　　出苦的火把　猪　　熏了
意译	比举着出苦的火把又去熏猪圈
原句	扒　　彼麻五　　苦夸
直译	猪　　不发展　　熏了
意译	猪的长势不好就要熏一熏
原句	屋支内格　　苦作外尺　　哈比哇
直译	堂屋　　　有背缯肉　　行了
意译	熏了以后堂屋里有背缯肉就行了
原句	特底　　苦苦　　　　羽　　苦夸
直译	举着　　出苦的火把　鸡　　熏了
意译	比举着出苦的火把又去熏鸡圈
原句	羽　　彼麻五　　苦夸
直译	鸡　　不发展　　熏了
意译	鸡的长势不好就要熏一熏
原句	羽　　夸哎得　　哈比哇
直译	鸡　　产蛋多　　行了
意译	熏了以后鸡下的蛋多就行了
原句	特底　　苦苦　　　　库　　苦夸
直译	举着　　出苦的火把　狗　　熏了
意译	比举着出苦的火把又去熏狗窝
原句	库　　彼麻五　　苦夸

直译	狗	不发展	熏了		
意译	狗的长势不好就要熏一熏				
原句	库米	子支	麦鲁依那	艾得麻嘎	苦夸
直译	母狗	这只	客人来了	不欢迎	熏了
意译	养只母狗,客人来它不迎接就要熏				
原句	巫鲁依那	哈刮麻嘎	苦夸		
直译	仇敌来了	咬不出去	熏了		
意译	仇敌来了咬不出去就要熏				
原句	麦鲁依那	艾得嘎	哈比哇		
直译	客人来了	会迎接	行了		
意译	熏了以后有客人来狗会迎接就行了				
原句	巫鲁依那	哈刮嘎尺	哈比哇		
直译	仇敌来了	会咬出去	行了		
意译	有仇敌来狗会咬出去就行了				
原句	哦	布布	斯依哦	苦夸	
直译	哦	(神名)	神	熏了	
意译	哦,熏一熏"布布"神				
原句	日米嘎拉	斯依哦	苦夸		
直译	(神名)	神	熏了		
意译	熏一熏"日米嘎拉"神				
原句	阿都	斯依哦	苦夸		
直译	(神名)	神	熏了		
意译	熏一熏"阿都"神				
原句	斯勒嘎拉	衣尺	斯依哦	苦夸	
直译	(神名)	(神名)	神	熏了	
意译	熏一熏"斯勒嘎拉"神和"衣尺"神				

第十四段:出苦(清洁唱经)

原句	木都	比达	英木		
直译	天上	（神名）	太阳		
意译	天上的"比达"神和太阳神				
原句	国斯	国外	麻大哦	苦夸	
直译	许愿	还愿	没有收	熏了	
意译	他们收不到人间百姓的许愿还愿时就要熏				
原句	国斯	国外	嘎尺	哈比哇	
直译	许愿	还愿	能	行了	
意译	他们能收到许愿还愿就行了				
原句	特底	苦苦哦	苦夸		
直译	举着	出苦的火把	熏了		
意译	比举着出苦的火把熏一熏				
原句	英木	麻刷哦	苦夸		
直译	太阳	不亮	熏了		
意译	太阳不亮时熏一熏				
原句	勒刷	麻刷哦	苦夸		
直译	月亮	不亮	熏了		
意译	月亮不亮时熏一熏				
原句	英木	勒刷	得刷	嘎尺	哈比哇
直译	太阳	月亮	亮光	能	行了
意译	太阳、月亮有亮光就行了				
原句	木都	古竹	艾鲁	麻嘎哦	苦夸
直译	天上	雨露	降下来	不能	熏了
意译	天上雨露不能及时降下来就要熏				
原句	日都	古巴	阿巴	嘎尺	哈比哇
直译	地上	万物	长大	能	行了

意译	熏了以后天上普降甘霖、地上万物生长就对了
原句	斯扑　　斯支　　巴都哦　　苦夸
直译	神树林　神庙　　大坪　　　熏了
意译	熏了神树林中的神庙和大坪
原句	斯扑　　斯支　　国巴　　日大　　嘎尺　　哈比哇
直译	神树林　神庙　　大愿　　领受　　能　　　行了
意译	熏了以后神能领受人们在神树林中的神庙还的大愿就行了
原句	古支　　羽得　　巴都哦　　苦夸
直译	寨尾　　杀鸡　　大坪　　　熏了
意译	熏了寨尾上的杀鸡大坪
原句	古儿　　何楚　　麻嘎哦　　苦夸
直译	正气　　树起　　不能　　　熏了
意译	寨中正气树不起来就要熏
原句	纳萨　　达〔入阿〕　　麻嘎哦　　苦夸
直译	纳萨杆　立起　　　　不能　　　熏了
意译	纳萨杆立不起来就要熏
原句	古儿　　何楚　　嘎那　　哈比哇
直译	正气　　树起　　能　　　行了
意译	熏了以后寨中正气能树起来就行了
原句	纳萨　　达〔入阿〕　　嘎尺　　哈比哇
直译	纳萨杆　立起　　　　能　　　行了
意译	熏了以后纳萨杆能立起来就行了
原句	东古勒　　亿古每勒哦　　苦夸
直译	弟兄　　　手足不和　　　熏了
意译	弟兄手足不和就要熏
原句	东古勒　　亿古勒尺　　哈比哇

第十四段：出苦（清洁唱经）

直译	弟兄	和好相处	行了			
意译	熏了以后弟兄们和好相处就行了					
原句	屋支内格	白那者	艾特	麻嘎哦	苦夸	
直译	堂屋	父子	和睦	不能	熏了	
意译	堂屋上父子不和就要熏					
原句	屋苏斯格	妈那基	艾特	麻嘎哦	苦夸	
直译	里屋	母女	和睦	不能	熏了	
意译	里屋中母女不和就要熏					
原句	白那者	妈那基	艾特	嘎尺	哈比哇	
直译	父子	母女	和睦	能	行了	
意译	熏了以后家庭中父子、母女都和睦就行了					
原句	麦格	巴都	斯支	巴都	作麦勒那	苦夸
直译	众人	大坪	神庙	大坪	没有水	熏了
意译	众人聚会的大坪和神庙大坪没有水就要熏					
原句	慕达都	慕格每勒哦	苦夸			
直译	火塘	没有火种	熏了			
意译	火塘没有火种就要熏					
原句	麦格	巴都	作特勒尺	哈比哇		
直译	众人	大坪	有喝的水	行了		
意译	熏了以后众人聚会的大坪有能喝的水就行了					
原句	慕达都	慕格勒尺	哈比哇			
直译	火塘	有火种	行了			
意译	熏了以后火塘上有长期不熄的火种就行了					
原句	库擦羽得	巴都哦	苦夸			
直译	打狗杀鸡	大坪	熏了			
意译	全寨人打狗杀鸡的大坪要熏一熏					

原句	克匹五扎	麦说白麦哦	苦夸
直译	米饭碗里	没有装的	熏了
意译	米饭碗里没米饭要熏一熏		

原句	普格	普哇比哇哦	苦夸
直译	墙缝	墙角	熏了
意译	屋内墙缝墙角都要熏一熏		

原句	擦格	擦哇比哇	苦夸
直译	仓房	仓角	熏了
意译	仓房仓角要熏一熏		

原句	低麦艾说	嘎尺	哈比哇
直译	钱粮收存	能	行了
意译	熏了以后家中有钱粮收存就行了		

原句	作	麻五本哦	苦夸
直译	水	没有	熏了
意译	家中没有水要熏一熏		

原句	喜	麻五本哦	苦夸
直译	酒	没有	熏了
意译	家中没有酒要熏一熏		

原句	作依五	喜依五	哈比哇
直译	水好喝	酒好喝	行了
意译	熏了以后家里有好水喝、有好酒喝就行了		

原句	哇斯	〔日阿〕麦勒	苦夸
直译	粮食	不够吃	熏了
意译	粮食不够吃的家庭要熏一熏		

原句	哇巴	刷麦勒	苦夸
直译	存粮	变得没有	熏了

第十四段：出苦（清洁唱经）

意译	存粮告罄的家庭要熏一熏		
原句	哇	〔日阿〕勒	哈比哇
直译	粮食	够吃	行了
意译	熏了以后家里粮够吃就行了		
原句	哇巴	刷勒尺	哈比哇
直译	存粮	变得有了	行了
意译	熏了以后家里有余粮就行了		
原句	阔次	〔日阿〕麦勒那	苦夸
直译	肉类	不够吃	熏了
意译	肉不够吃的家庭要熏一熏		
原句	阔巴	刷麦勒哦	苦夸
直译	存肉	变得没有	熏了
意译	存肉告罄的家庭要熏一熏		
原句	阔次	〔日阿〕勒那	哈比哇
直译	肉类	够吃	行了
意译	熏了以后家里肉够吃就行了		
原句	阔巴	刷勒尺	哈比哇
直译	存肉	变得有了	行了
意译	熏了以后家里有存肉就行了		
原句	泽泽牙五	丝木火	苦夸
直译	（妖名）	无影无踪	熏了
意译	熏了以后妖魔"泽泽牙五"就无影无踪了		
原句	娲萨牙五	丝木火	苦夸
直译	（妖名）	无影无踪	熏了
意译	熏了以后妖魔"娲萨牙五"就无影无踪了		

文解

出苦：清洁唱经。所谓"出苦"，是指用山中找到的十七种（或三十三种）树枝加上木香捆成一束，点燃后用其熏房顶、白石碉、家神、房间、仓房，然后熏牛圈、马圈、羊圈、猪圈、鸡圈等，目的是给这些东西解秽。比一边唱《出苦》一边熏，熏完后把剩下的出苦火把放在大门外墙角，待做完所有法事后，将其与家中其他垃圾弃物一起拿到村外的坪神庙前烧掉，再埋掉。比做任何法事都要唱这段经。

第十五段：西地
（铁的唱经）

原句	西地			
直译	铁			
意译	铁的唱经			
原句	西	地多米	地多文	
直译	铁	传说	传说	
意译	铁的传说			
原句	西	白爷米	白爷文	
直译	铁	（神名）	（神名）	
意译	铁在白爷神时期就有了			
原句	西	如罗米	如罗王	
直译	铁	起源	起源	
意译	这就是铁的起源			
原句	西	出麦出	出麦出	
直译	铁	流传	流传	
意译	从此铁传了下来			
原句	布巴	玉巴	给一	
直译	（人名）	（地名）	去	
意译	布巴去了"玉巴"			
原句	玉巴	给一	白日白格	给一
直译	（地名）	去	番人的地方	去
意译	去了"玉巴"再去番人的地方			
原句	白日白格	白冉	塞古	斯尺噶
直译	番人的地方	番歌	三句	唱了
意译	布巴到了番人的地方唱了三句番歌			
原句	出哈木支	国叶提呀		
直译	白炭	背回来		

第十五段：西地（铁的唱经）

意译	背回来白炭				
原句	木尔日木尔格	给一			
直译	羌人的地方	去			
意译	布巴又去羌人的地方				
原句	木尔日木尔格	木尔冉	塞古	斯尺噶	
直译	羌人的地方	羌歌	三句	唱了	
意译	布巴到了羌人的地方唱了三句羌歌				
原句	低喜木支	国叶提呀			
直译	土窑炭	背回来			
意译	背回来土窑炭				
原句	尔日尔格	给一			
直译	汉人的地方	去			
意译	布巴又去汉人的地方				
原句	尔日尔格	尔冉	塞古	斯尺噶	
直译	汉人的地方	汉歌	三句	唱了	
意译	布巴到了汉人的地方唱了三句汉歌				
原句	那哈木支	国叶提呀			
直译	地窑炭	背回来			
意译	背回来地窑炭				
原句	苦杀那巴	格日达			
直译	火草叶子	戴在头上			
意译	布巴头上戴着火草叶子				
原句	色得弯苦	塔日刷			
直译	弯刀	拴在腰上			
意译	腰上拴一把弯刀				
原句	书得	自阿麻	作得巴		
直译	干粮	午饭	背上		

意译	把中午吃的干粮背在背上
原句	析哇　　　出黑　　　拄得抓
直译	椴木皮　　草鞋　　穿上
意译	脚上穿着一双椴木皮草鞋
原句	斯都朱都　　　黑给〔给一〕
直译	（地名）　　　走到
意译	布巴走到"斯都朱都"
原句	窝勒地都　　　黑给〔给一〕
直译	（地名）　　　走到
意译	布巴走到"窝勒地都"
原句	斯木若都　　如木得那　　如得麻
直译	（地名）　　找木香　　　打木香
意译	布巴要去"斯木若都"找木香树打木香枝回去
原句	勒尼扑嘎　　如木得那　　如得麻
直译	（地名）　　找木香　　　打木香
意译	布巴要去"勒尼扑嘎"找木香树打木香枝回去
原句	牙阿得丝　　　如得麻
直译	悬崖上　　　　打木香
意译	布巴要在悬崖上面打木香枝
原句	如麻　　子支　　特格阿木　　　得木噶
直译	木香　　这些　　很危险的地方　　找回来
意译	这些木香是从很危险的地方找回来的
原句	国外　　如麻无尼呀
直译	还愿　　木香
意译	木香是还愿时用的啊
原句	木都　　斯　　鲁依那　　斯　　得码
直译	天上　　神　　来　　　　神　　迎接

第十五段：西地（铁的唱经）

131

意译	天上的神来要点燃木香迎接				
原句	朱	鲁依那	朱	得码	
直译	大门	来了	大门	迎接	
意译	大门外来了客人要到大门口点燃木香迎接				
原句	如麻	子支	特格阿木	得木噶	
直译	木香	这些	很危险的地方	找回来	
意译	这些木香是从很危险的地方找回来的				
原句	国外	如麻无尼呀			
直译	还愿	木香			
意译	木香是还愿时用的啊				
原句	古	鲁依那	古	得码	
直译	老娘舅	来了	老娘舅	迎接	
意译	老娘舅来了要点燃木香迎接				
原句	则	鲁依那	则	得码	
直译	新娘舅	来了	新娘舅	迎接	
意译	新娘舅来了要点燃木香迎接				
原句	日	如苦	叶那	麦	如苦
直译	首	木香熏	完	人	木香熏
意译	熏完首领又熏人				
原句	麦	嘎麦勒	麦	如苦	
直译	人	不兴旺	人	木香熏	
意译	人丁不旺就用木香熏人				
原句	国麦	朱麦	塞朱西	达朱雷	
直译	还愿的人	其他人	一连三次	顺利了	
意译	一连三次，还愿的人和其他人就都顺利了				
原句	麦	如苦	叶那	午	如苦
直译	人	木香熏	完	马	木香熏

意译	熏完人又熏马				
原句	午	嘎麦勒	午	如苦	
直译	马	不兴旺	马	木香熏	
意译	养马不兴旺就用木香熏马				
原句	国午	朱午	塞朱西	达朱雷	
直译	用来还愿的马	其他马	一连三次	顺利了	
意译	一连三次，用来还愿的马和其他马就都顺利了				
原句	午哎	苦	叶那	石	苦夸
直译	马	熏	完	牛	熏
意译	熏完马又熏牛				
原句	石	嘎麦勒	石	苦夸	
直译	牛	不兴旺	牛	熏	
意译	养牛不兴旺就用木香熏牛				
原句	国石	朱石	塞朱西	达朱雷	
直译	用来还愿的牛	其他牛	一连三次	顺利了	
意译	一连三次，用来还愿的牛和其他牛就都顺利了				
原句	石哎	苦	叶那	泽	苦夸
直译	牛	熏	完	羊	熏
意译	熏完牛又熏羊				
原句	泽	嘎麦勒	泽	苦夸	
直译	羊	不兴旺	羊	熏	
意译	养羊不兴旺就用木香熏羊				
原句	国泽	朱泽	塞朱西	达朱雷	
直译	用来还愿的羊	其他羊	一连三次	顺利了	
意译	一连三次，用来还愿的羊和其他羊就都顺利了				
原句	泽哎	苦	叶那	羽	苦夸
直译	羊	熏	完	鸡	熏

意译	熏完羊又熏鸡			
原句	羽	嘎麦勒	羽	苦夸
直译	鸡	不兴旺	鸡	熏
意译	养鸡不兴旺就用木香熏鸡			
原句	国羽	朱羽	塞朱西	达朱雷
直译	用来还愿的鸡	其他鸡	一连三次	顺利了
意译	一连三次,用来还愿的鸡和其他鸡就都顺利了			
原句	羽哎	苦 叶那	扒	苦夸
直译	鸡	熏 完	猪	熏
意译	熏完鸡又熏猪			
原句	扒	嘎麦勒	扒	苦夸
直译	猪	不兴旺	猪	熏
意译	养猪不兴旺就用木香熏猪			
原句	国扒	朱扒	塞朱西	达朱雷
直译	用来还愿的猪	其他猪	一连三次	顺利了
意译	一连三次,用来还愿的猪和其他猪就都顺利了			
原句	扒哎	苦 叶那	库	苦夸
直译	猪	熏 完	狗	熏
意译	熏完猪又熏狗			
原句	库	嘎麦勒	库	苦夸
直译	狗	不兴旺	狗	熏
意译	养狗不兴旺就用木香熏狗			
原句	国库	朱库	塞朱西	达朱雷
直译	用来还愿的狗	其他狗	一连三次	顺利了
意译	一连三次,用来还愿的狗和其他狗就都顺利了			
原句	达那	达那	斯依那	
直译	祷告	祷告	神	

意译　　再三向神祷告

原句　　达那　　达那　　朱耶纳

直译　　祷告　　祷告　　门庭顺遂

意译　　再三祷告，请神保佑门庭顺遂

原句　　达那　　达那　　朱耶哎纳呀

直译　　祷告　　祷告　　门庭顺遂

意译　　再三祷告，请神保佑门庭顺遂呀

文解

西地：铁，本段即"铁的唱经"，应用较广，实际上是比用木香解秽时所唱。

第十五段：西地（铁的唱经）

第十六段：西说五得
（丢铁刀唱经）

原句	西说	五得
直译	铁刀	丢弃
意译	丢铁刀唱经	

原句	西	地多米	地多文
直译	铁	传说	传说
意译	铁的传说		

原句	西	白爷米	白爷王
直译	铁	（神名）	（神名）
意译	铁在白爷神时期就有了		

原句	西	如罗米	如罗王
直译	铁	起源	起源
意译	这就是铁的起源		

原句	西	出麦出	出麦出
直译	铁	流传	流传
意译	从此铁传了下来		

原句	布巴哎	玉巴	给一
直译	（人名）	（地名）	去
意译	布巴去了"玉巴"		

原句	玉巴	给一	白日白格	给一
直译	（地名）	去	番人的地方	去
意译	去了"玉巴"再去番人的地方			

原句	白日白格	白冉那	塞古那	斯尺噶
直译	番人的地方	番歌	三句	唱了
意译	布巴到了番人的地方唱了三句番歌			

原句	出哈木支	国叶提啊
直译	白炭	背回来

意译	背回来白炭				
原句	木尔日木尔格	给一			
直译	羌人的地方	去			
意译	布巴又去羌人的地方				
原句	木尔日木尔格	木尔冉	塞古	斯尺噶	
直译	羌人的地方	羌歌	三句	唱了	
意译	布巴到了羌人的地方唱了三句羌歌				
原句	底喜木支	国叶提啊			
直译	土窑炭	背回来			
意译	背回来土窑炭				
原句	尔日尔格	给一			
直译	汉人的地方	去			
意译	布巴又去汉人的地方				
原句	尔日尔格	尔冉	塞古	斯尺噶	
直译	汉人的地方	汉歌	三句	唱了	
意译	布巴到了汉人的地方唱了三句汉歌				
原句	那哈木支	国叶提啊			
直译	地窑炭	背回来			
意译	背回来地窑炭				
原句	泽泽牙五	朱不都那	日拇嘎		
直译	（妖名）	大门上	收住了		
意译	大门上的妖魔"泽泽牙五"被神收住了				
原句	娲萨牙五	斯不都那	日拇嘎		
直译	（妖名）	神位上	收住了		
意译	神位上的妖魔"娲萨牙五"被神收住了				
原句	得直依那	斯扑哦	克麦	西斯夸	
直译	上看	神树	破坏	神铁刀砍	

意译	往上看,有人砍伐神树,用神铁刀砍过去			
原句	尔直依那	斯支哦	克麦	西斯夸
直译	下看	庙宇	破坏	神铁刀砍
意译	往下看,有人破坏庙宇,用神铁刀砍过去			
原句	日直依那	巴格得麦哎	西斯夸	
直译	左看	使人栽跟头	神铁刀砍	
意译	往左看,有人在使人栽跟头,用神铁刀砍过去			
原句	比直依那	扑木哦	克麦	西斯夸
直译	右看	树林	破坏	神铁刀砍
意译	往右看,有人破坏树林,用神铁刀砍过去			
原句	内莫火那	内支尺那	勒麦	西斯夸
直译	没有是非	挑拨是非	有人	神铁刀砍
意译	对无事生非的人,用神铁刀砍过去			
原句	支莫火那	支啄那	勒麦	西斯夸
直译	没事	找事	有人	神铁刀砍
意译	对没事找事的人,用神铁刀砍过去			
原句	艾鲁那	尼本那	北麦	西斯夸
直译	进来	甜言蜜语	人	神铁刀砍
意译	对进门就说甜言蜜语的人,用神铁刀砍过去			
原句	黑给	巫艾那	北麦	西斯夸
直译	出去	搬弄是非	人	神铁刀砍
意译	对出门就搬弄是非的人,用神铁刀砍过去			
原句	尼叶	勒勒	北麦	西斯夸
直译	家业	霸占	人	神铁刀砍
意译	对霸占家业的人,用神铁刀砍过去			
原句	石几	勒勒	北麦	西斯夸
直译	家产	霸占	人	神铁刀砍

第十六段：西说五得(丢铁刀唱经)

意译	对霸占家产的人,用神铁刀砍过去					
原句	支依	瓦依	塞格	北麦	西斯夸	
直译	说长道短	说三道四	再三	人	神铁刀砍	
意译	对经常说长道短、说三道四的人,用神铁刀砍过去					
原句	日热那	塞特	斯昔〔格文〕			
直译	(经名)	三遍	送了			
意译	唱三遍《日热那》经,送走一切不吉利的东西					
原句	玉扎那	塞古	嘶噗噶			
直译	神水	三口	喷了			
意译	再喷三口神水					
原句	巫度哎文那	黑支卓				
直译	邪魔	镇伏了				
意译	把邪魔镇伏了					
原句	阿度哎文那	艾给卓				
直译	秽物	埋葬了				
意译	把秽物埋葬了					
原句	泽泽牙五	朱不都那	日拇嘎			
直译	(妖名)	大门上	收住了			
意译	大门上的妖魔"泽泽牙五"被神收住了					
原句	娲萨牙五	斯不都那	日拇嘎			
直译	(妖名)	神位上	收住了			
意译	神位上的妖魔"娲萨牙五"被神收住了					
原句	巫度文那	黑支卓				
直译	邪魔	镇伏了				
意译	把邪魔镇伏了					
原句	阿度哎文那	艾给卓	艾给卓			
直译	秽物	埋葬了	埋葬了			

意译　把秽物埋葬了、埋葬了

文解

　　西说五得：西说——铁刀，五得——丢弃，合起来即"丢铁刀唱经"。在家中做完法事活动后，比将各种带有"晦气"的秽物收拾起来带到坪神庙去烧埋，此时便可以唱这段唱经了。坪神庙的活动结束后，比边唱这段经边用铁刀作势"砍"这些秽物。"砍"完后，比将铁刀向远处的天空丢出去，如果刀落地后刀口朝内，那就要重新唱重新扔。扔出去的刀因为带有"晦气"，所以就不再带回。

第十七段：热日昔
（驱邪唱经）

原句　热日　　昔
直译　怪象　　驱送
意译　驱邪唱经

原句　慕日提嘎　　慕比娃　　比　　哈尺一
直译　给火种　　　火神　　　比　　唱颂
意译　火种是火神给的，比歌唱火神

原句　作斯提嘎　　作比娃　　比　　哈尺一
直译　给水源　　　水神　　　比　　唱颂
意译　水源是水神给的，比歌唱水神

原句　比　　麦出斯那　　热哈西
直译　比　　请神　　　　洁净
意译　比请神时要做清洁

原句　热日　　牙西那鲁　　都哈西呀
直译　怪象　　彻底没有　　大家高兴
意译　比祭祀念经后，怪现象彻底没有了，大家就高兴了

原句　夸比　　都比　　都　　　日比塞那
直译　凤比　　凰比　　一同　　（舞名）
意译　凤比与凰比一同跳"日比塞"驱邪

原句　司比　　火比　　都　　　日比塞那
直译　豹比　　虎比　　一同　　（舞名）
意译　豹比与虎比一同跳"日比塞"驱邪

原句　比　　日比塞那　　热日　　牙西那鲁　　都哈西
直译　比　　（舞名）　　怪象　　彻底没有　　大家高兴
意译　比跳起"日比塞"驱邪，怪象彻底没有了，大家就高兴了

原句　枝麻　　　阿达　　热日　　牙西那鲁　　都哈西
直译　（妖名）　捉了　　怪象　　彻底没有　　大家高兴

第十七段：热日昔（驱邪唱经）

143

意译	妖魔"枝麻"被捉走了，怪象彻底没有了，大家就高兴了			
原句	慕都麻地	多米比	得五哈来	
直译	火塘神	（比名）	请动了	
意译	请动了火塘神和"多米"比			
原句	慕都麻地	格麻比	得五哈来	
直译	火塘神	（比名）	请动了	
意译	请动了火塘神和"格麻"比			
原句	日子那格都	五哈比	得五哈来	
直译	（地名）	（比名）	请动了	
意译	请动了"日子格都"的"五哈"比			
原句	得支那牙五	古哈比	得五哈来	
直译	（地名）	（比名）	请动了	
意译	请动了"得支牙五"的"古哈"比			
原句	勒支格都	牙者比	得五哈来	
直译	（地名）	（比名）	请动了	
意译	请动了"勒支格都"的"牙者"比			
原句	苦萨牙五	得国比	得五哈来	
直译	（地名）	（比名）	请动了	
意译	请动了"苦萨牙五"的"得国"比			
原句	苦格那阿支	巴地牙五	苦格比	得五哈来
直译	（地名）	（地名）	（比名）	请动了
意译	请动了"苦格阿支"和"巴地牙五"的"苦格"比			
原句	卡火格都	牙尼比	得五哈来	
直译	（地名）	（比名）	请动了	
意译	请动了"卡火格都"的"牙尼"比			
原句	麻女格都	牙尺比	得五哈来	
直译	（地名）	（比名）	请动了	

意译	请动了"麻女格都"的"牙尺"比			
原句	（日阿）得格都	玉尼比	得五哈来	
直译	（地名）	（比名）	请动了	
意译	请动了"（日阿）得格都"的"玉尼"比			
原句	内石那格都	尼娲比	得五哈来	
直译	（地名）	（比名）	请动了	
意译	请动了"内石格都"的"尼娲"比			
原句	白斯勒格都	古巴比	得五哈来	
直译	（地名）	（比名）	请动了	
意译	请动了"白斯勒格都"的"古巴"比			
原句	尔勒那格都	尼娲比	得五哈来	
直译	（地名）	（比名）	请动了	
意译	请动了"尔勒格都"的"尼娲"比			
原句	作匹格都	尼娲比	得五哈来	
直译	（地名）	（比名）	请动了	
意译	请动了"作匹格都"的"尼娲"比			
原句	帕鲁那格都	尼娲比	得五哈来	
直译	（地名）	（比名）	请动了	
意译	请动了"帕鲁格都"的"尼娲"比			
原句	支格那格都	牙者比	得五哈来	
直译	（地名）	（比名）	请动了	
意译	请动了"支格格都"的"牙者"比			
原句	致支格都	文格比	得五哈来	
直译	（地名）	（比名）	请动了	
意译	请动了"致支格都"的"文格"比			
原句	卡匹格都	牙麦比	得五哈来	
直译	（地名）	（比名）	请动了	

第十七段：热日昔（驱邪唱经）

意译	请动了"卡匹格都"的"牙麦"比				
原句	格尼格都	牙者比	得五哈来		
直译	（地名）	（比名）	请动了		
意译	请动了"格尼格都"的"牙者"比				
原句	日	阿欻那	各扎斯都	热麻西	
直译	青稞	种	分叉	有些不吉利	
意译	种的青稞穗子中间分叉了，有些不吉利				
原句	植	阿欻那	植巴斯都	热麻西	
直译	麦子	种	小麦倒伏	有些不吉利	
意译	种的麦子倒成一片，有些不吉利				
原句	玉麻	阿欻那	玉麻巴斯都	热麻西	
直译	油麦	种	油麦倒伏	有些不吉利	
意译	种的油麦倒成一片，有些不吉利				
原句	速	阿欻那	各扎斯都	热麻西	
直译	麻	种	分叉	有些不吉利	
意译	种的麻分叉了，有些不吉利				
原句	谷	阿欻那	谷巴斯都	热麻西	
直译	蔬菜	种	蔬菜倒伏	有些不吉利	
意译	种的蔬菜倒成一片，有些不吉利				
原句	茹	阿欻那	茹巴斯都	热麻西	
直译	荞麦	种	荞麦倒伏	有些不吉利	
意译	种的荞麦倒成一片，有些不吉利				
原句	以莫	阿欻那	以莫巴斯都	热麻西	
直译	玉米	种	玉米倒伏	有些不吉利	
意译	种的玉米倒成一片，有些不吉利				
原句	得类	米比	鱼苦日都	热麻西	
直译	年景	不祥	猫头鹰叫	有些不吉利	

意译	猫头鹰叫，年景不好，有些不吉利			
原句	拉洒	米比	拉乌牙都	热麻西
直译	石塔	不祥	乌鸦乱叫	有些不吉利
意译	石塔前乌鸦乱叫是不祥之兆，有些不吉利			
原句	不格	米比	不如花都	热麻西
直译	蜜蜂	不祥	蜜蜂回头	有些不吉利
意译	蜜蜂出巢又回来是不祥之兆，有些不吉利			
原句	日荷	米比	得直得都	热麻西
直译	老鼠	不祥	房梁上	有些不吉利
意译	老鼠钻上房梁做窝是不祥之兆，有些不吉利			
原句	玛女	米比	都瓜石瓜	热麻西
直译	猫	不祥	夜夜打架	有些不吉利
意译	猫跑到家里夜夜打架是不祥之兆，有些不吉利			
原句	白斯那	米比	支鲁麻麦	热麻西
直译	蛇	不祥	屋里	有些不吉利
意译	蛇进了屋里是不祥之兆，有些不吉利			
原句	扒	阿欻那	扒几石都	热麻西
直译	猪	养	猪瘟	有些不吉利
意译	养的猪得了猪瘟，有些不吉利			
原句	羽	阿欻那	羽几石都	热麻西
直译	鸡	养	鸡瘟	有些不吉利
意译	养的鸡得了鸡瘟，有些不吉利			
原句	萨得白	支鲁麻麦	都麻西	
直译	还愿	屋里	大吉大利	
意译	只有在屋里还愿才会大吉大利			
原句	热日	牙西那鲁	都哈西	
直译	怪象	彻底没有	大家高兴	

第十七段：热日昔（驱邪唱经）

意译　　怪象彻底没有了，大家就高兴了
原句　　牙西纳鲁　　都哈西呀
直译　　彻底没有　　大家高兴
意译　　怪象彻底没有了，大家都高兴呀

> **文解**
>
> 　　热日昔：热日——怪象，昔——驱送，合起来意译为"驱邪唱经"。当日常生活中有不正常的事情发生时，人们就会请比来"驱邪"，比要唱这段经。

第十八段：遇木得
（寻魂唱经）

原句	遇		木得		
直译	亡魂去的地方		寻找		
意译	寻魂唱经				
原句	得给	得吕那	木得哎	者黑那	者黑那
直译	过去	过来	寻找	在这儿	在这儿
意译	走过去找、走过来找，在这儿、在这儿				
原句	斯作得古那	比	木得那	者黑那	者黑那
直译	喝口神水	比	寻找	在这儿	在这儿
意译	比喝口神水找，在这儿、在这儿				
原句	慕都麻地	得五那	者黑那		
直译	火塘神	请动	在这儿		
意译	请动了火塘神来找，在这儿				
原句	日子格都	五哈比	得五那	者黑那	
直译	（地名）	（比名）	请动	这儿	
意译	请动了"日子格都"的"五哈"比来找，在这儿				
原句	得支牙五	古哈比依	得五那	者黑那	
直译	（地名）	（比名）	请动	这儿	
意译	请动了"得格牙五"的"古哈"比来找，在这儿				
原句	勒支格都	牙者比	得五那	者黑那	
直译	（地名）	（比名）	请动	在来这儿	
意译	请动了"勒支格都"的"牙者"比来找，在这儿				
原句	苦格阿支	苦格比依	得五那	者黑那	
直译	（地名）	（比名）	请动	在这儿	
意译	请动了"苦格阿支"的"苦格"比来找，在这儿				
原句	苦萨牙五	得国比依	得五那	者黑那	
直译	（地名）	（比名）	请动	在这儿	

意译	请动了"苦萨牙五"的"得国"比来找,在这儿			
原句	巴地牙五	苦格比依	得五那	者黑那
直译	(地名)	(比名)	请动	在这儿
意译	请动了"巴地牙五"的"苦格"比来找,在这儿			
原句	卡火格都	牙尼比	得五那	者黑那
直译	(地名)	(比名)	请动	在这儿
意译	请动了"卡火格都"的"牙尼"比来找,在这儿			
原句	麻女格都	牙尺比	得五那	者黑那
直译	(地名)	(比名)	请动	在这儿
意译	请动了"麻女格都"的"牙尺"比来找,在这儿			
原句	〔日阿〕得格都	玉尼比	得五那	者黑那
直译	(地名)	(比名)	请动	在这儿
意译	请动了"〔日阿〕得格都"的"玉尼"比来找,在这儿			
原句	内石格都	尼娲比	得五那	者黑那
直译	(地名)	(比名)	请动	在这儿
意译	请动了"内石格都"的"尼娲"比来找到,在这儿			
原句	白斯勒格都	古巴比	得五那	者黑那
直译	(地名)	(比名)	请动	在这儿
意译	请动了"白斯勒格都"的"古巴"比来找,在这儿			
原句	尔勒格都	尼娲比	得五那	者黑那
直译	(地名)	(比名)	请动	在这儿
意译	请动了"尔勒格都"的"尼娲"比来找,在这儿			
原句	作匹格都	尼娲比	得五那	者黑那
直译	(地名)	(比名)	请动	在这儿
意译	请动了"作匹格都"的"尼娲"比来找,在这儿			
原句	帕鲁格都	尼娲比	得五那	者黑那
直译	(地名)	(比名)	请动	在这儿

意译	请动了"帕鲁格都"的"尼娲"比来找，在这儿			
原句	支格格都	牙者比	得五那	者黑那
直译	（地名）	（比名）	请动	在这儿
意译	请动了"支格格都"的"牙者"比来找，在这儿			
原句	致支格都	文格比	得五那	者黑那
直译	（地名）	（比名）	请动	在这儿
意译	请动了"致支格都"的"文格"比来找，在这儿			
原句	卡匹格都	牙麦比	得五那	者黑那
直译	（地名）	（比名）	请动	在这儿
意译	请动了"卡匹格都"的"牙麦"比来找，在这儿			
原句	格尼格都	牙者比	得五那	者黑那
直译	（地名）	（比名）	请动	在这儿
意译	请动了"格尼格都"的"牙者"比来找，在这儿			

文解

　　遇木得：遇——羌人认为，人死时目光最后所视之地是其灵魂所往之处，称为"遇"，比要沿着死者最后看的方向去寻找亡魂，然后进行镇抚；木得——寻找，合起来可译为"寻魂唱经"。这段唱经是比在做招魂法事时唱的。羌人所居之地，各村各寨都有自己的比，一个地方的比在做招魂法事时，也要将其他各地的比一起招呼到。

第十九段：阿忒
（祓邪唱经）

原句	阿	忒			
直译	邪气、晦气	被除			
意译	被邪唱经				

原句	得类	米比	鱼苦日都	特哇都那	阿得热
直译	年景	不祥	猫头鹰叫	那个地方	有邪气
意译	猫头鹰叫,年景不好,那个地方有邪气				

原句	拉洒	米比	拉乌牙都	特哇都那	阿得热
直译	石塔	不祥	乌鸦乱叫	那个地方	有邪气
意译	石塔前乌鸦乱叫是不祥之兆,那个地方有邪气				

原句	不格	米比	不如花都	特哇都那	阿得热
直译	蜜蜂	不祥	蜜蜂回头	那个地方	有邪气
意译	蜜蜂出巢又回来是不祥之兆,那个地方有邪气				

原句	日荷	米比	得直得都	特哇都那	阿得热
直译	鼠	不祥	房梁上	那个地方	有邪气
意译	老鼠钻上房梁做窝是不祥之兆,那个地方有邪气				

原句	玛女	米比	都瓜石瓜	特哇都那	阿得热
直译	猫	不祥	夜夜打架	那个地方	有邪气
意译	猫跑到家里夜夜打架是不祥之兆,那个地方有邪气				

原句	白斯那	米比	支鲁麻麦	特哇都那	阿得热
直译	蛇	不祥	屋里	那个地方	有邪气
意译	蛇进了屋里是不祥之兆,那个地方有邪气				

原句	日	阿欻那	各扎斯都	特哇都那	阿得热
直译	青稞	种	分叉	那个地方	有邪气
意译	种的青稞穗子中间分叉了,那个地方有邪气				

原句	植	阿欻那	植巴斯都	特哇都那	阿得热
直译	麦子	种	麦子倒伏	那个地方	有邪气
意译	种的麦子倒成一片，那个地方有邪气				
原句	茹	阿欻那	茹巴斯都	特哇都那	阿得热
直译	荞麦	种	荞麦倒伏	那个地方	有邪气
意译	种的荞麦倒成一片，那个地方有邪气				
原句	谷	阿欻那	谷巴斯都	特哇都那	阿得热
直译	蔬菜	种	蔬菜倒伏	那个地方	有邪气
意译	种的蔬菜倒成一片，那个地方有邪气				
原句	速	阿欻那	各扎斯都	特哇都那	阿得热
直译	麻	种	分叉	那个地方	有邪气
意译	种的麻分叉了，那个地方不吉利				
原句	玉麻	阿欻那	玉麻巴斯都	特哇都那	阿得热
直译	油麦	种	油麦倒伏	那个地方	有邪气
意译	种的油麦倒成一片，那个地方有邪气				
原句	以莫	阿欻那	以莫巴斯都	特哇都那	阿得热
直译	玉米	种	玉米倒伏	那个地方	有邪气
意译	种的玉米倒成一片，那个地方有邪气				
原句	羽	阿欻那	羽几石都	特哇都那	阿得热
直译	鸡	养	鸡瘟	那个地方	有邪气
意译	养的鸡得了鸡瘟，那个地方有邪气				
原句	羽居麦西	羽米西那	特哇都那	阿得热	
直译	公鸡不叫	母鸡叫	那个地方	有邪气	
意译	公鸡不叫母鸡叫，那个地方有邪气				
原句	扒	阿欻那	扒几石都	特哇都那	阿得热
直译	猪	养	猪瘟	那个地方	有邪气

第十九段：阿忒（祓邪唱经）

意译	养的猪得了猪瘟，那个地方有邪气			
原句	萨得白	支鲁麻麦	都麻西	
直译	还愿	屋里	大吉大利	
意译	只有在屋里还愿才会大吉大利			
原句	英木	黑哇那	亚得筛	
直译	太阳	回来	太好了	
意译	太阳神回来了，太好了			
原句	勒匹	黑哇	亚得筛	
直译	白石神	回来	太好了	
意译	白石神回来了，太好了			
原句	至木	黑哇	亚得筛	
直译	星星	回来	太好了	
意译	星神回来了，太好了			
原句	勒刷	黑哇	亚得筛	
直译	月亮	回来	太好了	
意译	月亮神回来了，太好了			
原句	达尼	黑哇	亚得筛	
直译	黑云神	回来	太好了	
意译	黑云神回来了，太好了			
原句	达匹	黑哇	亚得筛	
直译	白云神	回来	太好了	
意译	白云神回来了，太好了			
原句	达喜	黑哇	亚得筛	
直译	彩云神	回来	太好了	
意译	彩云神回来了，太好了			
原句	斯依	黑哇	都哈西	

直译　神　　回来　　大家高兴
意译　神都回来了，大家都高兴了

> **解文**
>
> 　　阿忒：阿——邪气、晦气、邪恶等，忒——祓除，合起来即"祓邪唱经"。这段唱经是比在做驱邪送鬼的法事时唱的。

第二十段：出出昔
（送妖怪替身唱经）

原句	出出		昔
直译	用柳条与麦草扎成的妖怪替身		驱送
意译	送妖怪替身唱经		

原句	日	地多米	地多文那
直译	青稞	传说	传说
意译	青稞的传说		

原句	日	白爷米	白爷文那
直译	青稞	（神名）	（神名）
意译	青稞在白爷神时期就有了		

原句	苦萨	比那	刷那达斯
直译	（地名）	比	月光下
意译	"苦萨"的比在月光下做法事		

原句	格哈塔巴	格日塔斯
直译	（法冠名）	头上戴
意译	比头上戴着"格哈塔巴"法冠	

原句	火都哇火	一扑格
直译	神珠	胸前
意译	比胸前挂着一串神珠	

原句	司格帕哇	末得抓
直译	豹皮褂子	穿上
意译	比穿着豹皮褂子	

原句	嘎尺阿〔日阿〕	巫度〔日阿〕
直译	敲打响盘	驱邪
意译	比敲打响盘是为了驱邪	

原句	嘎不阿〔日阿〕	巫度查
直译	敲鼓	镇邪

意译	比敲鼓是为了镇邪				
原句	喜弟瓦作	夸日白那	都日白那		
直译	神棍	凤飞	凰舞		
意译	比挥动神棍像凤凰飞舞一样				
原句	出出			地多米哦	地多文
直译	用柳条与麦草扎成的妖怪替身			传说	传说
意译	用柳条与麦草扎成妖怪替身驱邪的传说				
原句	出出			白爷米那	白爷文
直译	用柳条与麦草扎成的妖怪替身			（神名）	（神名）
意译	用柳条与麦草扎成妖怪替身驱邪的方法在白爷神时期就有了				
原句	出出			如罗米	如罗王
直译	用柳条与麦草扎成的妖怪替身			起源	起源
意译	这就是用柳条与麦草扎成妖怪替身驱邪这种方法的起源				
原句	出出			出麦出	出麦出
直译	用柳条与麦草扎成的妖怪替身			流传	流传
意译	从此用柳条与麦草扎成妖怪替身驱邪的方法就传了下来				
原句	得直哦依那	斯扑	克麦哎	勒麦那朱	
直译	上看	神树	破坏	有人	
意译	往上看，有人在砍伐神树				
原句	尔直哦依那	斯支哦	克麦那	勒麦那住	
直译	下看	庙宇	破坏	有人	
意译	往下看，有人在破坏庙宇				
原句	日直哎依那	巴格得麦哎	勒麦那住		
直译	左看	使人栽跟头	有人		
意译	往左看，有人在使人栽跟头				
原句	比直哎依那	扑木哎	克麦那	勒麦那住	

直译	右看	树林	破坏	有人
意译	往右看，有人在破坏树林			

原句	艾鲁依那	尼本哎	勒麦那住
直译	进来	甜言蜜语	有人
意译	有人进门就说甜言蜜语		

原句	黑给哎依那	巫本那	勒麦那住
直译	出去	搬弄是非	有人
意译	有人出门就搬弄是非		

原句	尼叶哎	米比哎	阿斯古朱哎	得玛哎住
直译	家业	不祥	一天败完	要出现
意译	家业一天就败完的不祥之事要出现了			

原句	石几哎	米比哎	阿帕哎古朱那	得玛哎住
直译	家产	不祥	一刻散尽	要出现
意译	家产一刻就散尽的不祥之事要出现了			

原句	石沙那	勒麦哎	得玛哎住
直译	干坏事	有人	要出现
意译	干坏事的人要出现了		

原句	巴牙哎	勒麦哎	得玛哎住
直译	说坏话	有人	要出现
意译	说坏话的人要出现了		

原句	米嘎	勒麦哎	得玛哎住
直译	欺凌别人	有人	要出现
意译	欺凌别人的人要出现了		

原句	米扎哦	勒麦哎	得玛哎住
直译	笑话别人	有人	要出现
意译	笑话别人的人要出现了		

第二十段：出出昔（送妖怪替身唱经）

原句	作顷哦	勒麦哎	得玛哎住	
直译	跳水	有人	要出现	
意译	跳水的人要出现了			
原句	格弟哎	勒麦哎	得玛哎住	
直译	跳崖	有人	要出现	
意译	跳崖的人要出现了			
原句	斯尺哎	勒麦哎	得玛哎住	
直译	上吊	有人	要出现	
意译	上吊的人要出现了			
原句	斯哇哦	勒麦哎	得玛哎住	
直译	自缢	有人	要出现	
意译	自缢的人要出现了			
原句	格日苏日哎	得玛哎住		
直译	昏头昏脑	要出现		
意译	昏头昏脑的人要出现了			
原句	格五苏五哎	得玛哎住		
直译	疯头疯脑	要出现		
意译	疯头疯脑的人要出现了			
原句	内莫火那哎	内支尺哎	勒麦	得玛哎住
直译	没有是非	挑拨是非	有人	要出现
意译	无事生非的人要出现了			
原句	支莫火那哎	支啄	勒麦哎	得玛哎住
直译	没事	找事	有人	要出现
意译	没事找事的人要出现了			
原句	得石哎艾石	勒麦哎	得玛哎住	
直译	吊儿郎当	有人	要出现	

意译	吊儿郎当的人要出现了			
原句	得朱哎艾朱	勒麦哎	得玛哎住	
直译	出尔反尔	有人	要出现	
意译	出尔反尔的人要出现了			
原句	支依哎	塞格	勒麦哎	得玛哎住
直译	说长道短	再三	有人	要出现
意译	经常说长道短的人要出现了			
原句	瓦依哎	塞格	勒麦哎	得玛哎住
直译	说三道四	再三	有人	要出现
意译	经常说三道四的人要出现了			
原句	日巴哎	塞则哎	日地古做哎	比于住
直译	大首领	三位	首领达成一致	好了
意译	三位大首领达成一致就好了			
原句	日古	艾责那	比于住	
直译	首领嘴	少说	好了	
意译	首领可以少说就好了			
原句	比巴哎	塞则哎	比地古做哎	比于住
直译	大比	三位	比达成一致	好了
意译	三位大比达成一致就好了			
原句	比古	艾责那	比于住	
直译	比嘴	少说	好了	
意译	比可以少说就好了			

文解

出出昔：出出——用柳条与麦草扎成的妖怪替身，昔——驱送，合起来即"送妖怪替身唱经"。做大祭祀和还大愿时比就要扎"出出"，用来象征妖魔或坏人等，然后比作法念咒，开展法事活动，活动结束后将"出出"拿到村外烧毁，再埋掉。肖永庆可以扎出上百种"出出"，其各有寓意。

第二十一段：阿爸白爷笛
（歌颂阿爸白爷唱经）

原句	阿爸	白爷	笛		
直译	（尊称）	（神名）	歌颂		
意译	歌颂阿爸白爷唱经				

原句	啊	阿爸	白爷	白爷	子支
直译	啊	（尊称）	（神名）	（神名）	这个
意译	啊！阿爸白爷这个人				

原句	哈若日格	木鲁古嘎
直译	出生时	非常贫瘠之地
意译	出生在非常贫瘠之地	

原句	得乌日格	比西托嘎哦
直译	成长时	非常艰苦之地
意译	成长在非常艰苦之地	

原句	得乌哦格呀
直译	成长起来
意译	阿爸白爷就这样成长起来了

原句	白爷	啄斯啄木花
直译	（神名）	富有无比
意译	白爷通过勤奋劳动变得富有无比	

原句	白爷	叶数叶木花
直译	（神名）	过得非常好
意译	白爷的日子过得非常好	

原句	白爷	古数古木花
直译	（神名）	穿的穿不完
意译	白爷有穿都穿不完的衣服	

原句	白爷	〔日阿〕数〔日阿〕木花
直译	（神名）	吃的吃不尽

意译	白爷有吃都吃不完的粮食			
原句	白爷	〔石儿〕那〔石儿〕木花		
直译	（神名）	帅气无比		
意译	白爷长得帅气无比			
原句	白爷	牙数牙木花		
直译	（神名）	机智无比		
意译	白爷机智无比			
原句	石	得余	午	得余
直译	牛	丢了	马	丢了
意译	白爷家的牛丢了、马丢了			
原句	亿	得余	洼	得哎余呀
直译	亲人	丢了	朋友	丢了
意译	不仅白爷家的牛马丢了，他亲朋的牛马也丢了			
原句	啊	阿爸	白爷	西刹格都 得给哦呀
直译	啊	（尊称）	（神名）	（地名） 去了
意译	啊！阿爸白爷就去了"西刹格都"			
原句	西刹格都	格得巴依		
直译	（地名）	地方很大		
意译	"西刹格都"很大			
原句	白爷	吾匹哎	色住	
直译	（神名）	白牦牛	杀了	
意译	白爷杀了自家的白牦牛为大家做祭祀			
原句	白爷	内匹哦	色哦住呀	
直译	（神名）	白绵羊	杀了	
意译	白爷杀了自家的白绵羊为大家做祭祀			
原句	白爷	质匹哎	色住	
直译	（神名）	白犏牛	杀了	

第二十一段：阿爸白爷笛（歌颂阿爸白爷唱经）

意译	白爷杀了自家的白犏牛为大家做祭祀					
原句	白爷	羽匹哦	色哦住呀			
直译	（神名）	白鸡	杀了			
意译	白爷杀了自家的白鸡为大家做祭祀					
原句	阿爸	白爷	白爷	子支	麦得合那	麦得那呀
直译	（尊称）	（神名）	白爷	这个	关心别人	对别人好
意译	阿爸白爷关心别人，对别人好					
原句	阿爸	白爷	白爷	子支	黑哇依那	
直译	（尊称）	（神名）	白爷	这个	回去	
意译	阿爸白爷回去了					
原句	阿爸	白爷	第勒	阿土文那	得朱哎住呀	
直译	（尊称）	（神名）	妻子	第一次	问	
意译	阿爸白爷的妻子第一次问丈夫					
原句	黑给日格	俄不刷那	黑给哦尼呀			
直译	出去时	银圈一样亮	出去了			
意译	你出门时脸色像银圈一样亮					
原句	艾鲁日格	支苏尼格哦	艾鲁哦尼呀			
直译	回来时	穿山甲一样的灰色	回来了			
意译	回家时脸色像穿山甲一样灰					
原句	恩女文那	尼地哎住呀				
直译	你自己	怎么啦				
意译	你怎么啦？					
原句	阿爸	白爷	白爷	子支	黑叶文那	麻五住呀
直译	（尊称）	（神名）	白爷	这个	回答	不肯
意译	阿爸白爷不回答					
原句	白爷	第勒	依土文那	得朱哎住呀		
直译	（神名）	妻子	第二次	问		

意译	白爷的妻子第二次问丈夫			
原句	恩	黑给日格	俄不刷那	黑给哦尼呀
直译	你	出去时	银圈一样亮	出去了
意译	你出门时脸色像银圈一样亮			
原句	艾鲁日格	支苏尼格哦		艾鲁哦尼呀
直译	回来时	穿山甲一样的灰色		回来了
意译	回家时脸色像穿山甲一样灰			
原句	恩女文那	尼地哦住呀		
直译	你自己	怎么啦		
意译	你怎么啦？			
原句	阿爸	白爷	黑叶文那	麻五哎住呀
直译	（尊称）	（神名）	回答	不肯
意译	阿爸白爷还是不回答			
原句	白爷	第勒	塞土文那	得朱哎住呀
直译	（神名）	妻子	第三次	问
意译	白爷的妻子第三次问丈夫			
原句	恩	黑给日格	俄不刷那	黑给哦尼呀
直译	你	出去时	银圈一样亮	出去了
意译	你出门时脸色像银圈一样亮			
原句	艾鲁日格	支苏尼格哦		艾鲁哦尼呀
直译	回来时	穿山甲一样的灰色		回来了
意译	回家时脸色像穿山甲一样灰			
原句	恩女文那	尼地哎住呀		
直译	你自己	怎么啦		
意译	你怎么啦？			
原句	阿爸	白爷	子支	得日达那 得止哎住呀
直译	（尊称）	（神名）	这个	说起来 很生气

第二十一段：阿爸白爷笛（歌颂阿爸白爷唱经）

意译	阿爸白爷说起来很生气				
原句	尕女	吾匹哎	色扎		
直译	我自己	白牦牛	杀了		
意译	我把家里的白牦牛杀了（做祭祀）				
原句	尕女哦	内匹哎	色哎扎呀		
直译	我自己	白绵羊	杀了		
意译	我把家里的白绵羊杀了（做祭祀）				
原句	尕女	质匹哎	色扎		
直译	我自己	白犏牛	杀了		
意译	我把家里的白犏牛杀了（做祭祀）				
原句	尕女哦	羽匹	色哦扎呀		
直译	我自己	白鸡	杀了		
意译	我把家里的白鸡杀了（做祭祀）				
原句	阿爸	白爷	第勒	得日达那	得止哎住呀
直译	（尊称）	（神名）	妻子	说起来	很生气
意译	阿爸白爷的妻子说起来也很生气				
原句	阿朱子古	给日文那	啄斯哎呀		
直译	我们家	这么	富有		
意译	我们家这么富裕				
原句	苦巴的比	给日文那	得彼哎住呀		
直译	牲畜	这么	发展了		
意译	牲畜长得这么好				
原句	尼叶	萨五	得白沙		
直译	家业	愿	开始还		
意译	开始还家业大愿吧				
原句	石几哦	萨五	得白哦沙呀		
直译	家产	愿	开始还		

意译	开始还家产大愿吧		
原句	白比	塞帕	日沐沙
直译	番人的比	三拨	开始请
意译	开始请三拨番人的比来		
原句	木尔比哦	塞帕哦	日沐哎沙呀
直译	羌人的比	三拨	开始请
意译	开始请三拨羌人的比来		
原句	尔比	塞帕	日沐沙
直译	汉人的比	三拨	开始请
意译	开始请三拨汉人的比来		
原句	尼叶	萨五	得白沙
直译	家业	愿	开始还
意译	开始还家业大愿		
原句	石几哦	萨五	得白哦沙呀
直译	家产	愿	开始还
意译	开始还家产大愿		

原句	阿爸	白爷	尼叶	萨五	得白住
直译	（尊称）	（神名）	家业	愿	还了
意译	阿爸白爷把家业大愿还了				

原句	石几哦	萨五哦	得白哎住呀
直译	家产	愿	还了
意译	把家产大愿还了		
原句	白爷	吾匹	得彼住
直译	（神名）	白牦牛	发展了
意译	白爷家的白牦牛长得更好了		
原句	白爷	内匹哦	得彼哎住呀
直译	（神名）	白绵羊	发展了

第二十一段：阿爸白爷笛（歌颂阿爸白爷唱经）

意译	白爷家的白绵羊长得更好了				
原句	白爷哦	质匹哦	得彼哦住呀		
直译	（神名）	白犏牛	发展了		
意译	白爷家的白犏牛长得更好了				
原句	白爷	羽匹	得彼住		
直译	（神名）	白鸡	发展了		
意译	白爷家的白鸡长得更好了				
原句	阿勒	阿底	日〔本儿〕那		
直译	一月	初一	神塔位		
意译	一月初一，卦位是神塔位				
原句	思个	朱都	黑给住		
直译	（神路名）	（山名）	出去		
意译	白爷一家沿着"思个"神路去"朱都"山				
原句	春木哦	格支哦	黑给呀		
直译	（山名）	那里	出去		
意译	去到"春木"山那里时				
原句	者巴	阿勒哎	得哦格呀		
直译	大儿子	一个	怀上了		
意译	妻子怀上了大儿子				
原句	者巴	子支	阿爸	吕得泽	文尼哎住呀
直译	大儿子	这个	（尊称）	（神名）	就是
意译	白爷的大儿子就是阿爸吕得泽				
原句	依勒	依底	泽哇		
直译	二月	初二	山神位		
意译	二月初二，卦位是山神位				
原句	如木	格支	黑给呀		
直译	（山名）	那里	出去		

意译	去到"如木"山那里时				
原句	者鲁	阿勒哎	得哦格呀		
直译	二儿子	一个	怀上了		
意译	妻子怀上了二儿子				
原句	者鲁	子支	阿爸	吕得〔支一〕	文尼哎住呀
直译	二儿子	这个	（尊称）	（神名）	就是
意译	白爷的二儿子就是阿爸吕得〔支一〕				
原句	塞勒	塞底	斯皮都哦		
直译	三月	初三	仓房位		
意译	三月初三，卦位是仓房位				
原句	朱木	格支	黑给住		
直译	（山名）	那里	出去了		
意译	去到"朱木"山那里时				
原句	者则	阿勒哎	得哦格呀		
直译	小儿子	一个	怀上了		
意译	妻子又怀上了小儿子				
原句	者则	子支	阿爸	吕得〔国一〕	文尼哎住呀
直译	小儿子	这个	（尊称）	（神名）	就是
意译	白爷的小儿子就是阿爸吕得〔国一〕				
原句	阿爸	白爷	者巴	子支	麦斯麦须
直译	（尊称）	（神名）	大儿子	这个	他人不学的
意译	阿爸白爷的大儿子去学人家不学的				
原句	日哇须那	比哇哎须呀			
直译	学当首领	学当比			
意译	他学当首领，学当比				
原句	阿爸	白爷	者鲁	子支	麦斯麦须
直译	（尊称）	（神名）	二儿子	这个	他人不学的

第二十一段：阿爸白爷笛（歌颂阿爸白爷唱经）

意译	阿爸白爷的二儿子去学人家不学的				
原句	库西那支	勒尺哎须呀			
直译	放狗	学套野物			
意译	他去学放狗套野物				
原句	阿爸	白爷	者则	子支	麦斯麦须
直译	（尊称）	（神名）	小儿子	这个	他人不学的
意译	阿爸白爷的小儿子去学人家不学的				
原句	尼叶北那	石几哎北呀			
直译	学立业	学成家			
意译	他去学成家立业				
原句	阿爸	白爷	塞则	勒于住	
直译	（尊称）	（神名）	三个	有了	
意译	阿爸白爷有三个儿子了				
原句	尼叶	萨五	得白住		
直译	家业	愿	还了		
意译	阿爸白爷家又还了家业大愿				
原句	石几哦	萨五	得白哎住呀		
直译	家产	愿	还了		
意译	还了家产大愿				
原句	啊	阿爸	白爷	麦得合那	麦得哎那呀
直译	啊	（尊称）	（神名）	关心别人	对别人好
意译	啊，阿爸白爷关心别人，对别人好				
原句	尼叶	萨五	比于住		
直译	家业	愿	好了		
意译	还了家业大愿就好了				
原句	石几哎	萨五	比于哦住呀		
直译	家产	愿	好了		

意译　还了家产大愿就好了
原句　自土文那　　比于哎住呀
直译　从此　　　　好了
意译　从此就好了

文解

　　阿爸白爷笛：阿爸——尊称，白爷——神名，笛——歌颂，合起来即"歌颂阿爸白爷唱经"。阿爸白爷是羌族神话传说中的重要人物，有开天辟地之功，类似汉族传说中的盘古，但更有羌族自身特色，现今羌区还流传着很多有关阿爸白爷的故事，其人物形象更加鲜明。阿爸白爷在本书唱经中多次出现。本段唱经是本书中较有故事情节性的一段唱经，比在做大小祭祀时都会唱，应用很频繁。

第二十二段：夸笛
（歌颂凤神唱经）

原句	夸	笛	
直译	风神	歌颂	
意译	歌颂风神唱经		

原句	啊	笛哦	笛哦	笛哦
直译	啊	传颂	传颂	传颂
意译	啊，传颂哦，传颂哦，传颂哦			

原句	夸那哎	夸那	
直译	风神	风神	
意译	风神哎风神		

原句	塞日	得知那	得知尼呀
直译	三声	询问	询问
意译	风神再三过问人类的生活		

原句	夸者	巴那	内者巴
直译	风神	伟大	本领大
意译	伟大的风神本领大		

原句	夸者	鲁麻依那	米鲁给
直译	风神	要来	没有来
意译	风神要来却没有来		

原句	作苏尔支	鲁麻依那	米鲁给
直译	（地名）	要来	没有来
意译	风神要来"作苏尔支"却没有来		

原句	夸者	巴那	内者巴
直译	风神	伟大	本领大
意译	伟大的风神本领大		

原句	思个	朱都那	黑给一
直译	（神路名）	（山名）	出去

意译	风神沿着"思个"神路去"朱都"山			
原句	思个	枝木枝依那	得佐格	
直译	（神路名）	（妖名）	遇到了	
意译	在"思个"路上遇到了妖魔"枝木枝"			
原句	枝木枝依	阿古哎	北那	得私为
直译	（妖名）	一口	吞	做样子
意译	"枝木枝"做出想要一口吞下风神的样子			
原句	亿格	斯出那	得私为	
直译	手	伸	做样子	
意译	伸手做出想要打风神的样子			
原句	亿斯	帕那	得私为	
直译	手	举	做样子	
意译	举拳做出想要打风神的样子			
原句	拄依	斯出那	得私为	
直译	腿足	伸	做样子	
意译	伸腿做出想要踢风神的样子			
原句	夸者	巴那	内者巴	
直译	风神	伟大	本领大	
意译	伟大的风神本领大			
原句	递米	塞支那	得〔多阿〕归	
直译	心脏	三嘴	啄烂了	
意译	风神三嘴就把"枝木枝"的心脏啄烂了			
原句	萨斯	塞古那	得尺为	
直译	妖血	三口	喝掉了	
意译	风神三口就把妖血喝掉了			
原句	格斯	塞支那	得得为	
直译	头皮肉	三嘴	啄掉了	

意译	凤神三嘴就把妖魔的头皮肉啄掉了			
原句	格树	塞古那	得尺为	
直译	脑汁	三口	喝掉了	
意译	凤神三口就把妖魔的脑汁喝掉了			
原句	阿木火支	火得〔去阿〕		
直译	（妖名）	魂飞魄散		
意译	凤神把妖魔"阿木火支"吓得魂飞魄散			
原句	娲萨牙五那	火得〔去阿〕		
直译	（妖名）	魂飞魄散		
意译	凤神把妖魔"娲萨牙五"吓得魂飞魄散			
原句	日木古支那	火得〔去阿〕		
直译	（妖名）	魂飞魄散		
意译	凤神把妖魔"日木古支"吓得魂飞魄散			
原句	哦	夸者	巴那	内者巴
直译	哦	凤神	伟大	本领大
意译	哦，伟大的凤神本领大			
原句	夸者勒	牙喜	剉底	得给一
直译	凤神	红岩	下面	过去
意译	凤神走过红岩下面			
原句	牙喜	剉底	绷者依那	得佐格
直译	红岩	下面	（妖名）	遇到了
意译	凤神在红岩下面遇到了妖魔"绷者"			
原句	绷者勒	阿古哎	北那	得私为
直译	（妖名）	一口	吞	做样子
意译	"绷者"做出想要一口吞下凤神的样子			
原句	亿格	斯出那	得私为	
直译	手	伸	做样子	

第二十二段：夸笛（歌颂凤神唱经）

意译	伸手做出想要打风神的样子			
原句	亿斯	帕那	得私为	
直译	手	举	做样子	
意译	举拳做出想要打风神的样子			
原句	拄依	斯出那	得私为	
直译	腿足	伸	做样子	
意译	伸腿做出想要踢风神的样子			
原句	夸	巴那	内者巴	
直译	风神	伟大	本领大	
意译	伟大的风神本领大			
原句	递米	塞支那	得〔多阿〕归	
直译	心脏	三嘴	啄烂了	
意译	风神三嘴就把"绷者"的心脏啄烂了			
原句	萨斯	塞古那	得尺为	
直译	妖血	三口	喝掉了	
意译	风神三口就把妖血喝掉了			
原句	格斯	塞支那	得得为	
直译	头皮肉	三嘴	啄掉了	
意译	风神三嘴就把妖魔的头皮肉啄掉了			
原句	格树	塞古那	得尺为	
直译	脑汁	三口	喝掉了	
意译	风神三口就把妖魔的脑汁喝掉了			
原句	阿阿不支那	火得〔去阿〕		
直译	（妖名）	魂飞魄散		
意译	风神把妖魔"阿阿不支"吓得魂飞魄散			
原句	巴替牙五	火得〔去阿〕		
直译	（妖名）	魂飞魄散		

意译	凤神把妖魔"巴替牙五"吓得魂飞魄散				
原句	夸者	巴那	内者巴		
直译	凤神	伟大	本领大		
意译	伟大的凤神本领大				
原句	子不	不麻	得给那	不斯	日如住
直译	今年	年份	过去	来年	到来
意译	旧的一年过去，新的一年到来了				
原句	泽不	得给那	娲萨不	日如住	
直译	羊年	过去了	猴年	到来	
意译	羊年过去猴年到来				
原句	娲萨不	目眯察	只勒文那	日如住	
直译	猴年	眨眼间	四月	到来	
意译	眨眼间猴年的四月到了				
原句	只勒依那	哈地那支			
直译	四月	初十			
意译	今天是四月初十				
原句	麦妈	子支	阿古达都	得地住	
直译	老母亲	这位	一家之中	说了	
意译	这位老母亲在家中说过的				
原句	日荷	沃那	娲萨	塞哈	
直译	鼠	龙	猴	三个	
意译	鼠（子）、龙（辰）、猴（申）三个属相相合				
原句	羽	卜	乙	塞哈	
直译	鸡	蛇	牛	三个	
意译	鸡（酉）、蛇（巳）、牛（丑）三个属相相合				
原句	库日	巨地	午	塞哈	
直译	狗	虎	马	三个	

第三十二段：夸笛（歌颂凤神唱经）

意译	狗（戌）、虎（寅）、马（午）三个属相相合			
原句	泽	扒文那	日	塞哈
直译	羊	猪	兔	三个
意译	羊（未）、猪（亥）、兔（卯）三个属相相合			
原句	哦	格日苏日	勒于住	
直译	哦	昏头昏脑	有了	
意译	哦，有人昏头昏脑的			
原句	格五苏五那	勒于住		
直译	疯头疯脑	有了		
意译	有人疯头疯脑的			
原句	艾鲁依那	尼本那	勒于住	
直译	进来	甜言蜜语	有了	
意译	有人进门就说甜言蜜语			
原句	黑给依那	巫本那	勒于住	
直译	出去	搬弄是非	有了	
意译	有人出门就搬弄是非			
原句	石几依那	勒勒	北麦	勒于住
直译	家产	霸占	人	有了
意译	有人霸占家产			
原句	尼叶依那	勒勒	北麦那	勒于住
直译	家业	霸占	人	有了
意译	有人霸占家业			
原句	屋支内格	白那者依那	得扑哈	
直译	堂屋	父子	商量了	
意译	堂屋上父子商量了			
原句	屋苏斯格	妈那基依那	得扑哈	

直译	里屋	母女	商量了	
意译	里屋中母女商量了			
原句	尔勒西都	尼娲比依那	得五住	
直译	（地名）	（比名）	请动	
意译	请动了"尔勒西都"的"尼娲"比			
原句	作格巴依	得五住		
直译	（神名）	请动了		
意译	请动了"作格巴依"神			
原句	斯麻巴依	得五住		
直译	（神名）	请动了		
意译	请动了"斯麻巴依"神			
原句	朱那巴依	得五住		
直译	（神名）	请动了		
意译	请动了"朱那巴依"神			
原句	支月巴依	得五住		
直译	（神名）	请动了		
意译	请动了"支月巴依"神			
原句	若苦巴依	得五住		
直译	（神名）	请动了		
意译	请动了"若苦巴依"神			
原句	黑去巴依	得五住		
直译	（神名）	请动了		
意译	请动了"黑去巴依"神			
原句	格日苏日	得于卓		
直译	昏头昏脑	驱除		
意译	昏头昏脑的人没有了			

第二十二段：夸笛（歌颂凤神唱经）

原句　格五苏五　　得于卓
直译　疯头疯脑　　驱除
意译　疯头疯脑的人没有了

文解

　　夸笛：夸——凤神，笛——歌颂，合起来即"歌颂凤神唱经"。在羌族传说中，凤神是人类的保护神，因而羌族很敬重凤神，《刷勒日》唱经中有大量提到凤、凤神的语句，可见其重要性。比在举行一些驱邪治病的大型法事活动时就要唱这段经。

第二十三段：萨勒儿（还愿唱经）

原句　萨勒儿
直译　还愿唱经
意译　还愿唱经

原句　日那　　著斯那都
直译　首领　　民众
意译　首领和民众都来了

原句　阿古那　　内外　　阿〔日阿〕雷呀　　阿〔日阿〕雷
直译　全家　　　供品　　来品尝　　　　　　来品尝
意译　全家人献上供品，请神和大家来品尝、来品尝

原句　五萨　　　米文　　那萨文呀
直译　（愿名）　不是　　（愿名）
意译　不是"五萨"愿，就是"那萨"愿

原句　那萨　　　米文　　知萨文呀
直译　（愿名）　不是　　（愿名）
意译　不是"那萨"愿，就是"知萨"愿

原句　知萨　　　米文　　土萨文呀
直译　（愿名）　不是　　（愿名）
意译　不是"知萨"愿，就是"土萨"愿

原句　土萨　　　米文　　朱萨文呀
直译　（愿名）　不是　　（愿名）
意译　不是"土萨"愿，就是"朱萨"愿

原句　朱萨　　　米文　　泽萨文呀
直译　（愿名）　不是　　（愿名）
意译　不是"朱萨"愿，就是"泽萨"愿

原句　泽萨　　　米义　　羽萨文呀
直译　（愿名）　不是　　（愿名）

意译	不是"泽萨"愿就是"羽萨"愿				
原句	阿古那	鲁尺呀			
直译	全家	来了呀			
意译	全家都到齐了呀				
原句	不麻那	得给	不斯		
直译	年份	过去	来年		
意译	年复一年				
原句	勒麻	得给	勒斯		
直译	月份	过去	来月		
意译	月复一月				
原句	日不那	得给	沃不那	日如住呀	
直译	兔年	过去	龙年	到来	
意译	兔年过去了，龙年来了				
原句	目眯察	哈尼勒			
直译	眨眼间	十二月			
意译	眨眼间十二个月就过去了				
原句	只勒那	塞刷	比于住呀		
直译	四月	三十	好了		
意译	四月三十日是个好日子				
原句	阿古达都	日荷	沃那哦	娲萨	塞呀
直译	一家之中	鼠	龙	猴	三个
意译	一家之中的人，鼠（子）、龙（辰）、猴（申）三个属相相合				
原句	羽	卜	乙那	塞文呀	
直译	鸡	蛇	牛	三个	
意译	鸡（酉）、蛇（巳）、牛（丑）三个属相相合				
原句	库日	巨地	午	塞哈呀	
直译	狗	虎	马	三个	

第二十三段：萨勒儿（还愿唱经）

意译	狗（戌）、虎（寅）、马（午）三个属相相合				
原句	泽	扒文那	日	塞哈呀	
直译	羊	猪	兔	三个	
意译	羊（未）、猪（亥）、兔（卯）三个属相相合				
原句	阿古达都	格日苏日	勒于住		
直译	一家之中	昏头昏脑	有了		
意译	一家之中有人昏头昏脑的				
原句	格五苏五	勒于住			
直译	疯头疯脑	有了			
意译	有人疯头疯脑的				
原句	石沙依那	巴牙	勒麦	勒于住	
直译	干坏事	说坏话	有人	有了	
意译	有人说坏话、干坏事				
原句	米嘎依那	米扎	勒麦	勒于住	
直译	欺凌别人	笑话别人	有人	有了	
意译	有人欺凌别人、笑话别人				
原句	尼叶依那	勒勒	北麦	勒于住	
直译	家业	霸占	人	有了	
意译	有人霸占家业				
原句	石几依那	勒勒	北麦	勒于住	
直译	家产	霸占	人	有了	
意译	有人霸占家产				
原句	艾鲁依那	尼本	勒于住		
直译	进屋	甜言蜜语	有了		
意译	有人进门就说甜言蜜语				
原句	黑给依那	巫本	勒于住		
直译	出去	搬弄是非	有了		

意译	有人出门就搬弄是非		
原句	白妈依则	屋支内格	得扑哈
直译	父母二人	堂屋	商量了
意译	父母二人到堂屋上商量了		
原句	阿古达都	白那者依那	得扑哈
直译	一家之中	父子	商量了
意译	一家之中父亲和儿子商量了		
原句	屋苏斯格	妈那基依那	得扑哈
直译	里屋	母女	商量了
意译	里屋中母女商量了		
原句	尔勒西都	尼娲比依那	得五住
直译	（地名）	（比名）	请动了
意译	请动了"尔勒西都"的"尼娲"比		
原句	作格巴依	得五住	
直译	（神名）	请动了	
意译	请动了"作格巴依"神		
原句	斯麻巴依	得五住	
直译	（神名）	请动了	
意译	请动了"斯麻巴依"神		
原句	朱那巴依	得五住	
直译	（神名）	请动了	
意译	请动了"朱那巴依"神		
原句	支月巴依	得五住	
直译	（神名）	请动了	
意译	请动了"支月巴依"神		
原句	若苦巴依	得五住	
直译	（神名）	请动了	

意译	请动了"若苦巴依"神	
原句	黑去巴依　　得五住	
直译	（神名）　　请动了	
意译	请动了"黑去巴依"神	
原句	巫度文那　　黑支尺呀	
直译	邪魔　　　　镇伏下去	
意译	要把邪魔镇伏下去	
原句	阿度文那　　艾给尺呀	
直译	秽物　　　　埋下去	
意译	要把秽物埋下去	
原句	日巴　　塞则　　日地古做　　比于住
直译	大首领　三位　首领达成一致　好了
意译	三位大首领达成一致就好了	
原句	日古　　艾责　　比于住	
直译	首领嘴　少说　　好了	
意译	首领可以少说就好了	
原句	比巴　　塞则　　比地古做　　比于住
直译	大比　　三位　　比达成一致　好了
意译	三位大比达成一致就好了	
原句	比古　　艾责　　比于住	
直译	比嘴　　少说　　好了	
意译	比可以少说就好了	

> **文解**
>
> 萨勒儿：还愿唱经。比在做祭天法事和祈求家中平安等法事的时候要唱这段经。

第二十四段：木尔勒儿
（古羌唱经）

原句	木尔	勒儿		
直译	羌人	唱的		
意译	古羌唱经			
原句	阿勒那	特嘎那兰	特嘎那兰	
直译	一月	已经有了	已经有了	
意译	已经有了,已经有一个月了			
原句	哈若日格	禹弥格布		
直译	出生时	(神名)		
意译	禹弥格布出生了			
原句	白沙日格	妈都哦呀		
直译	父死时	母腹中		
意译	禹弥格布还在母亲的腹中时父亲就去世了			
原句	妈沙日格那	日都那	日都那洒	
直译	母死时	落地了	落地了	
意译	禹弥格布出生落地时母亲就死了			
原句	塞如禹弥	禹弥格布		
直译	(地名)	(神名)		
意译	"塞如禹弥"的禹弥格布啊			
原句	依勒	塞勒那	得助那嘎	得助那嘎
直译	两月	三月	能挪动	能挪动
意译	他两三个月大的时候就能挪动了,能挪动了			
原句	只勒那	达扎那瓜	达扎那瓜	
直译	四月	会笑了	会笑了	
意译	四个月大的时候会笑了,会笑了			
原句	瓦勒	朱勒那	搭接那嘎	搭接那嘎

直译	五月	六月	能爬动了	能爬动了	
意译	五六个月大的时候能爬动了，能爬动了				
原句	得勒	赤勒那	得楚那嘎	得楚那嘎	
直译	七月	八月	能站起来	能站起来	
意译	七八个月大的时候能站起来了，能站起来了				
原句	古勒	哈地那	得驰那嘎	得驰那嘎	
直译	九月	十（月）	能走路了	能走路了	
意译	九个月、十个月大的时候能走路了，能走路了				
原句	哈基	哈尼那	得扑那嘎	得扑那嘎	
直译	十一（月）	十二（月）	能跑了	能跑了	
意译	十一二个月大的时候能跑了，能跑了				
原句	阿不	依不那	羽朱那嘎	羽朱那嘎	
直译	一岁	两岁	能喂鸡	能喂鸡	
意译	一两岁时可以喂鸡了，可以喂鸡了				
原句	塞不	只不	女得那嘎	女得那嘎	
直译	三岁	四岁	能放羊	能放羊	
意译	三四岁时能放羊了，能放羊了				
原句	女得那	巴都	日如那达	日如那达	
直译	放羊	大坪	坐着像大人	坐着像大人	
意译	他坐在放羊的大坪上，像个大人了，像大人了				
原句	瓦不	竹不	石得那嘎	石得那嘎	
直译	五岁	六岁	能放牛	能放牛	
意译	五六岁时能放牛了，能放牛了				
原句	石得那	巴都	日如那达	日如那达	
直译	放牛	大坪	坐着像大人	坐着像大人	
意译	他坐在放牛的大坪上，像个大人了，像大人了				
原句	得不	赤不	撕葛那嘎	撕葛那嘎	

直译	七岁	八岁	能打柴	能打柴	
意译	七八岁时能打柴了，能打柴了				
原句	柴格	巴都	日如那达	日如那达	
直译	打柴	大坪	坐着像大人	坐着像大人	
意译	他坐在打柴坪上，像个大人了，像大人了				
原句	古	哈地那	扒朱那嘎	扒朱那嘎	
直译	九（岁）	十（岁）	能喂猪	能喂猪	
意译	九岁、十岁时能喂猪了，能喂猪了				
原句	扒得那	巴都	日如那达	日如那达	
直译	放猪	大坪	坐着像大人	坐着像大人	
意译	他坐在放猪的大坪上，像个大人了，像大人了				
原句	哈基	哈尼那	午得那嘎	午得那嘎	
直译	十一（岁）	十二（岁）	能放马	能放马	
意译	十一二岁时能放马了，能放马了				
原句	午得那	巴都	日如那达	日如那达	
直译	放马	大坪	坐着像大人	坐着像大人	
意译	他坐在放马的大坪上，像个大人了，像大人了				
原句	泽得麦达	得说归			
直译	牧羊人	打了			
意译	禹弥格布把牧羊人打了				
原句	午得那麦达	阿查归	阿查那归		
直译	牧马人	压了	压了		
意译	禹弥格布把牧马人压在地上了				
原句	苦巴登勒	得日达那	得止哎		
直译	牧人们	说起来	很生气		
意译	牧人们说起他就很生气				
原句	白麻浊那	禹弥文	妈麻浊那	禹弥那文	

第二十四段：木尔勒儿（古羌唱经）

直译	没有父亲	（神名）	没有母亲	（神名）	
意译	禹弥格布没有父亲也没有母亲，你是从哪儿来的？				
原句	禹弥那格布	牙得那丙	牙得那丙		
直译	（神名）	有什么了不起	有什么了不起		
意译	你禹弥格布有什么了不起！有什么了不起！				
原句	禹弥那格布	止得喝那	止得喝那		
直译	（神名）	气饱了	气饱了		
意译	禹弥格布听了这些话气饱了，气饱了				
原句	页页	麦麦	白浊那		
直译	个个	人人	有父亲		
意译	每个人都有父亲				
原句	页页	麦麦	妈浊那		
直译	个个	人人	有母亲		
意译	每个人都有母亲				
原句	尕白那	尕妈	达给那扎	达给那扎	
直译	我父亲	我母亲	哪里去了	哪里去了	
意译	我的父母到哪里去了？到哪里去了？				
原句	尕白	古除	北马呀		
直译	我父亲	下落	要去找		
意译	我要去找父亲的下落				
原句	尕妈那	古除	北马那呀		
直译	我母亲	下落	要去找		
意译	我要去找母亲的下落				
原句	阿爸	白爷	哈则那	哈巴	瓦色那刮
直译	（尊称）	（神名）	短刀	大刀	借
意译	我要去阿爸白爷那儿借短刀和大刀				
原句	白爷那	第勒	得佐那给一		

直译	（神名）	妻子	去见		
意译	禹弥格布去见阿爸白爷的妻子				
原句	阿爸	白爷	哈则那	哈巴	内米那呀
直译	（尊称）	（神名）	短刀	大刀	知道吗
意译	您知道阿爸白爷的短刀和大刀在哪里吗？				
原句	白爷	第勒	得日达那	得止哎	
直译	（神名）	妻子	说起来	很生气	
意译	阿爸白爷的妻子说起来很生气				
原句	作啄比啄	尕地勒			
直译	和面做饭	我的事			
意译	和面做饭是我的事				
原句	哈则那	哈巴	尕米那呢	尕米那呢	
直译	短刀	大刀	我不知道	我不知道	
意译	他的短刀和大刀我不知道，我不知道				
原句	阿爸	白爷	基巴	子支	得佐那给一
直译	（尊称）	（神名）	大女儿	这个	去见
意译	禹弥格布又去见阿爸白爷的大女儿				
原句	恩	阿爸	白爷	哈则那	哈巴	内米那呀
直译	你	（尊称）	（神名）	短刀	大刀	知道吗
意译	你知道阿爸白爷的短刀和大刀在哪里吗？				
原句	阿爸	白爷	基巴	子支	得日达那	得止哎
直译	（尊称）	（神名）	大女儿	这个	说起来	很生气
意译	阿爸白爷的大女儿说起来很生气				
原句	作巴比勒	尕地勒			
直译	背水干活	我的事			
意译	背水干活是我的事				
原句	哈则那	哈巴	尕米那呢	尕米那呢	

第二十四段：木尔勒儿（古羌唱经）

直译	短刀	大刀	我不知道	我不知道		
意译	他的短刀和大刀我不知道，我不知道					
原句	阿爸	白爷	基朱	子支	得佐那给一	
直译	（尊称）	（神名）	二女儿	这个	去见	
意译	禹弥格布又去见阿爸白爷的二女儿					
原句	恩	阿爸	白爷	哈则那	哈巴	内米那呀
直译	你	（尊称）	（神名）	短刀	大刀	知道吗
意译	你知道阿爸白爷的短刀和大刀在哪里吗？					
原句	阿爸	白爷	基朱	子支	得日达那	得止哎
直译	（尊称）	（神名）	二女儿	这个	说起来	很生气
意译	阿爸白爷的二女儿说起来很生气					
原句	斯欸查支	尕地勒				
直译	砍柴揽叶子	我的事				
意译	砍柴揽叶子是我的事					
原句	哈则那	哈巴	尕米那呢	尕米那呢		
直译	短刀	大刀	我不知道	我不知道		
意译	他的短刀和大刀我不知道，我不知道					
原句	禹弥格布	阿爸	白爷	基则那	得佐那给一	
直译	（神名）	（尊称）	（神名）	小女儿	会见	
意译	禹弥格布又去见了阿爸白爷的小女儿					
原句	日指那住	日指那住				
直译	收买	收买				
意译	要收买她					
原句	〔石儿〕木哇那	日石喇叭	艾勒为			
直译	最好看的	（花名）	送给			
意译	他把最好看的"日石喇叭"花送给了她					
原句	恩	阿爸	白爷	哈则那	哈巴	内米那呀

直译	你	（尊称）	（神名）	短刀	大刀	知道吗
意译	你知道阿爸白爷的短刀和大刀在哪里吗？					

原句	阿爸	白爷	基则	子支	答布日达
直译	（尊称）	（神名）	小女儿	这个	开心地说
意译	阿爸白爷的小女儿开心地说				

原句	哈则那	哈巴	尕女那呢	尕女那呢
直译	短刀	大刀	我知道	我知道
意译	短刀和大刀在哪里我知道，我知道			

原句	擦格达都那	斯于那住
直译	仓房里	放在那里
意译	它们放在仓房那里	

原句	得格麦那	斯格取那	得给跟
直译	没人时	天蒙蒙亮时	去那里
意译	天蒙蒙亮，那里没有人的时候，你去那里		

原句	黑替那麻	黑替那麻
直译	拿出来	拿出来
意译	我给你拿出来，给你拿出来	

原句	斯格取那	得给一
直译	天蒙蒙亮时	去了
意译	天蒙蒙亮时禹弥格布去了	

原句	哈则那	哈巴	黑替那为
直译	短刀	大刀	拿出来
意译	阿爸白爷的小女儿把短刀和大刀拿出来了		

原句	塞斯那	塞亚文那	艾属那给
直译	三天	三夜	磨了
意译	禹弥格布把短刀和大刀磨了三天三夜		

原句	瓦斯那	瓦亚文那	艾属那给

第二十四段：木尔勒儿（古羌唱经）

直译　五天　　　五夜　　　　磨了
意译　磨了五天五夜
原句　**得斯那　　得亚文那　　艾属那给**
直译　七天　　　七夜　　　　磨了
意译　磨了七天七夜
原句　**作格塞格　　得火食**
直译　水府三官　　供奉了
意译　禹弥格布供奉了水府三官
原句　**至木　塞格　　得火食**
直译　星星　　三位　　供奉了
意译　又供奉了三位星神
原句　**五苦那　　塞格那　　得火食**
直译　土地神　　三位　　　供奉了
意译　又供奉了三位土地神
原句　**作格得巴　　哈得巴**
直译　背上背的　　大刀
意译　他背上大刀
原句　**亿巴那　　哈则　　得拾那**
直译　手上　　短刀　　拿
意译　手上拿着短刀
原句　**塞斯禹弥　　禹弥格布　　牙喜　　剋底**
直译　（地名）　　（神名）　　红岩　　下面
意译　"塞斯禹弥"的禹弥格布到红岩下面
原句　**作巴那麦叶那　　得佐那给一**
直译　背水的人　　　　去见
意译　他去见了背水的人
原句　**作巴麦勒　　作土那　　子支那　　得克那为**

直译	背水的人	水桶	这个	划烂
意译	他把背水人的水桶用刀划烂了			
原句	作巴麦勒	得日达那	得止哎	
直译	背水的人	说起来	很生气	
意译	背水的人说起来就很生气			
原句	择	基如	北麦	
直译	我们	媳妇	人	
意译	我们当媳妇的人			
原句	作土那	子支	内北那克	
直译	水桶	这个	为什么划烂	
意译	为什么划烂我们的水桶？			
原句	根达那	艾给那	麦出那呀	
直译	家里	进去	不敢	
意译	我们不敢回去了			
原句	恩则	作土	子支那	艾得那尺
直译	你	水桶	这个	弄好
意译	你必须把这个水桶给我弄好			
原句	禹弥格布	得日达那	得止哎	
直译	（神名）	说起来	很生气	
意译	禹弥格布说起来就很生气			
原句	尕白那	尕妈	内米那呀	
直译	我父	我母	知道吗	
意译	我父母的下落你们知道吗？			
原句	作巴麦勒	得日达那	得止哎	
直译	背水的人	说起来	很生气	
意译	背水的人说起来也很生气			
原句	恩白	恩妈	择米那	

直译　你父　　你母　　我们不知道
意译　你父母的下落我们不知道
原句　作土那　　子支那　　艾得那尺
直译　水桶　　　这个　　　弄好
意译　你一定要把水桶给我们弄好
原句　禹弥格布　　塔都那　　斯支那日　　斯那为
直译　（神名）　　腰部　　　打道箍　　　箍紧
意译　禹弥格布在水桶腰部打三道箍箍紧，把水桶弄好了
原句　格麻　　作土　　塞石　　麦外
直译　古时　　水桶　　三道　　没有
意译　古时的水桶没有三道箍
原句　自格北　　作土　　塞石那外
直译　如今　　　水桶　　有三道箍
意译　如今水桶有三道箍了
原句　禹弥格布　　知朱基都　　达达麦叶　　得佐那给一
直译　（神名）　　（地名）　　织布人　　　去见
意译　禹弥格布又去了"知朱基都"，见到了织布人
原句　亿巴　　得拾　　达须那　　　子支　　得牙那为
直译　手　　　拿　　　麻布命线　　这个　　割断了
意译　他用手拿起麻布命线割断了
原句　达达麦勒　　得日达那　　得止哎
直译　织布的人　　说起来　　　很生气
意译　织布的人说起来很生气
原句　达须　　　牙那　　择底文
直译　麻布命线　割　　　割我们
意译　你割断麻布命线就像杀了我们一样
原句　择　　达须那　　子支　　内北那牙

202

直译	我们	麻布命线	这个	为什么割
意译	为什么要割断我们的麻布命线？			
原句	恩白那	恩妈	择米那	
直译	你父	你母	我们不知道	
意译	你父母的下落我们不知道			
原句	择	达那	子支	艾得那尺
直译	我们	麻布	这个	弄好
意译	你必须把我们的麻布弄好			
原句	禹弥格布	哈巴哎	斯扎	达古那〔哈文〕
直译	（神名）	大刀	插了	麻布中层
意译	禹弥格布把大刀插进麻布中层			
原句	日革那	得拾	达巴那〔哈文〕	
直译	夹子	夹起	麻布的头	
意译	用夹子夹住麻布的头			
原句	日嘎那	得拾那	达须那	
直译	竹竿	连接起	麻布命线	
意译	用竹竿连接起麻布的命线			
原句	达勒那	得拾	都杂那〔哈文〕	
直译	麻线	穿过	拉手	
意译	用麻线穿过中层的拉手			
原句	达勒那	得拾	查儿那〔哈文〕	
直译	麻线	穿过	分层提手	
意译	又用麻线穿过分层提手			
原句	哈则那	得拾那	往拽	
直译	短刀	穿过	锤线刀	
意译	把短刀穿过去当作锤线刀			
原句	达勒那	得拾	查儿那〔哈文〕	

第二十四段：木尔勒儿（古羌唱经）

直译　麻线　　　穿过　　分层提手
意译　再次用麻线穿过分层提手
原句　**达勒那　　得拾　　都杂那〔哈文〕**
直译　麻线　　　穿过　　拉手
意译　再次用麻线穿过中层的拉手
原句　**格麻　　搭那　　出达〔格一〕　　说鲁文**
直译　古时　　直接　　织　　　　　　原始
意译　以前直接织麻布的方法要原始一些
原句　**自格　　达那　　格鲁那**
直译　如今　　麻布　　接头
意译　如今织麻布有接头了
原句　**格鲁那　　达那　　哈比那唯**
直译　接头　　　麻布　　就对了
意译　麻布有了接头就对了
原句　**禹弥格布　　给霍得思　　库西麦叶　　得佐那给一**
直译　（人名）　　（地名）　　放狗人　　　去见
意译　禹弥格布又去了"给霍得思"，见到了放狗人
原句　**格斯鲁　　尺斯鲁　　米苦尼**
直译　前面跑　　猎物来　　没有射
意译　禹弥格布没有射前面跑的猎物
原句　**秘斯作　　库斯鲁　　得苦那为**
直译　后面　　　狗来　　　射死了
意译　他射死了后面的猎狗
原句　**库西麦叶　　得日达那　　得止哎**
直译　放狗人　　　说起来　　　很生气
意译　放狗人说起来很生气
原句　**格斯鲁　　尺斯鲁　　米苦尼**

直译	前面跑	猎物来	没有射	
意译	猎物跑在前面你不射			
原句	秘斯作	库斯鲁	得苦那为	
直译	后面	狗来	射死了	
意译	却射死了后面追来的猎狗			
原句	尕库那	子支	得文那住	
直译	我的狗	这只	宝贝	
意译	我这只猎狗是宝贝			
原句	尕库那	子支	内北那苦	
直译	我的狗	这只	为什么射死	
意译	为什么射死我的这只猎狗？			
原句	塞斯禹弥	禹弥格布	得日达那	得止哎
直译	（地名）	（神名）	说起来	很生气
意译	"塞斯禹弥"的禹弥格布说起来很生气			
原句	尕白那	尕妈	内米那呀	
直译	我父	我母	知道吗	
意译	我父母的下落你知道吗？			
原句	库西那麦勒	得日达那	得止哎	
直译	放狗的人	说起来	很生气	
意译	放狗的人说起来很生气			
原句	恩白	恩妈	择女那	
直译	你父	你母	我们知道	
意译	你父母的下落我们知道			
原句	择库那	子支	得出那尺	
直译	我们的狗	这只	弄活	
意译	但是你要先弄活我们的猎狗.			
原句	塞那禹弥	禹弥格布	哈巴	得只

第二十四段：木尔勒儿（古羌唱经）

直译	（地名）	（神名）	大刀	抽出	
意译	"塞那禹弥"的禹弥格布抽出大刀				
原句	库部那	子支	艾迫为		
直译	狗肚子	这只	划开了		
意译	把狗的肚子划开了				
原句	勒巴那	日桌	递米那文		
直译	泥巴	捏	心脏		
意译	用泥巴捏成狗心				
原句	嘎竹那	日化	木斯那〔文一〕		
直译	露水	接来	作为气		
意译	用接来的露水生出的水汽作为狗的气				
原句	塔都那	塞爪	斯麻那为		
直译	腰上	三把	抹了		
意译	又在腰上抹了三把				
原句	胡得	恩库那	子支	得出那为	
直译	作法	你的狗	这只	活过来了	
意译	你的狗被我作法弄活了				
原句	尕白那	尕妈	黑依那尺		
直译	我父	我母	告诉		
意译	我父母的下落你要告诉我				
原句	恩白那	恩妈	黑依那呀		
直译	你父	你母	告诉		
意译	你父母的下落，我们告诉你				
原句	麦几阿古	得〔日阿〕住			
直译	（妖名）	吃了			
意译	妖魔"麦几阿古"吃了你的父母				
原句	麦几萨支	得〔日阿〕住			

直译	（妖名）	吃了	
意译	妖魔"麦几萨支"吃了你的父母		
原句	古哈格外	得〔日阿〕住	
直译	（妖名）	吃了	
意译	妖魔"古哈格外"吃了你的父母		
原句	泽喜米勒	得〔日阿〕住	
直译	（妖名）	吃了	
意译	妖魔"泽喜米勒"吃了你的父母		
原句	比如达外	得〔日阿〕住	
直译	（妖名）	吃了	
意译	妖魔"比如达外"吃了你的父母		
原句	巴替朱外	得〔日阿〕住	
直译	（妖名）	吃了	
意译	妖魔"巴替朱外"吃了你的父母		
原句	西哇依外	得〔日阿〕住	
直译	（妖名）	吃了	
意译	妖魔"西哇依外"吃了你的父母		
原句	地查塔外	得〔日阿〕住	
直译	（妖名）	吃了	
意译	妖魔"地查塔外"吃了你的父母		
原句	格都	拉乌哎	入根
直译	头上	乌鸦	拴了
意译	禹弥格布在头上拴了一只乌鸦		
原句	塔都那	库匹哎	阿如地
直译	腰上	白狗	系
意译	腰上系了一只白狗		
原句	内朱	地查哎	西根

第三十四段：木尔勒儿（古羌唱经）

直译	耳朵	蚂蚁	放了	
意译	耳朵上放了几只蚂蚁			
原句	古都	勒巴哎	古根	
直译	口	泥巴	含着	
意译	口中含些泥巴			
原句	塞斯	塞亚哎	于噶	
直译	三天	三夜	等	
意译	等了三天三夜			
原句	瓦斯	瓦亚哎	于噶	
直译	五天	五夜	等	
意译	等了五天五夜			
原句	瓦斯	木西	西古来	
直译	五天	太阳	很晒	
意译	五天的太阳好晒啊！			
原句	瓦亚那	暮义	义古那来	
直译	五夜	瞌睡	难熬	
意译	五夜的瞌睡难熬			
原句	塞斯禹弥	禹弥格布	库西勒尺那麦勒	得佐那给一
直译	（地名）	（神名）	放狗安索套的人	会见
意译	"塞斯禹弥"的禹弥格布又去见放狗安索套的猎人们			
原句	尕	塞斯那哎	塞亚文那哎	于那噶
直译	我	三天	三夜	等
意译	我等了三天三夜			
原句	尕	瓦斯那	瓦亚哎	于那嘎
直译	我	五天	五夜	等
意译	我又等了五天五夜			
原句	得日阿日	米鲁住		

直译	（妖名）	没有来		
意译	妖魔"得日阿日"没有来			
原句	特阿那阿阿	米鲁那住		
直译	（妖名）	没有来		
意译	妖魔"特阿阿阿"没有来			
原句	库西勒尺麦勒	得日达那	得止哎	
直译	放狗安索套的人	说起来	很生气	
意译	放狗安索套的猎人说起来很生气			
原句	恩	得斯那	得亚哎	于那噶
直译	你	七天	七夜	等
意译	你去等七天七夜			
原句	塞斯禹弥	禹弥格布	得斯那哎	得亚文哎	于噶
直译	（地名）	（神名）	七天	七夜	等
意译	"塞斯禹弥"的禹弥格布又等了七天七夜				
原句	得日阿日	鲁于住	特阿阿阿	鲁于住
直译	（妖名）	来了	（妖名）	来了
意译	妖魔"得日阿日"来了，妖魔"特阿阿阿"来了			
原句	麦几阿古	鲁于住	麦几萨支	鲁于住
直译	麦几阿古	来了	麦几萨支	来了
意译	妖魔"麦几阿古"来了，妖魔"麦几萨支"来了			
原句	古哈格外	鲁于住	泽喜米勒	鲁于住
直译	（妖名）	来了	（妖名）	来了
意译	妖魔"古哈格外"来了，妖魔"泽喜米勒"来了			
原句	巴替朱外	鲁于住	比如达外	鲁于住
直译	（妖名）	来了	（妖名）	来了
意译	妖魔"巴替朱外"来了，妖魔"比如达外"来了			
原句	地查塔外	鲁于住	西哇依外	鲁于住

第二十四段：木尔勒儿（古羌唱经）

直译　（妖名）　　来了　　　（妖名）　　　来了
意译　妖魔"地查塔外"来了，妖魔"西哇依外"来了
原句　格依　　阿爪　　　阿爪那哇
直译　头上　　第一把　　抓住
意译　妖魔第一把抓了禹弥格布的头部
原句　麦石那麦利　　〔地于〕那〔你牙〕
直译　要死不活的　　已经是
意译　它们认为禹弥格布已经是一个要死不活的人了
原句　塔都那　　依爪　　阿爪那哇
直译　腰上　　　第二把　抓住
意译　妖魔第二把抓了禹弥格布的腰部
原句　麦石那麦利　　〔地于〕那〔你牙〕
直译　要死不活的　　已经是
意译　它们认为禹弥格布已经是一个要死不活的人了
原句　拄都那　　塞爪　　阿爪那哇
直译　腿上　　　第三把　抓住
意译　妖魔第三把抓了禹弥格布的腿
原句　麦石那麦利　　〔地于〕那〔你牙〕
直译　要死不活的　　已经是
意译　它们认为禹弥格布已经是一个要死不活的人了
原句　恩白那　　恩妈　　择　　　得〔日阿〕
直译　你父　　　你母　　我们　　吃了
意译　你的父母是我们吃的
原句　恩　　择那　　古格　　给王〔你牙〕
直译　你　　我们　　口中　　去吧
意译　你也去做我们口中的肉吧
原句　内地那　　巴都　　得火那〔你牙〕

直译	送魂	大坪	躺在这里	
意译	妖魔躺在送魂大坪上了			
原句	得过沙	得过沙		
直译	开始	开始		
意译	开始了，开始了！			
原句	塞那得斯	禹弥格布	哈巴	得只	杀麻依呀
直译	（地名）	（神名）	大刀	抽出	要杀
意译	"塞那得斯"的禹弥格布抽出大刀，要杀掉妖魔们				
原句	阿杀日杀	莫尔日杀呀		
直译	第一刀杀去	杀得妖魂飞散		
意译	第一刀杀去，杀得妖魂飞散			
原句	依杀日杀	莫尔日杀呀		
直译	第二刀杀去	杀得妖魂飞散		
意译	第二刀杀去，杀得妖魂飞散			
原句	塞杀日杀	莫尔日杀呀		
直译	第三刀杀去	杀得妖魂飞散		
意译	第三刀杀去，杀得妖魂飞散			
原句	麦几阿古	麦几萨支	扑麻依呀	
直译	（妖名）	（妖名）	要逃走	
意译	妖魔"麦几阿古""麦几萨支"想要逃走			
原句	禹弥格布	尺麻依呀		
直译	禹弥格布	要追杀		
意译	禹弥格布要去追杀它们			
原句	低喜那	日拙哦	莫尔日爪呀	
直译	见血	抓住	妖爪	
意译	禹弥格布抓住一只带血的妖爪			
原句	特了那	哈鲁哎	地住呀	

第三十四段：木尔勒儿（古羌唱经）

直译	它们		出来		追上了
意译	它们出来了，禹弥格布追上了				
原句	莫尔羽文那		莫尔羽文呀		
直译	鸡妖		鸡妖		
意译	是鸡妖，是鸡妖				
原句	莫尔羽文那	哈巴		得只	杀麻依呀
直译	鸡妖	大刀		抽出	要杀
意译	禹弥格布抽出大刀要杀了鸡妖				
原句	羽格那哎	取		莫尔格	取呀
直译	鸡头	砍下		妖头	砍下
意译	砍下鸡头就是砍下妖头				
原句	羽部哎	化		莫尔部	化呀
直译	鸡肚	剖开		妖肚	剖开
意译	剖开鸡肚就是剖开妖肚				
原句	羽萨哎	雨		莫尔萨	雨呀
直译	鸡血	放		妖血	放
意译	放鸡血就是放妖血				
原句	羽拄	底		莫尔拄	底呀
直译	鸡脚	剁了		妖脚	剁了
意译	剁了鸡脚就是剁了妖脚				
原句	者马者麦		羽格		取呀
直译	儿子的心意		鸡头		砍下
意译	砍下鸡头代表儿子的心意				
原句	者马者麦		羽部		化呀
直译	儿子的心意		鸡肚		剖开
意译	剖开鸡肚代表儿子的心意				
原句	者马者麦		羽萨		雨呀

直译	儿子的心意		鸡血	放	
意译	放鸡血代表儿子的心意				
原句	者马者麦		羽拄	底呀	
直译	儿子的心意		鸡脚	剁了	
意译	剁下鸡脚代表儿子的心意				
原句	黑依麦日		特麦日呀		
直译	说来不易		真不容易		
意译	说来不易，真不容易				
原句	优那罗毕		则得苏呀		
直译	狡猾		跳上岩台		
意译	妖魔很狡猾，跳到岩台上去了				
原句	优那罗毕		土得苏呀		
直译	狡猾		跳到那儿		
意译	妖魔很狡猾，跳到那儿去了				
原句	塞那禹弥	禹弥格布	哈巴	得只	杀麻依呀
直译	（地名）	（神名）	大刀	抽出	要杀
意译	"塞那禹弥"的禹弥格布抽出大刀，要杀妖魔				
原句	古哈格外	泽喜米勒	扑麻依呀		
直译	（妖名）	（妖名）	要逃走		
意译	妖魔"古哈格外""泽喜米勒"想要逃走				
原句	牙喜	剋底	巴麻依呀		
直译	红岩	下面	躲起来		
意译	它们躲在红岩下面了				
原句	塞勒禹弥	禹弥格布	尺麻依呀		
直译	（地名）	（神名）	要追杀		
意译	"塞勒禹弥"的禹弥格布要去追杀它们				
原句	牙喜	剋底	得给卓呀		

第二十四段：木尔勒儿（古羌唱经）

直译	红岩	下面	过去	
意译	禹弥格布往红岩下面追过去			
原句	地戈那	格底	希纱希呀	
直译	木梯	上面	木棒	
意译	他搭上木梯，又在木梯上绑上木棒			
原句	希纱	格底	擦自希呀	
直译	木棒	上面	木杆	
意译	在木棒上面绑木杆			
原句	擦自	格底	迈得式	
直译	木杆	上面	木枪	
意译	在木杆上面绑木枪			
原句	特了	哈鲁哎	地住呀	
直译	它们	出来	追上了	
意译	它们出来了，禹弥格布追上了			
原句	莫儿泽文那	莫儿泽文呀		
直译	羊妖	羊妖		
意译	是羊妖，是羊妖			
原句	莫儿泽文那	哈巴	得只	杀麻依呀
直译	羊妖	大刀	抽出	要杀
意译	禹弥格布抽出大刀要杀了羊妖			
原句	泽格那哎	取	莫尔格	取呀
直译	羊头	砍下	妖头	砍下
意译	砍下羊头就是砍下妖头			
原句	泽部哎	化	莫尔部	化呀
直译	羊肚	剖开	妖肚	剖开
意译	剖开羊肚就是剖开妖肚			
原句	泽萨哎	雨	莫尔萨	雨呀

直译	羊血 放	妖血 放		
意译	放羊血就是放妖血			
原句	泽拄哎 底	莫尔拄 底呀		
直译	羊脚 剁了	妖脚 剁了		
意译	剁了羊脚就是剁了妖脚			
原句	者马者麦	泽格 取呀		
直译	儿子的心意	羊头 砍下		
意译	砍下羊头代表儿子的心意			
原句	者马者麦	泽部 化呀		
直译	儿子的心意	羊肚 剖开		
意译	剖开羊肚代表儿子的心意			
原句	者马者麦	泽萨 雨呀		
直译	儿子的心意	羊血 放		
意译	放羊血代表儿子的心意			
原句	者马者麦	泽拄 底呀		
直译	儿子的心意	羊足 剁了		
意译	剁下羊脚代表儿子的心意			
原句	黑依麦日	特麦日呀		
直译	说来不易	真不容易		
意译	说来不易，真不容易			
原句	优那罗毕	则得苏呀		
直译	狡猾	跳上岩台		
意译	妖魔很狡猾，跳到岩台上去了			
原句	优那罗毕	土得苏呀		
直译	狡猾	跳到那儿		
意译	妖魔很狡猾，跳到那儿去了			
原句	塞那禹弥	禹弥格布	哈巴 得只	杀麻依呀

直译	（地名）	（神名）		大刀	抽出	要杀
意译	"塞那禹弥"的禹弥格布抽出大刀要杀妖魔					
原句	比如达外	巴替朱外	扑麻依呀			
直译	（妖名）	（妖名）	要逃跑			
意译	妖魔"比如达外""巴替朱外"想要逃走					
原句	居作	剋底	巴麻依呀			
直译	河水	下面	躲起来			
意译	它们躲进水里了					
原句	禹弥格布	尺麻依呀				
直译	（神名）	要追杀				
意译	禹弥格布要去追杀它们					
原句	居作	格底	筏子希呀			
直译	河水	上面	筏子			
意译	他踏着筏子在河上追					
原句	筏子	格底	席插下呀			
直译	筏子	上面	放武器			
意译	筏子上面放着武器					
原句	席查	格底	迈得式呀			
直译	武器	上面	木枪			
意译	武器上面放着木枪					
原句	特了那	哈鲁哎	地住呀			
直译	它们	出来	追上了			
意译	它们出来了，禹弥格布追上了					
原句	莫尔扒文那	莫尔扒文呀				
直译	猪妖	猪妖				
意译	是猪妖，是猪妖					
原句	莫尔扒文那	哈巴	得只	杀麻依呀		

直译	猪妖	大刀	抽出	要杀
意译	禹弥格布抽出大刀要杀了猪妖			
原句	扒格哎	取	莫尔格那	取呀
直译	猪头	砍下	妖头	砍下
意译	砍下猪头就是砍下妖头			
原句	扒部哎	化	莫尔部	化呀
直译	猪肚	剖开	妖肚	剖开
意译	剖开猪肚就是剖开妖肚			
原句	扒萨哎	雨	莫尔萨	雨呀
直译	猪血	放	妖血	放
意译	放猪血就是放妖血			
原句	扒挂哎	底	莫尔挂	底呀
直译	猪脚	剁了	妖脚	剁了
意译	剁了猪脚就是剁了妖脚			
原句	者马者麦	扒格	取呀	
直译	儿子的心意	猪头	砍	
意译	砍下猪头代表儿子的心意			
原句	者马者麦	扒部	化呀	
直译	儿子的心意	猪肚	剖开	
意译	剖开猪肚代表儿子的心意			
原句	者马者麦	扒萨	雨呀	
直译	儿子的心意	猪血	放了	
意译	放猪血代表儿子的心意			
原句	者马者麦	扒挂	底呀	
直译	儿子的心意	猪脚	剁	
意译	剁下猪脚代表儿子的心意			
原句	黑依麦日	特麦日呀		

直译	说来不易	真不容易			
意译	说来不易，真不容易				
原句	优那罗毕	则得苏呀			
直译	狡猾	跳上岩台			
意译	妖魔很狡猾，跳到岩台上去了				
原句	优那罗毕	土得苏呀			
直译	狡猾	跳到那儿			
意译	妖魔很狡猾，跳到那儿去了				
原句	塞那禹弥	禹弥格布	哈巴	得只	杀麻依呀
直译	（地名）	（神名）	大刀	抽出	要杀
意译	"塞那禹弥"的禹弥格布抽出大刀要杀妖魔				
原句	西哇依外	地查塔外	扑马依呀		
直译	（妖名）	（妖名）	要逃走		
意译	妖魔"西哇依外""地查塔外"想要逃走				
原句	植各那达都	巴麻依呀			
直译	沙棘林中	躲起来			
意译	它们躲进沙棘林中去了				
原句	塞那禹弥	禹弥格布	尺麻依呀		
直译	（地名）	（神名）	要追杀		
意译	"塞那禹弥"的禹弥格布要去追杀它们				
原句	植各	日骨	莫尔	日骨呀	
直译	沙棘林	藏	妖魔	藏	
意译	妖魔藏进沙棘林里了				
原句	植各哎	取	莫尔	黑类呀	
直译	沙棘林	砍	妖魔	露出	
意译	禹弥格布把沙棘林砍了，妖魔露出来了				
原句	特了	哈鲁哎	地住呀		

直译	它们	出来	追上去	
意译	它们出来了，禹弥格布追上了			
原句	莫尔库文那	莫尔库文呀		
直译	狗妖	狗妖		
意译	是狗妖，是狗妖			
原句	莫尔库文那	哈巴	得只	杀麻依呀
直译	狗妖	大刀	抽出	要杀
意译	禹弥格布抽出大刀要杀了狗妖			
原句	库格哎	取	莫尔格那	取呀
直译	狗头	砍下	妖头	砍下
意译	砍下狗头就是砍下妖头			
原句	库部哎	化	莫尔部	化呀
直译	狗肚	剖开	妖肚	剖开
意译	剖开狗肚就是剖开妖肚			
原句	库萨哎	雨	莫尔萨	雨呀
直译	狗血	放	妖血	放
意译	放狗血就是放妖血			
原句	库拄哎	底	莫尔拄	底呀
直译	狗脚	剁了	妖脚	剁了
意译	剁了狗脚就是剁了妖脚			
原句	者马者麦	库格	取呀	
直译	儿子的心意	狗头	砍下	
意译	砍下狗头代表儿子的心意			
原句	者马者麦	库部	化呀	
直译	儿子的心意	狗肚	剖开	
意译	剖开狗肚代表儿子的心意			
原句	者马者麦	库萨	雨呀	

第二十四段：木尔勒儿（古羌唱经）

直译	儿子的心意		狗血	放
意译	放狗血代表儿子的心意			
原句	者马者麦		库拄	底呀
直译	儿子的心意		狗脚	剁下
意译	剁下狗脚代表儿子的心意			
原句	刷呀	刷呀		刷呀
直译	念（咒语）	念（咒语）		念（咒语）
意译	念咒语、念咒语、念咒语			
原句	麦儿哎阿古	勒则哎		刷呀
直译	（妖名）	祭祀		念（咒语）
意译	做祭祀念咒语，咒伏妖魔"麦儿阿古"			
原句	麦儿那萨支	勒则哎		刷呀
直译	（妖名）	祭祀		念（咒语）
意译	做祭祀念咒语，咒伏妖魔"麦儿萨支"			
原句	古哈那格外	勒则哎		刷呀
直译	（妖名）	祭祀		念（咒语）
意译	做祭祀念咒语，咒伏妖魔"古哈格外"			
原句	泽喜那米勒	勒则哎		刷呀
直译	（妖名）	祭祀		念（咒语）
意译	做祭祀念咒语，咒伏妖魔"泽喜米勒"			
原句	巴替那朱外	勒则哦		刷呀
直译	（妖名）	祭祀		念（咒语）
意译	做祭祀念咒语，咒伏妖魔"巴替朱外"			
原句	比如那达外	勒则哎		刷呀
直译	（妖名）	祭祀		念（咒语）
意译	做祭祀念咒语，咒伏妖魔"比如达外"			
原句	西哇哦依外	勒则哦		刷呀

直译	（妖名）	祭祀	念（咒语）
意译	做祭祀念咒语，咒伏妖魔"西哇依外"		
原句	地查哦塔外	勒则哦	刷呀
直译	（妖名）	祭祀	念（咒语）
意译	做祭祀念咒语，咒伏妖魔"地查塔外"		
原句	巫度依那	黑支哦尺那	勒则哦	刷呀
直译	邪魔	镇伏下去	祭祀	念（咒语）
意译	做祭祀念咒语，要把邪魔镇伏下去			
原句	阿度哦文那	艾给哦尺呀		
直译	秽物	埋下去		
意译	把秽物埋下去			

文解

木尔勒儿：木尔——羌人，勒儿——唱的，合起来可译为"古羌唱经"，实际内容讲述的是"禹弥格布"的英雄事迹。这段唱经是本书中篇幅最长的，也是内容相对最完整、故事性最强的一段唱经。这段唱经是比在做驱逐妖魔的法事时唱的，在招凶魂时要连唱三遍。其中一些地名（塞斯禹弥等）、妖名（得日阿日等）还有待研究，也似有个别遗漏的语句，但整体上已经很完整了，生动地刻画出了禹弥格布的英雄形象。

第二十五段：萨花
（血祭唱经）

原句　萨花

直译　血祭

意译　血祭唱经

原句　萨　　地多米　　地多文

直译　血　　传说　　　传说

意译　血祭的传说

原句　萨　　白爷米　　　白爷文

直译　血　　（神名）　　（神名）

意译　血祭在白爷神时期就有了

原句　萨　　如罗米　　如罗王

直译　血　　起源　　　起源

意译　这就是血祭的起源

原句　萨　　出麦出　　出麦出呀

直译　血　　流传　　　流传

意译　从此血祭就传了下来

原句　恩女依那　　作格哦

直译　你自己　　　背影

意译　从你的背影来看

原句　阿巴依那　　赤刷哦　　麻达尺外

直译　最大　　　　八十　　　不像

意译　最大也不像八十岁

原句　得刷哦　　个得

直译　七十　　　左右

意译　七十左右吧

原句　哇格那哦　　苦鲁　　比麻尺外

直译	山上	死去	好像	
意译	好像是在山上死去的			
原句	子不那哦	子支哎	鲁依那	
直译	今年	这事	来	
意译	今年这事又发生了			
原句	哈帕依那	瓦刷哦	个得	
直译	恐怕	五十	左右	
意译	恐怕是五十岁左右			
原句	麻达尺外	勒呀	勒呀	
直译	不像	有了	有了	
意译	不像是这样，有了有了			
原句	阿则依那	只刷	个得	
直译	最小	四十	左右	
意译	最小就四十岁左右			
原句	比麻尺外	文呀	文呀	
直译	好像	对了	对了	
意译	好像对了，对了			
原句	塞不黑特	比麻尺外		
直译	三年之内	好像		
意译	好像是三年之内的事情			
原句	日达哦	勒麦	恩女依那	
直译	说	有人	你自己	
意译	有人说是你自己			
原句	作苏哦	比麻尺外		
直译	跳河	好像		
意译	好像是跳河的事情			
原句	哈帕依那	得刷哦	个得	

直译	恐怕	七十	左右	
意译	恐怕是七十岁左右			
原句	麻达尺外	勒呀	勒呀	
直译	不像	有了	有了	
意译	不像是这样，有了有了			
原句	阿则依那	瓦刷哦	个得	
直译	最小	五十	左右	
意译	最小就五十岁左右			
原句	比麻尺外	文呀	文呀	
直译	好像	对了	对了	
意译	好像对了，对了			
原句	勒尼那哦	斯迫	比麻尺外	
直译	黑泥	痕迹	好像	
意译	好像在黑泥上留下了痕迹			
原句	日达哦	鲁那	作格比支	
直译	说	回来	在水中	
意译	话又说回来，是在水中出的事			
原句	麻达知外	勒呀	勒呀	
直译	不像	有了	有了	
意译	不像是这样，有了有了			
原句	艾巴依那	比麻尺外	文呀	
直译	再大	好像	对了	
意译	好像再大一点就对了			
原句	麻达尺外	勒呀	勒呀	
直译	不像	有了	有了	
意译	不像是这样，有了有了			
原句	阿则依那	竹刷哦		

第二十五段：萨花（血祭唱经）

直译　最小　　　　六十
意译　最小就是六十岁
原句　竹刷哦　　个得　　比麻尺外　　文呀　　文呀
直译　六十　　　　左右　　好像　　　　对了　　对了
意译　好像六十岁左右，对了对了
原句　扑格哦　　斯哈　　比麻尺外　　文呀　　文呀
直译　树叶　　　发芽　　好像　　　　对了　　对了
意译　好像是在树木发芽的时候，对了对了

注释

萨花：血祭，本段唱经即"血祭唱经"。这段唱经较为费解，需要结合实际应用场景来理解。当羌寨中有人突发"怪病"，人们就会认为其是被"游魂""凶魂"附体了，要请比来"驱邪""治病"。比来到主家以后，做一些准备工作，唱一些相关唱经，然后就对着一碗净水唱这段经，"算出凶魂"，确定以后，再用鸡、羊等动物的血来举行血祭仪式，将"游魂""凶魂"送走。实际应用时要增加许多有针对性的内容，而且可能会"算"多次，有时"算"和唱经的过程长达两个小时。

第二十六段：卡息
（插小彩旗唱经）

原句	卡	息		
直译	小彩旗	插		
意译	插小彩旗唱经			
原句	卡	地多米	地多文	
直译	小彩旗	传说	传说	
意译	小彩旗的传说			
原句	卡	白爷米	白爷文呀	
直译	小彩旗	(神名)	(神名)	
意译	小彩旗在白爷神时期就有了			
原句	木哈俄布	斯哈塞得	日支吕外	卡息麻
直译	(山名)	树叶发芽	望见	插小彩旗
意译	望见"木哈俄布"山上的树叶发芽了,就可以插小彩旗了			
原句	纳萨那	卡息麻		
直译	纳萨塔	插小彩旗		
意译	纳萨塔上要插小彩旗			
原句	木尼俄布	斯尼塞得	日支吕外	卡息麻
直译	(山名)	树叶变黄	望见	插小彩旗
意译	望见"木尼俄布"山上的树叶变黄了,就可以插小彩旗了			
原句	勒阿	阿窝那	卡息麻	
直译	杉树	一棵	插小彩旗	
意译	要找一颗杉树,用来插小彩旗			
原句	木匹俄布	斯匹塞得	日支吕外	卡息麻
直译	(山名)	没有叶子	望见	插小彩旗
意译	望见"木匹俄布"山上的树没有叶子了,就可以插小彩旗了			

原句	卡	外塞	驻息麻
直译	小彩旗	发出响声	插小彩旗
意译	插上小彩旗以后彩旗在风中作响		

原句	阿古达都	格日苏日	勒于住呀
直译	一家之中	昏头昏脑	有了
意译	一家之中有人昏头昏脑的		

原句	格五苏五哦	勒于住呀
直译	疯头疯脑	有了
意译	有人疯头疯脑的	

原句	石沙依那	巴牙哦	勒于住呀
直译	干坏事	说坏话	有了
意译	有人干坏事、说坏话		

原句	斯尺依那	斯哇啊	勒于住呀
直译	上吊	自缢	有了
意译	有人上吊自缢		

原句	斯特作那	勒于住呀
直译	服毒	有了
意译	有人服毒	

原句	艾鲁依那	尼本	勒于住呀
直译	进来	甜言蜜语	有了
意译	有人进门就说甜言蜜语		

原句	黑给依那	巫本哦	勒于住呀
直译	出去	搬弄是非	有了
意译	有人出门就搬弄是非		

原句	尼叶依那	勒勒	勒于住呀

直译	家业	霸占	有了	
意译	有人霸占家业			
原句	石几哦	勒勒	勒于住呀	
直译	家产	霸占	有了	
意译	有人霸占家产			
原句	屋支内格	白那者	得扑哈呀	
直译	堂屋	父子	商量了	
意译	堂屋上父子商量了			
原句	屋苏斯格	妈那基那哦	得扑哈呀	
直译	里屋	母女	商量了	
意译	里屋中母女商量了			
原句	尔勒西都	尼娲比依那	得五住呀	
直译	（地名）	（比名）	请动了	
意译	请动了"尔勒西都"的"尼娲"比			
原句	作格巴依	得五住呀		
直译	（神名）	请动了		
意译	请动了"作格巴依"神			
原句	斯麻巴依哦	得五住呀		
直译	（神名）	请动了		
意译	请动了"斯麻巴依"神			
原句	朱那巴依	得五住呀		
直译	（神名）	请动了		
意译	请动了"朱那巴依"神			
原句	支月巴依	得五住呀		
直译	（神名）	请动了		

意译	请动了"支月巴依"神		
原句	若苦巴依哦	得五住呀	
直译	（神名）	请动了	
意译	请动了"若苦巴依"神		
原句	黑去巴依	得五住呀	
直译	（神名）	请动了	
意译	请动了"黑去巴依"神		
原句	妈那基哦	艾特住	
直译	母女	和睦	
意译	母亲和女儿之间关系和睦了		
原句	白那者哦	艾特住	
直译	父子	和睦	
意译	父亲和儿子的关系也和睦了		
原句	石沙依那	巴牙	勒麦
直译	干坏事	说坏话	有人
意译	有人干坏事、说坏话		
原句	米嘎依那	米扎哦	勒麦
直译	欺凌别人	笑话别人	有人
意译	有人欺凌别人、笑话别人		
原句	作顷依那	格弟	勒麦
直译	跳水	跳崖	有人
意译	有人跳水跳崖		
原句	州主城隍	得五住呀	
直译	（神名）	请动了	
意译	请动了"州主城隍"		

第二十六段：卡息（插小彩旗唱经）

原句	县主城隍	得五住呀	
直译	（神名）	请动了	
意译	请动了"县主城隍"		
原句	十殿阎君	得五住呀	
直译	（神名）	请动了	
意译	请动了"十殿阎君"		
原句	坪神帝王	得五住呀	
直译	（神名）	请动了	
意译	请动了"坪神帝王"		
原句	东岳大帝	得五住呀	
直译	（神名）	请动了	
意译	请动了"东岳大帝"		
原句	塞斯比那	沙不比侬	得五住呀
直译	（比名）	（神名）	请动了
意译	请动了"塞斯比"和"沙不比"神		
原句	扑则扑衣	扑巴扑衣	得五住呀
直译	（神名）	（神名）	请动了
意译	请动了"扑则扑衣"神和"扑巴扑衣"神		
原句	吴二爷哦	得五住呀	
直译	（神名）	请动了	
意译	请动了"吴二爷"		
原句	白游神	得五住呀	
直译	（神名）	请动了	
意译	请动了"白游神"		
原句	夜游神	得五住呀	

直译	（神名）		请动了	
意译	请动了"夜游神"			
原句	巫度	黑支	比于住呀	
直译	邪魔	镇伏	好了	
意译	把邪魔镇伏就好了			
原句	阿度文那		艾给住呀	
直译	秽物		埋葬	
意译	把秽物埋掉呀			
原句	日巴	塞则	日地古做	比于住呀
直译	大首领	三位	首领达成一致	好了
意译	三位大首领达成一致就好了			
原句	日古	艾责	比于住呀	
直译	首领嘴	少说	好了	
意译	首领可以少说就好了			
原句	比巴	塞则	比地古做	比于住呀
直译	大比	三位	比达成一致	好了
意译	三位大比达成一致就好了			
原句	比古	艾责	比于住呀	
直译	比嘴	少说	好了	
意译	比可以少说就好了			

文解

卡息：卡——碉楼房顶四角纳萨上的小彩旗，息——插，合起来即"插碉楼房顶四角纳萨上的小彩旗唱经"，意译为"插小彩旗唱经"。从山上采回干净的杉树枝，做成五寸长的杆，绑上五色彩旗，称为"卡"，专用来插在碉楼房顶四角的纳萨上。从山上挖回整棵杉树，做成杉树杆，绑上五层五色彩旗，称为"驻"，用来做大祭祀或插在碉楼房顶正中的纳格西上。羌族传统房屋上都有"驻"和"卡"，新房子盖好以后就要准备"驻""卡"，请比来家里做法事活动，边唱《驻息》《卡息》，边插上"驻"和"卡"，同时还要请十二位德高望重的人"作保"。以后的生活中，如果家里或寨中经常发生"不吉利的事情"，就要更换"驻"和"卡"，此时也要唱这两段经。祭山神前，人们都要在家里做五彩旗，然后把五彩旗带到山神塔前。祭祀时，人们把自己带来的旗子沾上鸡血、羊血以及法水。祭祀完毕，再将五彩旗带回家，插在自家田地的中间或屋顶，祈求神灵保佑全家平安，五谷丰登。

第二十七段：驻息
（插大彩旗唱经）

235

原句	驻	息		
直译	大彩旗	插		
意译	插大彩旗唱经			
原句	驻	地多米那	地多文	
直译	大彩旗	传说	传说	
意译	大彩旗的传说			
原句	驻	白爷米	白爷文	
直译	大彩旗	（神名）	（神名）	
意译	大彩旗在白爷神时期就有了			
原句	驻	如罗米	如罗王	
直译	大彩旗	起源	起源	
意译	这就是大彩旗的起源			
原句	驻	出麦出	出麦出	
直译	大彩旗	流传	流传	
意译	从此大彩旗传了下来			
原句	木哈俄布	斯哈塞得	日支吕外	驻息麻
直译	（山名）	树叶发芽	望见	插大彩旗
意译	望见"木哈俄布"山上的树叶发芽了，就可以插大彩旗了			
原句	纳萨那	驻息麻		
直译	纳萨塔	插大彩旗		
意译	纳萨塔上要插大彩旗			
原句	木尼俄布	斯尼塞得	日支吕外	驻息麻
直译	（山名）	树叶变黄	望见	插大彩旗
意译	望见"木尼俄布"山上的树叶变黄了，就可以插大彩旗了			
原句	勒阿	阿窝那	驻息麻	
直译	杉树	一棵	插大彩旗	

意译	要找一棵杉树,用来插大彩旗			
原句	木匹俄布	斯匹塞得	日支吕外	驻息麻
直译	(山名)	没有叶子	望见	插大彩旗
意译	望见"木尼俄布"山上的树没有叶子了,就可以插大彩旗了			
原句	驻	外塞	驻息麻	
直译	大彩旗	发出响声	插大彩旗	
意译	插上大彩旗以后彩旗在风中作响			
原句	哦	古儿	俄楚	子文住
直译	哦	正气	树起	就这样
意译	哦,正气就这样竖起来了			
原句	纳萨	达〔入阿〕	子文住	
直译	纳萨杆	立起	就这样	
意译	纳萨杆就这样立起来了			
原句	英木	日何	嘎拉	日何哈
直译	太阳	保佑	(神名)	保佑
意译	太阳神保佑,"嘎拉"神保佑			
原句	麦巴	剋底	麦则	黑如
直译	大人	底下	小孩	成长
意译	大人之后有小孩在成长			
原句	扑巴	剋底	扑则	黑如
直译	大树	底下	小树	生长
意译	大树底下有小树在生长			
原句	哦	国啊	巴得	日大轮
直译	哦	愿	供品	领受
意译	哦,还愿之后,神们要来领受供品			
原句	国啊	驻息	比于住啊	
直译	愿	插大彩旗	好了	

第二十七段:驻息(插大彩旗唱经)

意译　插大彩旗还愿就好了

文解

驻息：驻——大彩旗，息——插，合起来即"插大彩旗唱经"。

第二十八段：洒于惹
（压邪唱经）

原句　洒于惹
直译　压住邪气
意译　压邪唱经

原句　木那个　　夸那　　都斯哟　　刷刷雷哟
直译　天空　　　凤　　　凰　　　　跳舞
意译　天空中凤凰齐舞

原句　夸那　　都支　　外塞　　洒哎若呀
直译　凤　　　凰　　　鸣叫　　（仪式名）
意译　做"洒哎若"时凤凰齐鸣

原句　萨居哎　　　　惹　　巫度〔日阿〕
直译　主持还愿的居　唱经　驱邪
意译　主持还愿的居唱经驱邪

原句　萨居哎　　　　惹　　巫度查
直译　主持还愿的居　唱经　镇邪
意译　主持还愿的居唱经镇邪

原句　擦玛孜之　　白日白格　　给一
直译　（人名）　　番人的地方　去
意译　擦玛孜之去了番人的地方

原句　白日白格　　白者者斯　得木　得木　达得木
直译　番人的地方　番王　　　找　　找　　找到了
意译　他到番人的地方要见番王，找呀找，找到了

原句　女达　　得未儿哟　萨得白
直译　毡帽子　漂亮　　　还愿
意译　番王戴着漂亮的毡帽子参加还愿

原句　萨　　达文　　鲁　　牙麦文
直译　愿　　毡帽子　来　　可以了
意译　戴上毡帽子来参加还愿就可以了

原句	女达	五鲁	牙麦文	
直译	毡帽子	来	可以了	
意译	戴毡帽子来就可以了			
原句	擦玛孜之	木尔日木尔格	给一	
直译	（人名）	羌人的地方	去	
意译	擦玛孜之又去了羌人的地方			
原句	木尔日木尔格	木尔者者斯	得木	得木	达得木
直译	羌人的地方	羌王	找	找	找到了
意译	他到羌人的地方要见羌王，找啊找，找到了				
原句	鲁古	得未儿哟	萨得白	
直译	麻布衣服	漂亮	还愿	
意译	羌王穿着漂亮的麻布衣服参加还愿			
原句	萨	数不文	鲁	牙麦文
直译	愿	麻布衣服	来	可以了
意译	穿上麻布衣服来参加还愿就可以了			
原句	数不	五鲁	牙麦文	
直译	麻布衣服	来	可以了	
意译	穿麻布衣服来就可以了			
原句	擦玛孜之	尔日尔格	给一	
直译	（人名）	汉人的地方	去	
意译	擦玛孜之又去了汉人的地方			
原句	尔日尔格	尔者者斯	得木	得木	达得木
直译	汉人的地方	汉王	找	找	找到了
意译	他到汉人的地方要见汉王，找啊找，找到了				
原句	那柱	得未儿哟	萨得白	
直译	靴子	漂亮	还愿	
意译	汉王穿着漂亮的靴子参加还愿			
原句	萨	柱文	鲁	牙麦文

第二十八段：洒于惹（压邪唱经）

直译	愿	靴子	来	可以了
意译	穿着靴子来参加还愿就可以了			
原句	那柱	五鲁	牙麦文	
直译	靴子	来	可以了	
意译	穿靴子来就可以了			
原句	萨居	葛布得斯	知洒出	
直译	主持还愿的居	看八字	做茅人座子	
意译	主持还愿的居给人们看八字，再做茅人座子			
原句	萨居	古得	只支尼勒	五洒出
直译	主持还愿的居	杉杆	四根	做茅人下部
意译	主持还愿的居用四根杉杆做茅人下部			
原句	萨居	古得	哈尼扯居	古洒出
直译	主持还愿的居	杉杆	十二根	做茅人中部
意译	主持还愿的居用十二根杉杆做茅人中部			
原句	萨居	古得	哈尼扯居	出洒出
直译	主持害愿的居	杉杆	十二根	做茅人上部
意译	主持还愿的居用十二根杉杆做茅人上部			
原句	洒木日支	得麦得哟	白爷	得勒	萨得白呀
直译	面对茅人	打不打	（神名）	参加	还愿
意译	面对茅人打不打？有白爷神参加还愿（打）				
原句	洒木斯尺	古麦古哟	白爷	得勒	萨得白
直译	唱经诅咒茅人	怕不怕	（神名）	参加	还愿
意译	唱经诅咒茅人怕不怕？有白爷神参加还愿（不怕）				
原句	擦玛孜之	得木须那	哈木须		
直译	（人名）	天快亮	天未亮		
意译	擦玛孜之在天快亮还未亮之时				
原句	斯慕	阿处	扑麻西		

直译	神火	一堆	要烧

意译　要烧一堆神火（烧掉茅人）

原句　巫度　　黑支哟

直译　邪魔　　镇伏

意译　镇伏邪魔

原句　阿度　　艾给

直译　秽物　　埋葬

意译　埋掉秽物

文解

　　洒于惹——压邪唱经。这段唱经是比做大祭祀"太平保护"时唱的。当家中经常发生灾祸时，人们便会请比来家中做法事活动，请求诸神保佑全家平安吉祥。《洒于惹》《洒木黑昔》《洒木五得》就是比在开展此类活动时唱的。比来到主人家中，将主人家中的旧纳萨杆换下来，然后用麦草丈量每个人手的长度，再根据量的结果将旧纳萨杆锯成若干段，用之做成茅人座子，称为"洒哎若"。比又用茅草扎成两个茅人，即"洒木"，让它们坐在座子上。活动结束时，茅人和座子都会被处理掉。实际过程中比还会增加一些主家属相推算等内容，本书所录唱经只是一个简单的模板。

第二十九段：洒木黑昔
（送茅人唱经）

原句	洒木	黑昔			
直译	茅人	送走			
意译	送茅人唱经				
原句	呼哎哎	木那个	夸那都	刷刷雷	
直译	呼哎哎	天空	凤凰	跳舞	
意译	呼哎哎，天空中凤凰齐舞				
原句	夸	外塞	洒哎若	都	外塞	洒哎若
直译	凤	鸣叫	（仪式名）	凰	鸣叫	（仪式名）
意译	做"洒哎若"时，凤凰齐鸣				
原句	萨居哎	惹	巫度〔日阿〕			
直译	主持还愿的居	唱经	驱邪			
意译	主持还愿的居唱经驱邪				
原句	萨居哎	惹	巫度查			
直译	主持还愿的居	唱经	镇邪			
意译	主持还愿的居唱经镇邪				
原句	呼哎哎	烟西格	司那	火斯	刷刷雷	
直译	呼哎哎	（地名）	豹	虎	跳舞	
意译	虎豹在"烟西格"起舞				
原句	司	外塞	洒哎若	火	外塞	洒哎若
直译	豹	吼叫	（仪式名）	虎	吼叫	（仪式名）
意译	做"洒哎若"时虎啸豹吼				
原句	萨居哎	惹	巫度〔日阿〕			
直译	主持还愿的居	唱经	驱邪			
意译	主持还愿的居唱经驱邪				
原句	萨居哎	惹	巫度查			
直译	主持还愿的居	唱经	镇邪			

第二十九段：洒木黑昔（送茅人唱经）

意译	主持还愿的居唱经镇邪			
原句	麦妈	子支	阿古巴斯	
直译	母亲	这位	全家人	
意译	全家人从母亲起算			
原句	日荷	沃那	娲萨	塞哈
直译	鼠	龙	猴	三个
意译	鼠（子）、龙（辰）、猴（申）三个属相相合			
原句	羽	卜	乙那	塞哈
直译	鸡	蛇	牛	三个
意译	鸡（酉）、蛇（巳）、牛（丑）三个属相相合			
原句	库	巨地	午	塞哈
直译	狗	虎	马	三个
意译	狗（戌）、虎（寅）、马（午）三个属相相合			
原句	泽	扒文那	日	塞哈
直译	羊	猪	兔	三个
意译	羊（未）、猪（亥）、兔（卯）三个属相相合			
原句	内那〔古一〕		洒哎若	
直译	（猛兽名）		（仪式名）	
意译	对付猛兽"内那〔古一〕"，要做"洒哎若"			
原句	石那〔支一〕		洒哎若	
直译	（毒虫名）		（仪式名）	
意译	对付毒虫"石那〔支一〕"，要做"洒哎若"			
原句	艾鲁	尼本	洒哎若	
直译	进来	甜言蜜语	（仪式名）	
意译	对付进门就说甜言蜜语的人，要做"洒哎若"			
原句	黑给	巫本	洒哎若	
直译	出去	搬弄是非	（仪式名）	

意译	对付出门就搬弄是非的人,要做"洒哎若"			
原句	呼哎哎	内莫火那	内支尺	洒哎若
直译	呼哎哎	没有是非	挑拨是非	(仪式名)
意译	呼哎哎,对付无事生非的人,要做"洒哎若"			
原句	支莫火那	支啄哎	洒哎若	
直译	没事	找事	(仪式名)	
意译	对付没事找事的人,要做"洒哎若"			
原句	萨居哎	惹	巫度〔日阿〕	
直译	主持还愿的居	唱经	驱邪	
意译	主持还愿的居唱经驱邪			
原句	萨居哎	惹	巫度查	
直译	主持还愿的居	唱经	镇邪	
意译	主持还愿的居唱经镇邪			
原句	得直依那	斯扑	克麦	洒哎若
直译	上看	神树	破坏	(仪式名)
意译	往上看,有人在砍伐神树,要做"洒哎若"			
原句	尔直依那	斯支	克麦	洒哎若
直译	下看	庙宇	破坏	(仪式名)
意译	往下看,有人破坏庙宇,要做"洒哎若"			
原句	呼哎哎	日直依那	巴格得麦	洒哎若
直译	呼哎哎	左看	使人栽跟头	(仪式名)
意译	呼哎哎,往左看,有人在使人栽跟头,要做"洒哎若"			
原句	比直依那	扑木	克麦	洒哎若
直译	右看	树林	破坏	(仪式名)
意译	往右看,有人在破坏树林,要做"洒哎若"			
原句	尼业	勒勒	北麦	洒哎若
直译	家业	霸占	人	(仪式名)

第二十九段:洒木黑昔(送茅人唱经)

意译	对付霸占家业的人,要做"洒哎若"				
原句	石几	勒勒	北麦	洒哎若	
直译	家产	霸占	人	(仪式名)	
意译	对付霸占家产的人,要做"洒哎若"				
原句	萨居哎		惹	巫度〔日阿〕	
直译	主持还愿的居		唱经	驱邪	
意译	主持还愿的居唱经驱邪				
原句	萨居哎		惹	巫度查	
直译	主持还愿的居		唱经	镇邪	
意译	主持还愿的居唱经镇邪				

文解

　　洒木黑昔:洒木——茅人,黑昔——送走,合起来即"送茅人唱经"。该唱经是比在做法事活动时将茅人连同座子从主人家中往屋外送的时候唱的。

2020年度国家出版基金项目

阿坝藏族羌族自治州档案馆 / 编

走近国家级档案文献遗产——羌族《刷勒日》

羌族刷勒日唱经（下）

杨成立 肖永刚 马杰 / 译著

肖永庆 / 唱

四川大学出版社
SICHUAN UNIVERSITY PRESS

目录

第三十段：洒木五得（丢茅人唱经） …… 249

第三十一段：毕勒儿（根源唱经） …… 257

第三十二段：玛格儿（镇抚亡魂唱经） …… 271

第三十三段：毒不日勒（毒药猫病根唱经） …… 282

第三十四段：玉玛黑昔（送魂唱经） …… 296

第三十五段：斯慕得（打神火唱经） …… 302

第三十六段：朝戈儿（断魂唱经） …… 306

第三十七段：须朱做（安魂唱经） …… 312

第三十八段：须朱迪（劝魂唱经） …… 315

第三十九段：嘎拉〔地余〕（嘎拉神咒唱经） …… 319

第四十段：抵格地（看财运唱经） …… 324

第四十一段：查格札（祭请查格神唱经） …… 330

第四十二段：尺勒（消气化解唱经） …… 341

第四十三段：羽得（供养雀鸟唱经） …… 350

第四十四段：司暮曲（扫除孩魂唱经） …… 353

第四十五段：哈尼拉古噗得（喷法水医治十二生肖动物拉古病唱经）… 358

第四十六段：滞噗得（喷法水医治恶魔毒圈唱经）…………… 365

第四十七段：眯眯噗得（吹法水医治眼睛翳子唱经）………… 370

第四十八段：格不作（熏醋水唱经）…………………………… 373

第四十九段：亿萨佤萨比（比还手足大愿唱经）……………… 380

第五十段：巫查（镇邪唱经）…………………………………… 387

第五十一段：锝扎（用桃木剑刺杀妖魔唱经）………………… 391

第五十二段：库擦（吊狗唱经）………………………………… 395

第五十三段：则刷（念祭祀咒唱经）…………………………… 400

第五十四段：达阿麻干则斯〔地余〕（解秽神咒唱经）……… 406

第五十五段：古刷〔地余〕（金光咒唱经）…………………… 411

第五十六段：木阿作鲁（天一生水咒唱经）…………………… 416

第五十七段：比依基苦（敬请索卦祖师唱经）………………… 420

第五十八段：都尼堵（扯索卦唱经）…………………………… 424

第五十九段：都尼谛（解索卦唱经）…………………………… 439

第六十段：得捂不楚（聚财大祭唱经）………………………… 449

参考文献………………………………………………………… 457

后记……………………………………………………………… 458

第三十段：洒木五得
（丢茅人唱经）

原句	洒木	五得		
直译	茅人	丢弃		
意译	丢茅人唱经			
原句	木那个	夸那	都斯	刷刷雷
直译	天空	凤	凰	起舞
意译	天空中凤凰齐舞			
原句	夸	外塞	洒哎若	都 外塞 洒哎若
直译	凤	鸣叫	（仪式名）	凰 鸣叫 （仪式名）
意译	做"洒哎若"时凤凰齐鸣			
原句	夸 格扎	热哎提	都 矮朱	鲁哎替
直译	凤 展翅	吉祥	凰 腾飞	如意
意译	凤凰齐舞，吉祥如意			
原句	萨居哎	惹	巫度〔日阿〕	
直译	主持还愿的居	唱经	驱邪	
意译	主持还愿的居唱经驱邪			
原句	萨居哎	惹	巫度查	
直译	主持还愿的居	唱经	镇邪	
意译	主持还愿的居唱经镇邪			
原句	烟西格	司那	火斯	刷刷雷
直译	（地名）	豹	虎	起舞
意译	虎豹在"烟西格"起舞			
原句	司 外塞 洒哎若		火 外塞 洒哎若	
直译	豹 吼叫 （仪式名）		虎 吼叫 （仪式名）	
意译	做"洒哎若"时虎啸豹吼			
原句	萨居哎	惹	巫度〔日阿〕	
直译	主持还愿的居	唱经	驱邪	

意译	主持还愿的居唱经驱邪			
原句	萨居哎	惹	巫度查	
直译	主持还愿的居	唱经	镇邪	
意译	主持还愿的居唱经镇邪			
原句	麦妈	子支	阿古巴斯	
直译	母亲	这位	全家人	
意译	全家人从母亲起算			
原句	日荷	沃那	娲萨	塞哈
直译	鼠	龙	猴	三个
意译	鼠（子）、龙（辰）、猴（申）三个属相相合			
原句	羽	卜	乙那	塞哈
直译	鸡	蛇	牛	三个
意译	鸡（酉）、蛇（巳）、牛（丑）三个属相相合			
原句	库	巨地	午	塞哈
直译	狗	虎	马	三个
意译	狗（戌）、虎（寅）、马（午）三个属相相合			
原句	泽	扒文那	日	塞哈
直译	羊	猪	兔	三个
意译	羊（未）、猪（亥）、兔（卯）三个属相相合			
原句	艾鲁	尼本	洒哎若	
直译	进来	甜言蜜语	（仪式名）	
意译	对付进门就说甜言蜜语的人，要做"洒哎若"			
原句	黑给	巫本	洒哎若	
直译	出去	搬弄是非	（仪式名）	
意译	对付出门就搬弄是非的人，要做"洒哎若"			
原句	格日苏日		洒哎若	
直译	昏头昏脑		（仪式名）	

意译	对付昏头昏脑的人,要做"洒哎若"
原句	格五苏五　　洒哎若
直译	疯头疯脑　　(仪式名)
意译	对付疯头疯脑的人,要做"洒哎若"
原句	萨居哎　　　惹　　巫度〔日阿〕
直译	主持还愿的居　唱经　驱邪
意译	主持还愿的居唱经驱邪
原句	萨居哎　　　惹　　巫度查
直译	主持还愿的居　唱经　镇邪
意译	主持还愿的居唱经镇邪
原句	内那〔古一〕　洒哎若
直译	(猛兽名)　　(仪式名)
意译	对付猛兽"内那〔古一〕",要做"洒哎若"
原句	石那〔支一〕　洒哎若
直译	(毒虫名)　　(仪式名)
意译	对付毒虫"石那〔支一〕",要做"洒哎若"
原句	石沙　　勒麦　　洒哎若
直译	干坏事　有人　　(仪式名)
意译	有人干坏事,要做"洒哎若"
原句	巴牙　　勒麦　　洒哎若
直译	说坏话　有人　　(仪式名)
意译	有人说坏话,要做"洒哎若"
原句	作顷　　勒麦　　洒哎若
直译	跳水　　有人　　(仪式名)
意译	有人跳水,要做"洒哎若"
原句	格弟　　勒麦　　洒哎若
直译	跳崖　　有人　　(仪式名)

意译	有人跳崖，要做"洒哎若"		
原句	斯尺哎	洒哎若	
直译	上吊	（仪式名）	
意译	有人上吊，要做"洒哎若"		
原句	斯哇哎	洒哎若	
直译	自缢	（仪式名）	
意译	有人自缢，要做"洒哎若"		
原句	斯特哎	洒哎若	
直译	服毒	（仪式名）	
意译	有人服毒，要做"洒哎若"		
原句	萨居哎	惹	巫度〔日阿〕
直译	主持还愿的居	唱经	驱邪
意译	主持还愿的居唱经驱邪		
原句	萨居哎	惹	巫度查
直译	主持还愿的居	唱经	镇邪
意译	主持还愿的居唱经镇邪		
原句	织那	外塞	洒哎若哟
直译	（鸟名）	鸣叫	（仪式名）
意译	做"洒哎若"时"织那"鸟在鸣叫		
原句	哈朱	外塞	洒哎若呀
直译	（鸟名）	鸣叫	（仪式名）
意译	做"洒哎若"时"哈朱"鸟在鸣叫		
原句	女那	鲁斯	刷刷雷
直译	（鸟名）	飞来	起舞
意译	做"洒哎若"时"女那"鸟飞来起舞了		
原句	女哈	外塞	洒哎若呀
直译	（鸟名）	鸣叫	（仪式名）

意译	做"洒哎若"时"女哈"鸟鸣叫了				
原句	哈鲁	外塞	洒哎若呀		
直译	（鸟名）	鸣叫	（仪式名）		
意译	做"洒哎若"时"哈鲁"鸟也开始鸣叫了				
原句	葛布得斯	知萨尺呀			
直译	看八字	唱祭祀经			
意译	比看人的生辰八字开始唱祭祀经				
原句	洒木日支	得麦得哟	白爷	得勒	萨得白呀
直译	面对茅人	打不打	（神名）	参加	还愿
意译	面对茅人打不打？有白爷神参加还愿（打）				
原句	洒木斯尺	古麦古哟	白爷	得勒	萨得白
直译	唱经诅咒茅人	怕不怕	（神名）	参加	还愿
意译	唱经诅咒茅人怕不怕？有白爷神参加还愿（不怕）				
原句	擦玛孜之	白日白格	给一		
直译	（人名）	番人的地方	去		
意译	擦玛孜之去了番人的地方				
原句	白日白格	白者者斯	得木	得木	达得木
直译	番人的地方	番王	找	找	找到了
意译	他到番人的地方要见番王，找呀找，找到了				
原句	女达	得未儿哟	萨得白		
直译	毡帽子	漂亮	还愿		
意译	番王戴着漂亮的毡帽子参加还愿				
原句	萨	达文	鲁	牙麦文	
直译	愿	毡帽子	来	可以了	
意译	戴上毡帽子来参加还愿就可以了				
原句	女达	五鲁	牙麦文		
直译	毡帽子	来	可以了		

意译	戴毡帽子来就可以了				
原句	擦玛孜之	木尔日木尔格	给一		
直译	（人名）	羌人的地方	去		
意译	擦玛孜之又去了羌人的地方				
原句	木尔日木尔格	木尔者者斯	得木	得木	达得木
直译	羌人的地方	羌王	找	找	找到了
意译	他到羌人的地方要见羌王，找啊找，找到了				
原句	鲁古	得未儿哟	萨得白		
直译	麻布衣服	漂亮	还愿		
意译	羌王穿着漂亮的麻布衣服参加还愿				
原句	萨	数不	鲁	牙麦文	
直译	愿	麻布衣服	来	可以了	
意译	穿上麻布衣服来参加还愿就可以了				
原句	数不	五鲁	牙麦文		
直译	麻布衣服	来	可以了		
意译	穿麻布衣服来就可以了				
原句	擦玛孜之	尔日尔格	给一		
直译	（人名）	汉人的地方	去		
意译	擦玛孜之又去了汉人的地方				
原句	尔日尔格	尔者者斯	得木	得木	达得木
直译	汉人的地方	汉王	找	找	找到了
意译	他到汉人的地方要见汉王，找啊找，找到了				
原句	那柱	得未儿哦	萨得白		
直译	靴子	漂亮	还愿		
意译	汉王穿着漂亮的靴子参加还愿				
原句	萨	柱文	鲁	牙麦文	
直译	愿	靴子	来	可以了	

意译　穿着靴子来参加还愿就可以了
原句　**那柱　　五鲁　　牙麦文**
直译　靴子　　来　　　可以了
意译　穿靴子来就可以了
原句　**擦玛孜之　　得木须那　　哈木须**
直译　（人名）　　天快亮　　　天未亮
意译　擦玛孜之在天快亮还未亮之时
原句　**斯慕　　阿处　　扑麻西**
直译　神火　　一堆　　要烧
意译　要烧一堆神火
原句　**巫度　　黑支**
直译　邪魔　　镇伏
意译　镇伏邪魔
原句　**阿度　　艾给**
直译　秽物　　埋葬
意译　埋掉秽物

文解

洒木五得：洒木——茅人，五得——丢弃，合起来即"丢茅人唱经"。这段唱经是比在丢弃茅人和茅人座子时唱的。

第三十一段：毕勒儿（根源唱经）

原句	毕勒儿			
直译	根源唱经			
意译	根源唱经			
原句	啊	冬木那居	麦得哎	勒
直译	啊	(地名)	人烟	有
意译	啊！在"冬木那居"有人烟了			
原句	木那比依那	麦得哎	勒呀	
直译	(地名)	人烟	有	
意译	在"木那比"有人烟了			
原句	木鲁古鲁	土叶者		
直译	(地名)	(部落名)		
意译	"木鲁古鲁"的人是"土叶者"			
原句	塔勒古鲁	土叶者		
直译	(地名)	(部落名)		
意译	"塔勒古鲁"的人是"土叶者"			
原句	日几比几	比达者		
直译	(地名)	(部落名)		
意译	"日几比几"的人是"比达者"			
原句	得斯哈支	勒木者		
直译	(地名)	(部落名)		
意译	"得斯哈支"的人是"勒木者"			
原句	平凡格都	尼都者		
直译	(地名)	(部落名)		
意译	"平凡格都"的人是"尼都者"			
原句	日子格都	嘎几者		

直译	（地名）	（部落名）			
意译	"日子格都"的人是"嘎儿者"				
原句	嘎儿者	尼叶	勒勒哎	北麦	特阿 勒
直译	（部落名）	家业	霸占	人	这样 有
意译	在"嘎儿者"中有霸占家业这样的人了				
原句	石儿依那	勒勒哎	北麦	特阿	勒呀
直译	家产	霸占	人	这样	有
意译	有霸占家产这样的人了				
原句	巫北	支啄	北麦	特阿哦	勒
直译	树敌	找事	人	这样	有
意译	有树敌找事这样的人了				
原句	支依	塞花本	特阿哦	勒	
直译	说长道短	三次	这样	有	
意译	有经常说长道短这样的人了				
原句	瓦依	塞花本	特阿哦	勒	
直译	说三道四	三次	这样	有	
意译	有经常说三道四这样的人了				
原句	得直	斯扑	克麦	特阿哦	勒
直译	上看	神树	破坏	这样	有
意译	往上看，有砍伐神树这样的人了				
原句	尔直	斯支哎	克麦	特阿	勒呀
直译	下看	庙宇	破坏	这样	有
意译	往下看，有破坏庙宇这样的人了				
原句	日直	巴格得		特阿哦	勒
直译	左看	使人栽跟头		这样	有
意译	往左看，有使人栽跟头这样的人了				
原句	比直	扑木哎	克麦	特阿哦	勒呀

第三十一段：毕勒儿（根源唱经）

直译	右看	树林	破坏	这样	有

意译　往右看，有破坏树林这样的人了

原句　内莫火那　　内支尺　　　特阿哦　　勒
直译　没有是非　　挑拨是非　　这样　　　有
意译　有无事生非这样的人了

原句　支莫火那　　支啄哎　　特阿　　勒呀
直译　没事　　　　找事　　　这样　　有
意译　有没事找事这样的人了

原句　雄几格都　　玉尼者
直译　（地名）　　（部落名）
意译　"雄几格都"的人是"玉尼者"

原句　红花格都　　几格者
直译　（地名）　　（部落名）
意译　"红花格都"的人是"几格者"

原句　禹弥几格　　艾外哦
直译　（地名）　　（部落名）
意译　"禹弥几格"的人是"艾外者"

原句　西格格都　　替瓜者
直译　（地名）　　（部落名）
意译　"西格格都"的人是"替瓜者"

原句　擦巴格都　　瓦如者
直译　（地名）　　（部落名）
意译　"擦巴格都"的人是"瓦如者"

原句　国儿格都　　得如者
直译　（地名）　　（部落名）
意译　"国儿格都"的人是"得如者"

原句　朱几格都　　朱叶者

直译	（地名）	（部落名）			
意译	"朱儿格都"的人是"朱叶者"				
原句	色茶格都	瓦如者			
直译	（地名）	（部落名）			
意译	"色茶格都"的人是"瓦如者"				
原句	勒啄格都	瓦几者			
直译	（地名）	（部落名）			
意译	"勒啄格都"的人是"瓦几者"				
原句	瓦几者	尼叶	勒勒本	特阿哦	勒
直译	（部落名）	家业	霸占	这样	有
意译	在"瓦几者"中有霸占家业这样的人了				
原句	石几依那	勒勒哎	北麦	特阿	勒呀
直译	家产	霸占	人	这样	有
意译	有霸占家产这样的人了				
原句	巫北	支啄	北麦	特阿哦	勒
直译	树敌	找事	人	这样	有
意译	有树敌找事这样的人了				
原句	格日苏日	特阿	勒		
直译	昏头昏脑	这样	有		
意译	有昏头昏脑这样的人				
原句	格五苏五	特阿	勒		
直译	疯头疯脑	这样	有		
意译	有疯头疯脑这样的人				
原句	艾鲁	尼本	特阿哦	勒	
直译	进来	甜言蜜语	这样	有	
意译	有进门就说甜言蜜语这样的人				
原句	黑给哎	巫本	特阿	勒	

直译	出去	搬弄是非	这样	有	
意译	有出门就搬弄是非这样的人				
原句	得直依那	斯扑	克麦	特阿	勒
直译	上看	神树	破坏	这样	有
意译	往上看,有砍伐神树这样的人				
原句	尔直依那	斯支哦	克麦	特阿	勒
直译	下看	庙宇	破坏	这样	有
意译	往下看,有破坏庙宇这样的人				
原句	日直依那	巴格得	特阿哦	勒	
直译	左看	使人栽跟头	这样	有	
意译	往左看,有使人栽跟头这样的人				
原句	比直依那	扑木哎	克麦	特阿	勒
直译	右看	树林	破坏	这样	有
意译	往右看,有破坏树林这样的人				
原句	麻女格都	古叶者			
直译	(地名)	(部落名)			
意译	"麻女格都"的人是"古叶者"				
原句	云支格都	得如者			
直译	(地名)	(部落名)			
意译	"云支格都"的人是"得如者"				
原句	〔日阿〕得	塞啄	徐尔火火	巴梯者	
直译	(地名)	三个	(部落名)	(部落名)	
意译	在"〔日阿〕得"三个寨子的人是"徐尔火火"和"巴梯者"				
原句	〔日阿〕麻格都	〔日阿〕达者			
直译	(地名)	(部落名)			
意译	"〔日阿〕麻格都"的人是"〔日阿〕达者"				
原句	格日格都	者卡者			

直译	（地名）	（部落名）				
意译	"格日格都"的人是"者卡者"					
原句	格如格都	者长者				
直译	（地名）	（部落名）				
意译	"格如格都"的人是"者长者"					
原句	内石格都	何叶者				
直译	（地名）	（部落名）				
意译	"内石格都"的人是"何叶者"					
原句	勒于格都	瓦几者				
直译	（地名）	（部落名）				
意译	"勒于格都"的人是"瓦几者"					
原句	瓦几者	尼叶	勒勒本	北麦	特阿哦	勒
直译	（部落名）	家业	霸占	人	这样	有
意译	在"瓦几者"中有霸占家业这样的人了					
原句	石几依那	勒勒哎	北麦	特阿	勒	
直译	家产	霸占	人	这样	有	
意译	有霸占家产这样的人了					
原句	巫北	支啄	北麦	特阿哦	勒	
直译	树敌	找事	人	这样	有	
意译	有树敌找事这样的人了					
原句	内莫火那	内支尺	特阿哦	勒		
直译	没有是非	挑拨是非	这样	有		
意译	有无是生非这样的人了					
原句	支莫火那	支啄哎	特阿	勒		
直译	没事	找事	这样	有		
意译	有没事找事这样的人了					
原句	得直	斯扑	克麦	特阿哦	勒	

第三十一段：毕勒儿（根源唱经）

直译	上看	神树	破坏	这样	有
意译	往上看，有砍伐神树这样的人				
原句	尔直依那	斯支哎	克麦	特阿	勒
直译	下看	庙宇	破坏	这样	有
意译	往下看，有破坏庙宇这样的人				
原句	不如格都	岳朱者			
直译	（地名）	（部落名）			
意译	"不如格都"的人是"岳朱者"				
原句	色尔都哎格都	木尔尼者			
直译	（地名）	（部落名）			
意译	"色尔都格都"的人是"木尔尼者"				
原句	白斯勒格都	何叶者			
直译	（地名）	（部落名）			
意译	"白斯勒格都"的人是"何叶者"				
原句	巴支古格都	日者者			
直译	（地名）	（部落名）			
意译	"巴支古格都"的人是"日者者"				
原句	勒哇格都	瓦日者			
直译	（地名）	（部落名）			
意译	"勒哇格都"的人是"瓦日者"				
原句	尔勒格都	几长者			
直译	（地名）	（部落名）			
意译	"尔勒格都"的人是"几长者"				
原句	尔如格都	苏者达者	巴弟者		
直译	（地名）	（部落名）	（部落名）		
意译	"尔如格都"的人是"苏者达者"和"巴弟者"				

原句	作匹格都	巴卡者			
直译	（地名）	（部落名）			
意译	"作匹格都"的人是"巴卡者"				
原句	巴卡者	尼叶	勒勒本	特阿哦	勒
直译	（部落名）	家业	霸占	这样	有
意译	在"巴卡者"中有霸占家业这样的人了				
原句	石几依那	勒勒哎	北麦	特阿	勒
直译	家产	霸占	人	这样	有
意译	有霸占家产这样的人了				
原句	巫北	支啄	北麦	特阿哦	勒
直译	树敌	找事	人	这样	有
意译	有树敌找事这样的人了				
原句	日直哎	巴格得		特阿哦	勒
直译	左看	使人栽跟头		这样	有
意译	往左看，有使人栽跟头这样的人				
原句	比直哎	扑木哎	克麦	特阿哦	勒
直译	右看	树林	破坏	这样	有
意译	往右看，有破坏树林这样的人				
原句	格弟哎	勒麦	特阿	勒	
直译	跳崖	有人	这样	有	
意译	有跳崖这样的人				
原句	得直	斯扑	克麦	特阿哦	勒
直译	上看	神树	破坏	这样	有
意译	往上看，有砍伐神树这样的人				
原句	尔直	斯支哎	克麦	特阿	勒
直译	下看	庙宇	破坏	这样	有

第三十一段：毕勒儿（根源唱经）

意译	往下看，有破坏庙宇这样的人			
原句	艾鲁	尼本	特阿哦	勒
直译	进来	甜言蜜语	这样	有
意译	有进门就说甜言蜜语这样的人			
原句	黑给哎	巫本	特阿	勒
直译	出去	搬弄是非	这样	有
意译	有出门就搬弄是非这样的人			
原句	帕鲁格都	瓦日者		
直译	（地名）	（部落名）		
意译	"帕鲁格都"的人是"瓦日者"			
原句	吕得哎格都	巴都者		
直译	（地名）	（部落名）		
意译	"吕得格都"的人是"巴都者"			
原句	得斯格都	木尔尼者		
直译	（地名）	（部落名）		
意译	"得斯格都"的人是"木尔尼者"			
原句	得萨格都	得巴者		
直译	（地名）	（部落名）		
意译	"得萨格都"的人是"得巴者"			
原句	支格格都	得日者		
直译	（地名）	（部落名）		
意译	"支格格都"的人是"得日者"			
原句	致支哎格都	古耶者		
直译	（地名）	（部落名）		
意译	"致支格都"的人是"古耶者"			
原句	卡匹格都	得如者		

直译	（地名）	（部落名）			
意译	"卡匹格都"的人是"得如者"				
原句	卡尔格都	吴若者			
直译	（地名）	（部落名）			
意译	"卡尔格都"的人是"吴若者"				
原句	吴若者	尼叶	勒勒本	特阿哦	勒
直译	（部落名）	家业	霸占	这样	有
意译	在"吴若者"中有霸占家业这样的人了				
原句	石几依那	勒勒哎	北麦	特阿	勒
直译	家产	霸占	人	这样	有
意译	有霸占家产这样的人了				
原句	巫北	支啄	北麦	特阿哦	勒
直译	树敌	找事	人	这样	有
意译	有树敌找事这样的人了				
原句	格日苏日	特阿哦	勒		
直译	昏头昏脑	这样	有		
意译	有昏头昏脑这样的人了				
原句	格五苏五	特阿	勒呀		
直译	疯头疯脑	这样	有		
意译	有疯头疯脑这样的人了				
原句	艾鲁	尼本	特阿哦	勒	
直译	进来	甜言蜜语	这样	有	
意译	有进门就说甜言蜜语这样的人了				
原句	黑给哎	巫本	特阿	勒	
直译	出去	搬弄是非	这样	有	
意译	有出门就搬弄是非这样的人了				

第三十一段：毕勒儿（根源唱经）

原句	支依	塞花本	特阿哦	勒
直译	说长道短	三次	这样	有
意译	有经常说长道短这样的人了			
原句	瓦依	塞花哎	特阿	勒
直译	说三道四	三次	这样	有
意译	有经常说三道四这样的人了			
原句	得石艾石	特阿哦	勒	
直译	吊儿郎当	这样	有	
意译	有吊儿郎当这样的人了			
原句	得朱艾朱	特阿	勒呀	
直译	出尔反尔	这样	有	
意译	有出尔反尔这样的人了			
原句	冈木若都	苏者达者	巴弟者	
直译	（地名）	（部落名）	（部落名）	
意译	"冈木若都"的人是"苏者达者"和"巴弟者"			
原句	擦喜哎格都	文格者		
直译	（地名）	（部落名）		
意译	"擦喜格都"的人是"文格者"			
原句	内五格都	朱如者		
直译	（地名）	（部落名）		
意译	"内五格都"的人是"朱如者"			
原句	瓦巴哎格都	艾格者		
直译	（地名）	（部落名）		
意译	"瓦巴格都"的人是"得格者"			
原句	塞勒支格都	得如者		
直译	（地名）	（部落名）		

意译	"塞勒支格都"的人是"得如者"	
原句	格尼格都　　茶鲁者	
直译	（地名）　　（部落名）	
意译	"格尼格都"的人是"茶鲁者"	
原句	格尼格都　　雅鲁者	
直译	（地名）　　（部落名）	
意译	"格尼格都"的人还有"雅鲁者"	
原句	格不格都　　斯支者	
直译	（地名）　　（部落名）	
意译	"格不格都"的人是"斯支者"	
原句	格不格都　　成黄者	
直译	（地名）　　（部落名）	
意译	"格不格都"的人是"成黄者"	
原句	巫度那　　黑支尺呀	
直译	邪魔　　镇伏去	
意译	要把邪魔镇伏下去	
原句	阿度哎　　艾给尺呀	
直译	秽物　　埋葬下去	
意译	要把秽物埋下去	
原句	日巴　　塞则　　日地古做　　比于哎住呀	
直译	大首领　　三位　　首领达成一致　　好了	
意译	三位大首领达成一致就好了	
原句	日古哎　　艾责呀	
直译	首领嘴　　少说	
意译	首领可以少说了	
原句	比巴　　塞则　　比地古做　　比于哎住呀	

第三十一段：毕勒儿（根源唱经）

| 直译 | 大比 | 三位 | 比达成一致 | 好了 |

意译　三位大比达成一致就好了

原句　比古哎　　艾责呀

直译　比嘴　　　少说

意译　比可以少说了

文解

　　毕勒儿：根源唱经。这段唱经是比在还"太平保护"愿和做扣魂送魂法事活动时必唱的。《毕勒儿》这段唱经中记载了古时在岷江两岸各地生活的羌族各部落的名称，是羌族关于自身族源记忆的重要资料。其中提到的地名、部落名，在《玛格儿》《毒不日勒》等唱经中也反复出现。遗憾的是，由于地名、部落名太多，在口头传唱过程中，出现了转音、对应关系错乱等问题，译者虽与传承人多次核对，但始终无法全部厘清各自的准确对应关系。因该段唱经研究价值很高，译者也不便妄改，故原貌保留，希望后来的研究者能在占有更多资料的基础上正本清源，更好传承这些珍贵的历史记忆。另外，该段唱经中的部落名在一些请神唱经中也译为神名，或可译为该部落信奉的神灵、保护神等，这是一种特殊的文化现象。

第三十二段：玛格儿（镇抚亡魂唱经）

第三十二段：玛格儿（镇抚亡魂唱经）

原句　玛　　　　格儿
直译　亡魂　　　镇抚
意译　镇抚亡魂唱经

原句　木鲁哎古鲁　　土叶那哎　　〔马无〕
直译　（地名）　　　（神名）　　管
意译　"木鲁古鲁"的亡魂被"土叶"神管住了

原句　塔勒哎古鲁　　土叶那哎　　〔马无〕
直译　（地名）　　　（神名）　　管
意译　"塔勒古鲁"的亡魂被"土叶"神管住了

原句　哦　　日几比几　　比达那哎　　〔马无〕
直译　哦　　（地名）　　（神名）　　管
意译　哦，"日几比几"的亡魂被"比达"神管住了

原句　得斯哈支　　勒木那哎　　〔马无〕
直译　（地名）　　（神名）　　管
意译　"得斯哈支"的亡魂被"勒木"神管住了

原句　平凡哎格都　　尼都那哎　　〔马无〕
直译　（地名）　　　（神名）　　管
意译　"平凡格都"的亡魂被"尼都"神管住了

原句　日子那格都　　嘎儿那哎　　〔马无〕
直译　（地名）　　　（神名）　　管
意译　"日子格都"的亡魂被"嘎儿"神管住了

原句　哦　　特玛　格玛　　女格玛　月玛哎　格哇　玛得　〔马无〕
直译　哦　　孤魂　凶魂　　游魂　　冤魂　　所有　亡魂　管
意译　哦，孤魂、凶魂、游魂、冤魂所有亡魂都被管住了

原句　特玛哟格都　　月勒那哎　　〔马无〕
直译　（地名）　　　（神名）　　管

意译	"特玛格都"的亡魂被"月勒"神管住了		
原句	雄几哎格都	玉尼那哎	〔马无〕
直译	（地名）	（神名）	管
意译	"雄几格都"的亡魂被"玉尼"神管住了		
原句	红花哎格都	几格那哎	〔马无〕
直译	（地名）	（神名）	管
意译	"红花格都"的亡魂被"几格"神管住了		
原句	禹弥哎几格	艾外那哎	〔马无〕
直译	（地名）	（神名）	管
意译	"禹弥几格"的亡魂被"艾外"神管住了		
原句	西格哟格都	替瓜那哎	〔马无〕
直译	（地名）	（神名）	管
意译	"西格格都"的亡魂被"替瓜"神管住了		
原句	擦巴哎格都	瓦如那哎	〔马无〕
直译	（地名）	（神名）	管
意译	"擦巴格都"的亡魂被"瓦如"神管住了		
原句	国儿哎格都	得如	那哎 〔马无〕
直译	（地名）	（神名）	那哎 管
意译	"国儿格都"的亡魂被"得如"神管住了		
原句	朱儿哎格都	朱叶那哎	〔马无〕
直译	（地名）	（神名）	管
意译	"朱儿格都"的亡魂被"朱叶"神管住了		
原句	色茶哎格都	瓦如那哎	〔马无〕
直译	（地名）	（神名）	管
意译	"色茶格都"的亡魂被"瓦如"神管住了		
原句	勒啄哎格都	瓦几那哎	〔马无〕
直译	（地名）	（神名）	管

第三十二段：玛格儿（镇抚亡魂唱经）

意译	"勒啄格都"的亡魂被"瓦儿"神管住了						
原句	哦	特玛	格玛	女格玛	月玛哎	格哇	玛得 〔马无〕
直译	哦	孤魂	凶魂	游魂	冤魂	所有	亡魂 管
意译	哦,孤魂、凶魂、游魂、冤魂所有亡魂都被管住了						

原句	步步	得斯	玛得	格儿
直译	男人们	看见	亡魂	镇抚
意译	男人们看见亡魂被镇抚了			

原句	惹米哎	得斯	玛得	格儿
直译	女人们	看见	亡魂	镇抚
意译	女人们看见亡魂被镇抚了			

原句	麻女哎格都	古叶那哎	格儿
直译	（地名）	（神名）	镇抚
意译	"麻女格都"的亡魂被"古叶"神镇抚了		

原句	云支哎格都	得如那哎	格儿
直译	（地名）	（神名）	镇抚
意译	"云支格都"的亡魂被"得如"神镇抚了		

原句	〔日阿〕得哎	塞啄	徐尔火火	巴梯那哎 〔马无〕
直译	（地名）	三个	（神名）	（神名） 管
意译	"〔日阿〕得"三寨的亡魂被"徐尔火火"神和"巴梯"神管住了			

原句	〔日阿〕麻哎格都	〔日阿〕达哎	〔马无〕
直译	（地名）	（神名）	管
意译	"〔日阿〕麻格都"的亡魂被"〔日阿〕达"神管住了		

原句	格日哎格都	者卡那哎	〔马无〕
直译	（地名）	（神名）	管
意译	"格日格都"的亡魂被"者卡"神管住了		

原句	格如哎格都	者长那哎	〔马无〕
直译	（地名）	（神名）	管

意译	"格如格都"的亡魂被"者长"神管住了
原句	内石哎格都	何叶那哎	〔马无〕
直译	（地名）	（神名）	管
意译	"内石格都"的亡魂被"何叶"神管住了
原句	勒于哎格都	瓦几那哎	〔马无〕
直译	（地名）	（神名）	管
意译	"勒于格都"的亡魂被"瓦几"神管住了
原句	哦	特玛	格玛	女格玛	月玛哎	格唯	玛得 〔马无〕
直译	哦	孤魂	凶魂	游魂	冤魂	所有	亡魂 管
意译	哦，孤魂、凶魂、游魂、冤魂所有亡魂都被管住了
原句	哦	步步	得斯	玛得	格儿
直译	哦	男人们	看见	亡魂	镇抚
意译	哦，男人们看见亡魂被镇抚了
原句	惹米哎	得斯	玛得	格儿
直译	女人们	看见	亡魂	镇抚
意译	女人们看见亡魂被镇抚了
原句	不如哎格都	岳朱那哎	〔马无〕
直译	（地名）	（神名）	管
意译	"不如格都"的亡魂被"岳朱"神管住了
原句	色尔都哎格都	木尔尼那哎	〔马无〕
直译	（地名）	（神名）	管
意译	"色尔都格都"的亡魂被"木尔尼"神管住了
原句	白斯勒哎格都	何叶那哎	〔马无〕
直译	（地名）	（神名）	管
意译	"白斯勒格都"的亡魂被"何叶"神管住了
原句	巴支古哎格都	日者那哎	〔马无〕
直译	（地名）	（神名）	管

第三十二段：玛格儿（镇抚亡魂唱经）

意译	"巴支古格都"的亡魂被"日者"神管住了						
原句	勒哇哎格都		瓦日那哎		〔马无〕		
直译	（地名）		（神名）		管		
意译	"勒哇格都"的亡魂被"瓦日"神管住了						
原句	哦	特玛	格玛	女格玛	月玛哎	格哇	玛得	〔马无〕
直译	哦	孤魂	凶魂	游魂	冤魂	所有	亡魂	管
意译	哦，孤魂、凶魂、游魂、冤魂所有亡魂都被管住了						
原句	石玛哎	午玛	朱则那哎	〔马无〕			
直译	牛魂	马魂	（神名）	管			
意译	牛魂、马魂被"朱则"神管住了						
原句	尔勒哎格都		几长那哎	〔马无〕			
直译	（地名）		（神名）	管			
意译	"尔勒格都"的亡魂被"几长"神管住了						
原句	尔如哎格都	苏者达	巴弟那哎	〔马无〕			
直译	（地名）	（神名）	（神名）	管			
意译	"尔如格都"的亡魂被"苏者达"神和"巴弟"神管住了						
原句	作匹哎格都		巴卡那哎	〔马无〕			
直译	（地名）		（神名）	管			
意译	"作匹格都"的亡魂被"巴卡"神管住了						
原句	帕鲁哎格都		瓦日那哎	〔马无〕			
直译	（地名）		（神名）	管			
意译	"帕鲁格都"的亡魂被"瓦日"神管住了						
原句	吕得哎格都		巴都那哎	〔马无〕			
直译	（地名）		（神名）	管			
意译	"吕得格都"的亡魂被"巴都"神管住了						
原句	得斯哎格都		木尔尼那哎	〔马无〕			
直译	（地名）		（神名）	管			

意译	"得斯格都"的亡魂被"木尔尼"神管住了			
原句	得萨哎格都	得巴那哎	〔马无〕	
直译	（地名）	（神名）	管	
意译	"得萨格都"的亡魂被"得巴"神管住了			
原句	支格哎格都	得日那哎	〔马无〕	
直译	（地名）	（神名）	管	
意译	"支格格都"的亡魂被"得日"神管住了			
原句	致支哎格都	古耶那哎	〔马无〕	
直译	（地名）	（神名）	管	
意译	"致支格都"的亡魂被"古耶"神管住了			
原句	卡匹哎格都	得如那哎	〔马无〕	
直译	（地名）	（神名）	管	
意译	"卡匹格都"的亡魂被"得如"神管住了			
原句	卡尔哎格都	吴若那哎	〔马无〕	
直译	（地名）	（神名）	管	
意译	"卡尔格都"的亡魂被"吴若"神管住了			
原句	冈木若都	苏者达	巴弟	〔马无〕
直译	（地名）	（神名）	（神名）	管
意译	"冈木若都"的亡魂被"苏者达"神和"巴弟"神管住了			
原句	擦喜哎格都	文格那哎	〔马无〕	
直译	（地名）	（神名）	管	
意译	"擦喜格都"的亡魂被"文格"神管住了			
原句	内五哎格都	朱如那哎	〔马无〕	
直译	（地名）	（神名）	管	
意译	"内五格都"的亡魂被"朱如"神管住了			
原句	瓦巴哎格都	艾格那哎	〔马无〕	
直译	（地名）	（神名）	管	

意译	"瓦巴格都"的亡魂被"艾格"神管住了							
原句	塞勒支哎格都		得如那哎		〔马无〕			
直译	（地名）		（神名）		管			
意译	"塞勒支格都"的亡魂被"得如"神管住了							
原句	格尼哎格都		茶鲁那哎		〔马无〕			
直译	（地名）		（神名）		管			
意译	"格尼格都"的亡魂被"茶鲁"神管住了							
原句	格尼哎格都		雅鲁那哎		〔马无〕			
直译	（地名）		（神名）		管			
意译	"格尼格都"的亡魂被"雅鲁"神管住了							
原句	哦	特玛	格玛	女格玛	月玛哎	格哇	玛得	〔马无〕
直译	哦	孤魂	凶魂	游魂	冤魂	所有	亡魂	管
意译	哦，孤魂、凶魂、游魂、冤魂所有亡魂都被管住了							
原句	石玛	午玛	朱则那哎		〔马无〕			
直译	牛魂	马魂	（神名）		管			
意译	牛魂、马魂被"朱则"神管住了							
原句	步步	得斯	玛得	格儿				
直译	男人们	看见	亡魂	镇抚				
意译	男人们看见亡魂被镇抚了							
原句	惹米哎	得斯	玛得	格儿				
直译	女人们	看见	亡魂	镇抚				
意译	女人们看见亡魂被镇抚了							
原句	不麻那	得给	不斯					
直译	年份	过去	来年					
意译	年复一年							
原句	勒麻哎	得给	勒斯					
直译	月份	过去	来月					

意译	月复一月				
原句	沃不哎	得给	卜云那哎	日如	
直译	龙年	过去	蛇年	到来	
意译	龙年过去蛇年来了				
原句	目眯察	哈尼勒			
直译	眨眼间	十二月			
意译	眨眼间十二个月就过去了				
原句	塞勒哎	尼刷那哎			
直译	三月	二十			
意译	今天已是三月二十日				
原句	日荷哎	沃那	娲萨那哎	塞文	
直译	鼠	龙	猴	三个	
意译	鼠（子）、龙（辰）、猴（申）三个属相相合				
原句	步步	朝	夸给那	夸个	朝那哎	格儿来
直译	男人	魂	凤身上	凤	魂	镇抚
意译	男人的魂附在凤身上，要把附在凤身上的魂镇抚好					
原句	惹米	朝	努得外	努得那	朝那哎	格儿来
直译	女人	魂	鹰嘴上	鹰嘴	魂	镇抚
意译	女人的魂附在鹰嘴上，要把附在鹰嘴上的魂镇抚好					
原句	古	朝哎	格儿来	则	朝哎	格儿来
直译	老娘舅	魂	镇抚	小娘舅	魂	镇抚
意译	要把老娘舅和小娘舅的魂镇抚好					
原句	东木	朝哎	格儿来	作比	朝哎	格儿来
直译	弟兄	魂	镇抚	父子	魂	镇抚
意译	要把弟兄的魂和父子的魂都镇抚好					
原句	古步	朝哎	格儿来	则喜	朝哎	格儿来
直译	老人	魂	镇抚	小孩	魂	镇抚

第三十二段：玛格儿（镇抚亡魂唱经）

意译	要把老人的魂和小孩的魂镇抚好			
原句	恩	基者勒	恩	哈者勒
直译	你	儿女	你	侄儿侄女
意译	你的儿女和侄儿侄女			

原句　喜巴哎尼那　鲁依住
直译　酒　　　　来了
意译　都带着酒来送你了

原句　察巴尼那　鲁依住
直译　村寨　　　来
意译　寨子里的人也都来了

原句　巫度那　黑支那哎
直译　邪魔　　镇伏
意译　要把邪魔镇伏

原句　阿度文那　艾给那哎
直译　秽物　　　埋葬
意译　要把秽物埋掉

原句　日巴　塞则　日地古做　比于住
直译　大首领　三位　首领达成一致　好了
意译　三位大首领达成一致就好了

原句　日古哎　艾责
直译　首领嘴　少说
意译　首领可以少说了

原句　比巴　塞则　比地古做　比于住
直译　大比　三位　比达成一致　好了
意译　三位大比达成一致就好了

原句　比古那　艾责
直译　比嘴　　少说

意译　比可以少说了

> **文解**
>
> 　　玛格儿：玛——亡魂，格儿——镇抚，合起来即"镇抚亡魂唱经"。这段唱经是比在招魂时唱的。

第三十三段：毒不日勒
（毒药猫病根唱经）

原句	毒不	日勒
直译	毒药猫	病根
意译	毒药猫病根唱经	

原句	木鲁古鲁	土叶者
直译	（地名）	（部落名）
意译	"木鲁古鲁"的人是"土叶者"	

原句	塔勒古鲁	土叶者
直译	（地名）	（部落名）
意译	"塔勒古鲁"的人是"土叶者"	

原句	日几比儿	比达者
直译	（地名）	（部落名）
意译	"日几比儿"的人是"比达者"	

原句	得斯哈支	勒木者
直译	（地名）	（部落名）
意译	"得斯哈支"的人是"勒木者"	

原句	平凡格都	尼都者
直译	（地名）	（部落名）
意译	"平凡格都"的人是"尼都者"	

原句	日子格都	嘎儿者
直译	（地名）	（部落名）
意译	"日子格都"的人是"嘎儿者"	

原句	嘎儿者勒	基色〔给一〕	基色米无	嘎比归
直译	（人名）	去娶媳妇	女人不肯	（地名）
意译	"嘎儿者勒"去娶媳妇，女人不愿意嫁给他，他就到"嘎比归"去			

原句	得块	麦叶那	毒不那	达
直译	其他	没有	毒药猫	好

意译	其他女子都没有毒药猫女子好					
原句	得块	麻呀	毒不那	嘎		
直译	其他	不好	毒药猫	行		
意译	其他女子不好,毒药猫女子才行					
原句	作牙哇格	麦几阿古	得支噶			
直译	(地名)	(妖名)	杀死了			
意译	他在"作牙哇格"把妖魔"麦几阿古"杀死了					
原句	斯那哇格	麦几萨支	得支噶			
直译	(地名)	(妖名)	杀死了			
意译	他在"斯那哇格"把妖魔"麦几萨支"杀死了					
原句	得支欻那	得牙欻哎				
直译	敢杀	敢割				
意译	他敢杀死妖魔,割妖魔					
原句	巫支欻那	巫牙欻				
直译	敢杀妖	敢割妖				
意译	敢杀妖,敢割妖					
原句	哎哎	哎哎哎	哎哎	哎哎呀		
直译	哎哎	哎哎哎	哎哎	哎哎呀		
意译	哎哎、哎哎哎、哎哎、哎哎呀!					
原句	毒格	取呀	毒部	化呀	毒拄	底呀
直译	毒药猫头	砍下	毒药猫肚子	剖开	毒药猫脚	剁
意译	他把毒药猫砍头,剖腹,剁脚					
原句	雄几格都	玉尼者				
直译	(地名)	(部落名)				
意译	"雄几格都"的人是"玉尼者"					
原句	红花格都	几格者				

直译	（地名）	（部落名）
意译	"红花格都"的人是"几格者"	
原句	禹弥几格	艾外者
直译	（地名）	（部落名）
意译	"禹弥几格"的人是"艾外者"	
原句	西格那格都	替瓜者
直译	（地名）	（部落名）
意译	"西格格都"的人是"替瓜者"	
原句	擦巴格都	瓦如者
直译	（地名）	（部落名）
意译	"擦巴格都"的人是"瓦如者"	
原句	瓦如者勒 基色〔给一〕 基色米无 嘎比归	
直译	（人名） 去娶媳妇 女人不肯 （地名）	
意译	"瓦如者勒"去娶媳妇，女人不愿意嫁给他，他就到"嘎比归"去	
原句	得块 麦叶那 毒不那 达	
直译	其他 没有 毒药猫 好	
意译	其他女子都没有毒药猫女子好	
原句	得块 麻呀 毒不那 嘎	
直译	其他 不好 毒药猫 行	
意译	其他女子不好，毒药猫女子才行	
原句	作牙哇格 麦几阿古 得支噶	
直译	（地名） （妖名） 杀死了	
意译	他在"作牙哇格"把妖魔"麦几阿古"杀死了	
原句	斯那哇格 麦几萨支 得支噶	
直译	（地名） （妖名） 杀死了	
意译	他在"斯那哇格"把妖魔"麦几萨支"杀死了	

原句	得支欻那	得牙欻				
直译	敢杀	敢割				
意译	他敢杀死妖魔，割妖魔					
原句	巫支欻那	巫牙欻				
直译	敢杀妖	敢割妖				
意译	敢杀妖，敢割妖					
原句	哎哎	哎哎哎	哎哎	哎哎呀		
直译	哎哎	哎哎哎	哎哎	哎哎呀		
意译	哎哎、哎哎哎、哎哎、哎哎呀！					
原句	毒格	取呀	毒部	化呀	毒拄	底呀
直译	毒药猫头	砍下	毒药猫肚子	剖开	毒药猫脚	剁
意译	他把毒药猫砍头，剖腹，剁脚					
原句	国儿格都	得如者				
直译	（地名）	（部落名）				
意译	"国儿格都"的人是"得如者"					
原句	朱儿格都	朱叶者				
直译	（地名）	（部落名）				
意译	"朱儿格都"的人是"朱叶者"					
原句	色茶格都	瓦如者				
直译	（地名）	（部落名）				
意译	"色茶格都"的人是"瓦如者"					
原句	勒啄格都	瓦儿者				
直译	（地名）	（部落名）				
意译	"勒啄格都"的人是"瓦儿者"					
原句	麻女格都	古叶者				
直译	（地名）	（部落名）				

意译	"麻女格都"的人是"古叶者"			
原句	云支格都	得如者		
直译	(地名)	(部落名)		
意译	"云支格都"的人是"得如者"			
原句	〔日阿〕得	塞啄	徐尔火火	巴梯者
直译	(地名)	三个	(部落名)	(部落名)
意译	"〔日阿〕得"三个寨子的人是"徐尔火火"和"巴梯者"			
原句	〔日阿〕麻格都	〔日阿〕达者		
直译	(地名)	(部落名)		
意译	"〔日阿〕麻格都"的人是"〔日阿〕达者"			
原句	格日格都	者卡者		
直译	(地名)	(部落名)		
意译	"格日格都"的人是"者卡者"			
原句	格如格都	者长者		
直译	(地名)	(部落名)		
意译	"格如格都"的人是"者长者"			
原句	内石格都	何叶者		
直译	(地名)	(部落名)		
意译	"内石格都"的人是"何叶者"			
原句	勒于格都	瓦几者		
直译	(地名)	(部落名)		
意译	"勒于格都"的人是"瓦几者"			
原句	瓦几者勒	基色〔给一〕	基色米无	嘎比归
直译	(人名)	去娶媳妇	女人不肯	(地名)
意译	"瓦几者勒"去娶媳妇,女人不愿意嫁给他,他就到"嘎比归"去			
原句	得块	麦叶那	毒不那	达

直译	其他	没有	毒药猫	好	
意译	其他女子都没有毒药猫女子好				
原句	得块	麻呀	毒不那	嘎	
直译	其他	不好	毒药猫	行	
意译	其他女子不好，毒药猫女子才行				
原句	作牙哇格	麦几阿古	得支噶		
直译	（地名）	（妖名）	杀死了		
意译	他在"作牙哇格"把妖魔"麦几阿古"杀死了				
原句	斯那哇格	麦几萨支	得支噶		
直译	（地名）	（妖名）	杀死了		
意译	他在"斯那哇格"把妖魔"麦几萨支"杀死了				
原句	得支欸那	得牙欸			
直译	敢杀	敢割			
意译	他敢杀死妖魔，割妖魔				
原句	巫支欸那	巫牙欸			
直译	敢杀妖	敢割妖			
意译	敢杀妖，敢割妖				
原句	哎哎	哎哎哎	哎哎	哎哎呀	
直译	哎哎	哎哎哎	哎哎	哎哎呀	
意译	哎哎、哎哎哎、哎哎、哎哎呀！				
原句	毒格	取呀	毒部	化呀	毒拄	底呀
直译	毒药猫头	砍下	毒药猫肚子	剖开	毒药猫脚	剁
意译	他把毒药猫砍头，剖腹，剁脚					
原句	不如格都	岳朱者				
直译	（地名）	（部落名）				
意译	"不如格都"的人是"岳朱者"					

原句	色尔都格都	木尔尼者
直译	（地名）	（部落名）
意译	"色尔都格都"的人是"木尔尼者"	
原句	白斯勒格都	何叶者
直译	（地名）	（部落名）
意译	"白斯勒格都"的人是"何叶者"	
原句	巴支古格都	日者者
直译	（地名）	（部落名）
意译	"巴支古格都"的人是"日者者"	
原句	勒哇格都	瓦日者
直译	（地名）	（部落名）
意译	"勒哇格都"的人是"瓦日者"	
原句	尔勒格都	几长者
直译	（地名）	（部落名）
意译	"尔勒格都"的人是"几长者"	

原句	几长者勒	基色〔给一〕	基色米无	嘎比归
直译	（人名）	去娶媳妇	女人不肯	（地名）
意译	"几长者勒"去娶媳妇，女人不愿意嫁给他，他就到"嘎比归"去			
原句	得块	麦叶那	毒不那	达
直译	其他	没有	毒药猫	好
意译	其他女子都没有毒药猫女子好			
原句	得块	麻呀	毒不那	嘎
直译	其他	不好	毒药猫	行
意译	其他女子不好，毒药猫女子才行			
原句	作牙哇格	麦几阿古	得支噶	
直译	（地名）	（妖名）	杀死了	

第三十三段：毒不日勒（毒药猫病根唱经）

意译	他在"作牙哇格"把妖魔"麦儿阿古"杀死了					
原句	斯那哇格	麦儿萨支	得支噶			
直译	（地名）	（妖名）	杀死了			
意译	他在"斯那哇格"把妖魔"麦儿萨支"杀死了					
原句	得支欻那	得牙欻				
直译	敢杀	敢割				
意译	他敢杀死妖魔，割妖魔					
原句	巫支欻那	巫牙欻				
直译	敢杀妖	敢割妖				
意译	敢杀妖，敢割妖					
原句	哎哎	哎哎哎	哎哎	哎哎呀		
直译	哎哎	哎哎哎	哎哎	哎哎呀		
意译	哎哎、哎哎哎、哎哎、哎哎呀！					
原句	毒格	取呀	毒部	化呀	毒拄	底呀
直译	毒药猫头	砍下	毒药猫肚子	剖开	毒药猫脚	剁
意译	他把毒药猫砍头，剖腹，剁脚					
原句	尔如格都	苏者达者	巴弟者			
直译	（地名）	（部落名）	（部落名）			
意译	"尔如格都"的人是"苏者达者"和"巴弟者"					
原句	作匹格都	巴卡者				
直译	（地名）	（部落名）				
意译	"作匹格都"的人是"巴卡者"					
原句	帕鲁格都	瓦日者				
直译	（地名）	（部落名）				
意译	"帕鲁格都"的人是"瓦日者"					
原句	吕得格都	巴都者				

直译	（地名）	（部落名）		
意译	"吕得格都"的人是"巴都者"			
原句	得斯格都	木尔尼者		
直译	（地名）	（部落名）		
意译	"得斯格都"的人是"木尔尼者"			
原句	得萨格都	得巴者		
直译	（部落名）	（部落名）		
意译	"得萨格都"的人是"得巴者"			
原句	支格格都	得日者		
直译	（部落名）	（部落名）		
意译	"支格格都"的人是"得日者"			
原句	得日者勒	基色〔给一〕	基色米无	嘎比归
直译	（人名）	去娶媳妇	女人不肯	（地名）
意译	"得日者勒"去娶媳妇，女人不愿意嫁给他，他就到"嘎比归"去			
原句	得块	麦叶那	毒不那	达
直译	其他	没有	毒药猫	好
意译	其他女子都没有毒药猫女子好			
原句	得块	麻呀	毒不那	嘎
直译	其他	不好	毒药猫	行
意译	其他女子不好，毒药猫女子才行			
原句	作牙哇格	麦几阿古	得支噶	
直译	（地名）	（妖名）	杀死了	
意译	他在"作牙哇格"把妖魔"麦几阿古"杀死了			
原句	斯那哇格	麦几萨支	得支噶	
直译	（地名）	（妖名）	杀死了	
意译	他在"斯那哇格"把妖魔"麦几萨支"杀死了			

第三十三段：毒不日勒（毒药猫病根唱经）

原句　得支欶那　　得牙欶
直译　敢杀　　　　敢割
意译　他敢杀死妖魔，割妖魔

原句　巫支欶那　　巫牙欶
直译　敢杀妖　　　敢割妖
意译　敢杀妖，敢割妖

原句　哎哎　　哎哎哎　　哎哎　　哎哎呀
直译　哎哎　　哎哎哎　　哎哎　　哎哎呀
意译　哎哎、哎哎哎、哎哎、哎哎呀！

原句　毒格　　　取呀　　毒部　　　化呀　　毒拄　　　底呀
直译　毒药猫头　砍下　　毒药猫肚子　剖开　毒药猫脚　剁
意译　他把毒药猫砍头，剖腹，剁脚

原句　哎哎　　哎哎哎　　哎哎　　哎哎呀
直译　哎哎　　哎哎哎　　哎哎　　哎哎呀
意译　哎哎、哎哎哎、哎哎、哎哎呀！

原句　瓦巴格都　　艾格者
直译　（地名）　　（部落名）
意译　"瓦巴格都"的人是"艾格者"

原句　艾格者勒　　基色〔给一〕　　基色米无　　嘎比归
直译　（人名）　　去娶媳妇　　　女人不肯　　（地名）
意译　"艾格者勒"去娶媳妇，女人不愿意嫁给他，他就到"嘎比归"去

原句　得块　　麦叶那　　毒不那　　达
直译　其他　　没有　　　毒药猫　　好
意译　其他女子都没有毒药猫女子好

原句　得块　　麻呀　　毒不那　　嘎
直译　其他　　不好　　毒药猫　　行
意译　其他女子不好，毒药猫女子才行

原句	作牙哇格	麦几阿古	得支噶		
直译	（地名）	（妖名）	杀死了		
意译	他在"作牙哇格"把妖魔"麦几阿古"杀死了				
原句	斯那哇格	麦几萨支	得支噶		
直译	（地名）	（妖名）	杀死了		
意译	他在"斯那哇格"把妖魔"麦几萨支"杀死了				
原句	得支欻那	得牙欻			
直译	敢杀	敢割			
意译	他敢杀死妖魔，割妖魔				
原句	巫支欻那	巫牙欻			
直译	敢杀妖	敢割妖			
意译	敢杀妖，敢割妖				
原句	哎哎	哎哎哎	哎哎	哎哎呀	
直译	哎哎	哎哎哎	哎哎	哎哎呀	
意译	哎哎、哎哎哎、哎哎、哎哎呀！				
原句	毒格	取呀	毒部	化呀	毒拄 底呀
直译	毒药猫头	砍下	毒药猫肚子	剖开	毒药猫脚 剁
意译	他把毒药猫砍头，剖腹，剁脚				
原句	格尼格都	茶鲁者			
直译	（地名）	（部落名）			
意译	"格尼格都"的人是"茶鲁者"				
原句	格尼格都	雅鲁者			
直译	（地名）	（部落名）			
意译	"格尼格都"的人还有"雅鲁者"				
原句	雅鲁者勒	基色〔给一〕	基色米无	嘎比归	
直译	（人名）	去娶媳妇	女人不肯	（地名）	
意译	"雅鲁者勒"去娶媳妇，女人不愿意嫁给他，他就到"嘎比归"去				

第三十三段：毒不日勒（毒药猫病根唱经）

原句	得块	麦叶那	毒不那	达
直译	其他	没有	毒药猫	好
意译	其他女子都没有毒药猫女子好			

原句	得块	麻呀	毒不那	嘎
直译	其他	不好	毒药猫	行
意译	其他女子不好，毒药猫女子才行			

原句	作牙哇格	麦几阿古	得支噶
直译	（地名）	（妖名）	杀死了
意译	他在"作牙哇格"把妖魔"麦几阿古"杀死了		

原句	斯那哇格	麦几萨支	得支噶
直译	（地名）	（妖名）	杀死了
意译	他在"斯那哇格"把妖魔"麦几萨支"杀死了		

原句	得支欻那	得牙欻
直译	敢杀	敢割
意译	他敢杀死妖魔，割妖魔	

原句	巫支欻那	巫牙欻
直译	敢杀妖	敢割妖
意译	敢杀妖，敢割妖	

原句	哎哎	哎哎哎	哎哎	哎哎呀
直译	哎哎	哎哎哎	哎哎	哎哎呀
意译	哎哎、哎哎哎、哎哎、哎哎呀！			

原句	毒格	取呀	毒部	化呀	毒拄	底啊
直译	毒药猫头	砍下	毒药猫肚子	剖开	毒药猫脚	剁
意译	他把毒药猫砍头，剖腹，剁脚					

文解

毒不日勒：毒不——毒药猫，日勒——病根，合起来即"毒药猫病根唱经"。自古以来，每个羌寨都有"毒药猫"，羌人有"无毒不成寨"的习俗。羌人中了"毒药猫毒"就会发生病变，只有请比唱《毒不日勒》镇压毒药猫，病人才会"痊愈"。比在唱经时，追述各地人群，其实就是对"毒药猫病"的追根溯源。比在做一些斩妖除魔的法事时也要唱这段经。"毒药猫病"传女不传男，而且"毒药猫女子"长得很漂亮。如果一般的男人娶了"毒药猫女子"就会被她害死，只有有本事能捉得妖魔鬼怪的人才能制伏得了"毒药猫女子"。但毒药猫不能灭绝，因为毒药猫是恶魔毒圈"滞"（类似瘴气）的克星，如果没有了毒药猫，恶魔毒圈"滞"就会非常猖獗，同样会危害人类。对比《毕勒儿》《玛格儿》中的地名、部落名，本段唱经自"瓦巴格都艾格者"起应有所省略。

第三十四段：玉玛黑昔
（送魂唱经）

原句	玉玛	黑昔
直译	魂魄	送走
意译	送魂唱经	

原句	白斯勒格都	玛得	昔呀
直译	（地名）	亡魂	送
意译	把"白斯勒格都"的亡魂送走了		

原句	不如哎格都	玛得	昔啊
直译	（地名）	亡魂	送
意译	把"不如格都"的亡魂送走了		

原句	勒于那格都	玛得	昔呀
直译	（地名）	亡魂	送
意译	把"勒于格都"的亡魂送走了		

原句	内石那格都	玛得	昔啊
直译	（地名）	亡魂	送
意译	把"内石格都"的亡魂送走了		

原句	格如那格都	玛得	昔啊
直译	（地名）	亡魂	送
意译	把"格如格都"的亡魂送走了		

原句	〔日阿〕麻格都	玛得	昔啊
直译	（地名）	亡魂	送
意译	把"〔日阿〕麻格都"的亡魂送走了		

原句	〔日阿〕得格都	玛得	昔啊
直译	（地名）	亡魂	送
意译	把"〔日阿〕得格都"的亡魂送走了		

原句	长火那格都	玛得	昔啊
直译	（地名）	亡魂	送

意译	把"长火格都"的亡魂送走了		
原句	格得格自	得尼	嘎呀
直译	这个地方	变黑	能
意译	亡魂把这个地方的天都变黑了		
原句	格巴格自	给作	鲁呀
直译	这些地方	作恶	来
意译	亡魂来这些地方作恶了		
原句	作特格支	巴米斯呀	
直译	喝水	喝够	
意译	亡魂回煞时要让亡魂喝够		
原句	勒啄那格都	玛得	昔啊
直译	（地名）	亡魂	送
意译	把"勒啄格都"的亡魂送走了		
原句	朱儿那格都	玛得	昔呀
直译	（地名）	亡魂	送
意译	把"朱儿格都"的亡魂送走了		
原句	国儿那格都	玛得	昔呀
直译	（地名）	亡魂	送
意译	把"国儿格都"的亡魂送走了		
原句	擦巴那格都	玛得	昔啊
直译	（地名）	亡魂	送
意译	把"擦巴格都"的亡魂送走了		
原句	西格那格都	玛得	昔啊
直译	（地名）	亡魂	送
意译	把"西格格都"的亡魂送走了		
原句	格得格自	得尼	嘎呀

直译	这个地方	变黑	能
意译	亡魂把这个地方的天都变黑了		
原句	格巴格自	给作	鲁呀
直译	这些地方	作恶	来
意译	亡魂来这些地方作恶了		
原句	作特格支	巴米斯呀	
直译	喝水	喝够	
意译	亡魂回煞时要让亡魂喝够		
原句	禹弥那几格	玛得	昔呀
直译	（地名）	亡魂	送
意译	把"禹弥几格"的亡魂送走了		
原句	红花那格都	玛得	昔呀
直译	（地名）	亡魂	送
意译	把"红花格都"的亡魂送走了		
原句	雄几那格都	玛得	昔呀
直译	（地名）	亡魂	送
意译	把"雄几格都"的亡魂送走了		
原句	日子那格都	玛得	昔啊
直译	（地名）	亡魂	送
意译	把"日子格都"的亡魂送走了		
原句	格得格自	得尼	嘎呀
直译	这个地方	变黑	能
意译	亡魂把这个地方的天都变黑了		
原句	格巴格自	给作	鲁呀
直译	这些地方	作恶	来
意译	亡魂来这些地方作恶了		

第三十四段：玉玛黑昔（送魂唱经）

原句	作特格支	巴米斯呀		
直译	喝水	喝够		
意译	亡魂回煞时要让亡魂喝够			
原句	月则那哎	月巴	塞支外呀	
直译	小路	大路	三条	
意译	大路、小路有三条			
原句	月巴那哎	子支	给尺住呀	
直译	大路	这条	要去	
意译	去这条大路上吧			
原句	阿爸	木巴	得佐	嘎呀
直译	（尊称）	天神	遇见	能
意译	走这条大路能见到天神			
原句	月鲁那哎	子支	给尺住呀	
直译	中间路	这条	要去	
意译	去这条中间的路吧			
原句	阿爸那哎	阿都	得佐	嘎呀
直译	爷爷	奶奶	遇见	能
意译	走中间这条路能见到爷爷、奶奶			
原句	月则那哎	子支	格日花呀	
直译	小路	这条	不要走	
意译	不要走这条小路			
原句	热月那哎	毕月	文尼住呀	
直译	死路	绝路	就是	
意译	小路就是绝路和死路呀			

文解

玉玛黑昔：玉玛——魂魄，黑昔——送走，合起来即"送走魂魄的唱经""送魂唱经"。这段唱经是比在做招魂法事时唱的。羌人认为，人死后如果不做招魂法事，逝者的魂就会成为游魂，对家人不利。比在做法事时，要将岷江两岸各寨的游魂全部送走，同时引导逝者的魂前往该去的地方。对比《毕勒儿》《玛格儿》等唱经，本段唱经中的地名应该也有所简省。

第三十五段：斯慕得
（打神火唱经）

原句	斯慕	得			
直译	神火	打			
意译	打神火唱经				
原句	作格	得古那	日得那	古呀	
直译	背上	打一把	首领	一把	
意译	给首领的背上打一把神火				
原句	作格	得古那	比得那	古呀	
直译	背上	打一把	比	一把	
意译	给比的背上打一把神火				
原句	作格	勒那	火	惹白依那	得嘛
直译	背后	有	虎	吼叫	打出
意译	房屋（寨子）背后有虎啸声，打一把神火				
原句	司那	火依	惹白那	得嘛	
直译	豹	虎	吼叫	打出	
意译	有虎啸豹吼，打一把神火				
原句	木都	慕日那	得嘛		
直译	天上	神火	打出		
意译	向天上打一把神火				
原句	日都	慕日那	得嘛		
直译	地上	神火	打出		
意译	向地上打一把神火				
原句	步步	朝	夸给那	夸个	朝那	得嘛
直译	男人	魂	风身上	风	魂	打出
意译	男人的魂附在风身上，给风身上的魂打一把神火					
原句	惹米	朝	努得外	努得	朝那	得嘛
直译	女人	魂	鹰嘴上	鹰嘴	魂	打出

意译	女人的魂附在鹰嘴上，给鹰嘴上的魂打一把神火						
原句	古	朝那哎	格儿来	得嘛			
直译	老娘舅	魂	镇抚	打出			
意译	要镇抚老娘舅的魂，打一把神火						
原句	则	朝那哎	格儿来	得嘛			
直译	小娘舅	魂	镇抚	打出			
意译	要镇抚小娘舅的魂，打一把神火						
原句	东木	朝那哎	格儿来	作比	朝那哎	格儿来	得嘛
直译	弟兄	魂	镇抚	父子	魂	镇抚	打出
意译	要镇抚弟兄魂、父子魂，打一把神火						
原句	古步	朝那哎	格儿来	则喜	朝那哎	格儿来	得嘛
直译	老人	魂	镇抚	小孩	魂	镇抚	打出
意译	要镇抚老人的魂、小孩的魂，打一把神火						
原句	石儿石都	石得那	得嘛				
直译	牛瘟	牛	打出				
意译	牛得了牛瘟，打一把神火						
原句	午儿石都	午得那	得嘛				
直译	马瘟	马	打出				
意译	马得了马瘟，打一把神火						
原句	泽儿石都	泽得那	得嘛				
直译	羊瘟	羊	打出				
意译	羊得了羊瘟，打一把神火						
原句	扒儿石都	扒得那	得嘛				
直译	猪瘟	猪	打出				
意译	猪得了猪瘟，打一把神火						
原句	库儿石都	库得那	得嘛				
直译	狗瘟	狗	打出				

意译	狗得了狗瘟，打一把神火		
原句	羽几石都	羽得那	得嘛
直译	鸡瘟	鸡	打出
意译	鸡得了鸡瘟，打一把神火		

文解

斯慕得：斯慕——神火，得——打，合起来即"打神火唱经"。比一只手持火把，另一只手抓着面粉向火把打去，火把出现爆燃，即"打神火"。打神火是比的基本功之一，一般在仪式结束前举行，羌人认为神火可以"清洁一切"。打神火时，比对着主家的每个人都要唱一遍经，打一把神火。

第三十六段：朝戈儿
（断魂唱经）

原句	朝	戈儿	
直译	魂	断念	
意译	断魂唱经		
原句	步步	朝那	夸给那
直译	男人	魂	风身上
意译	男人的魂附在风身上		
原句	夸给那	朝那哎	格儿那
直译	风身上	魂	镇抚
意译	要把附在风身上的魂镇抚了		
原句	惹米	朝那	努得外
直译	女人	魂	鹰嘴上
意译	女人的魂附在鹰嘴上		
原句	努得那	朝那哎	格儿那
直译	鹰嘴上	魂	镇抚
意译	要把附在鹰嘴上的魂镇抚了		
原句	古	朝那哎	格儿那
直译	老娘舅	魂	镇抚
意译	要把老娘舅的魂镇抚了		
原句	则	朝那哎	格儿那
直译	小娘舅	魂	镇抚
意译	要把小娘舅的魂镇抚了		
原句	东木	朝那哎	格儿那
直译	弟兄	魂	镇抚
意译	要把弟兄们的魂镇抚了		
原句	作比那	朝那哎	格儿那
直译	父子	魂	镇抚

意译	要把父子的魂镇抚了				
原句	古步	朝那哎	格儿那		
直译	老人	魂	镇抚		
意译	要把老人的魂镇抚了				
原句	则喜那	朝那哎	格儿那		
直译	小孩	魂	镇抚		
意译	要把小孩的魂镇抚了				
原句	格日苏日哎	格儿那			
直译	昏头昏脑	镇抚			
意译	要把昏头昏脑的人的魂镇抚了				
原句	格五苏五哎	格儿那			
直译	疯头疯脑	镇抚			
意译	要把疯头疯脑的人的魂镇抚了				
原句	尼叶	米比	阿斯那古朱	格儿那	
直译	家业	不祥	一天败完	镇抚	
意译	要把一天就败完家业的人的魂镇抚了				
原句	石几那	米比	阿帕那古朱	格儿那	
直译	家产	不祥	一刻散尽	镇抚	
意译	要把一刻就败完家产的人的魂镇抚了				
原句	石沙依那	巴牙那	勒麦	出一出	
直译	干坏事	说坏话	有人	扫一扫	
意译	有人干坏事、说坏话，要扫一扫				
原句	米嘎	勒麦	米扎	勒麦	出一那出
直译	欺凌别人	有人	笑话别人	有人	扫一扫
意译	有人欺凌别人、笑话别人，要扫一扫				
原句	格支	鲁鲁	出一出		
直译	脑袋	死沉沉	扫一扫		

意译	脑袋死沉沉的，要扫一扫		
原句	都支	鲁鲁	出一那出
直译	额头	死沉沉	扫一扫
意译	额头感到死沉沉的，要扫一扫		
原句	买支	鲁鲁	出一出
直译	眼部	死沉沉	扫一扫
意译	眼皮感到死沉沉的，要扫一扫		
原句	内朱	鲁鲁	出一那出
直译	耳朵	死沉沉	扫一扫
意译	耳朵感到死沉沉的，要扫一扫		
原句	得古	鲁鲁	出一出
直译	嘴巴	死沉沉	扫一扫
意译	嘴巴感到死沉沉的，要扫一扫		
原句	作支那	鲁鲁	出一那出
直译	背部	死沉沉	扫一扫
意译	背部感到死沉沉的，要扫一扫		
原句	亿支那	鲁鲁	出一出
直译	手部	死沉沉	扫一扫
意译	手感到死沉沉的，要扫一扫		
原句	部支那	鲁鲁	出一那出
直译	肚子	死沉沉	扫一扫
意译	肚子感到死沉沉的，要扫一扫		
原句	塔支	鲁鲁	出一出
直译	腰部	死沉沉	扫一扫
意译	腰感到死沉沉的，要扫一扫		
原句	朵支那	鲁鲁	出一那出
直译	腿部	死沉沉	扫一扫

第三十六段：朝戈儿（断魂唱经）

意译	腿感到死沉沉的，要扫一扫				
原句	拄支那	鲁鲁	出一出		
直译	脚部	死沉沉	扫一扫		
意译	脚感到死沉沉的，要扫一扫				
原句	得日达	米比	阿萨那	米比	出一那出
直译	说话	不祥	一句	不祥	扫一扫
意译	说了不祥的话，哪怕一句，也要扫一扫				
原句	得驰那	米比	阿瓦那	米比	出一出
直译	走路	不祥	一步	不祥	扫一扫
意译	走了邪门歪道，哪怕一步，也要扫一扫				
原句	年灾月降	出一那出			
直译	年灾月降	扫一扫			
意译	年灾月降扫一扫				
原句	病痛灾难	出一出			
直译	病痛灾难	扫一扫			
意译	病痛灾难扫一扫				
原句	凶星退位	出一那出			
直译	凶星退位	扫一扫			
意译	凶星退位扫一扫				
原句	吉星来临	出一出			
直译	吉星来临	扫一扫			
意译	吉星来临扫一扫				

文解

朝戈儿：朝——魂，戈儿——断念，合起来即"断魂唱经"。这段唱经是比在度亡法事上唱的。如果重要的家人或亲属死去后，家里经常发生"不正常"的事情，就要请比做法事活动并唱《朝戈儿》这段经。比一边唱一边用钱纸加木香为家人扫身。从大人到小孩，每个人有多少岁就数多少张钱纸。每扫完一个人，就把钱纸、木香装在一个旧背篼里。全家都扫完后，再把它们拿到坪神庙前烧掉。本段最后四句传承人是用汉语唱的。

第三十七段：须朱做
（安魂唱经）

原句	须朱	做		
直译	灵魂	安抚		
意译	安魂唱经			
原句	日巴	塞则	格日得匹	得五哎住呀
直译	大首领	三位	头戴孝帕	请来了
意译	请来了三位大首领,头上都戴着孝帕			
原句	比巴	塞则	格日得匹	得五哎住呀
直译	大比	三位	头戴孝帕	请来了
意译	请来了三位大比,头上都戴着孝帕			
原句	察那阿勒		格日得匹	得五哎住呀
直译	各村各寨		头戴孝帕	请来了
意译	请来了各村各寨的亲朋好友,头上都戴着孝帕			
原句	古那则勒		格日得匹	得五哎住呀
直译	老小娘舅		头戴孝帕	请来了
意译	请来了老小娘舅,头上都戴着孝帕			
原句	屋基者勒	屋哈者勒		得五哎住呀
直译	亲儿亲女	侄儿侄女		请来了
意译	请来了亲儿亲女、侄儿侄女们			
原句	基者哈者		格日得匹	得五哦住呀
直译	子侄们		头戴孝帕	请来了
意译	请来了子侄们,头上都戴着孝帕			
原句	东木	作比	格日得匹	得五哎住呀
直译	弟兄	父子	头戴孝帕	请来了
意译	请来了父子兄弟们,头上都戴着孝帕			
原句	步步	月都	昔于哎	鲁呀
直译	男人们	正道	送	来
意译	男人们都来把您送到正道上呀			

原句	惹米	月都	昔于哎	鲁呀	
直译	女人们	正道	送	来	
意译	女人们都来把您送到正道上呀				
原句	来巴格	助于	西阔巴哎	助于哎住呀	
直译	丧事大	办到	大酒肉	办到了呀	
意译	丧事办得大,酒肉很丰盛,都办到了呀				
原句	步步	月都	昔于哎		
直译	男人们	正道	送		
意译	男人们送您到正道上				
原句	惹米	格堵	昔于哎住啊		
直译	女人们	房顶上	送了呀		
意译	女人们在房顶上送您				
原句	艾吕依那	阿爸	木巴	得佐哎给呀	
直译	您	(尊称)	天神	去见	
意译	您去见天神吧!				

文解

须朱作：须朱——灵魂，做——安抚，合起来即"安魂唱经"。羌寨中，人死以后都要请比来做法事活动，告慰逝者，请亡灵安心上路，离开家里。这段唱经是比在开展这类活动时唱的。

第三十八段:须朱迪
(劝魂唱经)

原句	须朱	迪				
直译	灵魂	劝说				
意译	劝魂唱经					

原句	不麻	得给	哎哎	不斯哎		
直译	年份	过去	哎哎	来年		
意译	年复一年					

原句	勒麻	得给	哎哎	勒斯哎		
直译	月份	过去	哎哎	来月		
意译	月复一月					

原句	日不	得给	沃不	日如	哎哎	日如哎
直译	兔年	过去	龙年	到来	哎哎	到来
意译	兔年过去龙年来了					

原句	目眯察	哈尼勒				
直译	眨眼间	十二月				
意译	眨眼间十二个月就过去了					

原句	瓦勒	比纳	哎哎	比于哎住呀		
直译	五月	好	哎哎	好了		
意译	五月好哎,好					

原句	艾吕依那	日	沃依那	哎哎	娲萨哎	塞呀
直译	您	鼠	龙	哎哎	猴	三个
意译	鼠(子)、龙(辰)、猴(申)三个属相相合,就是您哎					

原句	瓦勒文那	朱达哦				
直译	五月	大门位				
意译	五月的卦位是大门位					

原句	屋基者勒	屋哈者勒	哎哎	日尺哎住呀		
直译	亲儿亲女	侄儿侄女	哎哎	唱经了		

意译	您的儿女和侄儿侄女请比来唱经了呀					
原句	尔	尼娲比	哎哎	得五哎住呀		
直译	（地名）	（比名）	哎哎	请来了		
意译	把"尔"的"尼娲"比请来了哎					
原句	尼娲比依	屋得	吕那	哎哎	昔于哎	鲁呀
直译	（比名）	接来	您	哎哎	送	来
意译	接来了"尼娲"比送您哎					
原句	日巴	塞则	屋得	吕那	哎哎	昔于哎	鲁呀
直译	大首领	三位	接来	您	哎哎	送	来
意译	接来了三位大首领送您哎						
原句	比巴	塞则	屋得	吕那	哎哎	昔于哎	鲁呀
直译	大比	三位	接来	您	哎哎	送	来
意译	接来了三位大比送您哎						
原句	泽格	扒格	屋得	吕那	哎哎	昔于哎	鲁呀
直译	羊头	猪头	接来	您	哎哎	送	来
意译	接来了祭品羊头、猪头送您哎						
原句	热日格不	屋得	吕那	哎哎	昔于哎	鲁呀
直译	三叉馍	接来	您	哎哎	送	来
意译	接来了祭品三叉馍送您哎					
原句	古那则勒	屋得	吕那	哎哎	昔于哎	鲁呀
直译	老小娘舅	接来	您	哎哎	送	来
意译	接来了老娘舅、小娘舅送您哎					
原句	察那阿勒	屋得	吕那	哎哎	昔于哎	鲁呀
直译	各村各寨	接来	您	哎哎	送	来
意译	接来了各村各寨的亲朋好友送您哎					
原句	屋基者勒	屋哈者勒	哎哎	昔于哦	鲁呀
直译	亲儿亲女	侄儿侄女	哎哎	送	来

第三十八段：须朱迪（劝魂唱经）

意译	您的儿女和侄儿侄女都来送您哦						
原句	东木	作比	屋得	吕那	哎哎	昔于哎	鲁呀
直译	弟兄	父子	接来	您	哎哎	送	来
意译	接来了兄弟父子们送您哎						
原句	恩	扑衣卓	答不石石	哎哎	给哦住呀		
直译	你	可以放心	欢欢喜喜	哎哎	去了		
意译	你可以放心了，欢欢喜喜地去吧						

文解

　　须朱迪：须朱——灵魂，迪——劝说，合起来即"劝魂唱经"，又称"放心唱经"。这段唱经是比在逝者葬礼的第二天所唱的，主要内容也是告慰逝者，请灵魂安心上路。

第三十九段：嘎拉〔地余〕（嘎拉神咒唱经）

原句　嘎拉　　　　　〔地余〕
直译　（神名）　　咒语
意译　嘎拉神咒唱经

原句　嘎拉　　　白耶　　斯叶那
直译　（神名）　父亲　（神名）
意译　嘎拉神的父亲是"斯叶那"神

原句　嘎拉　　　妈　　　支勒出召
直译　（神名）　母亲　（神名）
意译　嘎拉神的母亲是"支勒出召"神

原句　嘎拉　　　东木　　塞则
直译　（神名）　兄弟　　三位
意译　嘎拉神是三兄弟

原句　哈扎　给那　哈扎　鲁那　嘎拉王
直译　笑　　出去　笑　　回来　（神名）
意译　嘎拉神笑着出门，笑着回来

原句　嘎拉　　　东木　　塞则　　巫得　　色嘎那
直译　（神名）　弟兄　　三位　　妖魔　　能杀死
意译　嘎拉神三兄弟都能降妖除魔

原句　嘎拉　　　东木　　塞则　　库擦羽得　巴都　得若噶
直译　（神名）　弟兄　　三位　　打狗杀鸡　大坪　飞过去
意译　嘎拉神三兄弟从打狗杀鸡的大坪上飞过去了

原句　巫得　　色嘎那　　嘎拉王
直译　妖魔　　能杀死　（神名）
意译　嘎拉神是能杀死妖魔的神

原句　巫萨哎　尺嘎那　嘎拉王
直译　妖血　　能喝　（神名）

意译	嘎拉神是能喝妖血的神			
原句	巫格取	拄底那	黑哇嘎那	嘎拉王
直译	砍妖头	剁脚	能抓回来	（神名）
意译	嘎拉神是能把妖魔抓回来砍头剁脚的神			
原句	嘎拉	东木	塞则	
直译	（神名）	兄弟	三位	
意译	嘎拉神三兄弟			
原句	巫萨	雨给那	嘎拉王	
直译	妖血	放出来	（神名）	
意译	嘎拉神是能放妖魔血的神			
原句	支格	得女嘎那	嘎拉王	
直译	长矛	能刺死	（神名）	
意译	嘎拉神是能用长矛刺死妖魔的神			
原句	嘎拉	麦勒	麻嘎塞	
直译	（神名）	没有	镇伏不了	
意译	没有嘎拉神镇伏不了的妖魔			
原句	阿把	拄格	日入根	
直译	第一把	脚	抹（法水）	
意译	第一把法水抹到脚上			
原句	阿古那	格斯哟	嘎拉王	
直译	第一口	法水	（神名）	
意译	嘎拉神把第一口法水喷出去			
原句	依把	拄格	日入根	
直译	第二把	脚	抹（法水）	
意译	第二把法水抹到脚上			
原句	依古那	格斯哟	嘎拉王	
直译	第二口	法水	（神名）	

意译	嘎拉神把第二口法水喷出去			
原句	塞把	拄格	日入根	
直译	第三把	脚	抹（法水）	
意译	第三把法水抹到脚上			
原句	塞古那	格斯哟	嘎拉王	
直译	第三口	法水	（神名）	
意译	嘎拉神把第三口法水喷出去			
原句	哦	嘎拉	东木	塞则
直译	哦	（神名）	弟兄	三人
意译	哦，嘎拉神三兄弟			
原句	嘎拉	者巴	都格外那	夸格外
直译	（神名）	老大	凰头	凤头
意译	嘎拉神的老大头长得像凤头、凰头			
原句	嘎拉	者鲁	火格外那	司格外
直译	（神名）	老二	虎头	豹头
意译	嘎拉神的老二头长得像虎头、豹头			
原句	嘎拉	者则	沃格外那	珠格外
直译	（神名）	老三	龙头	麒麟头
意译	嘎拉神的老三头长得像龙头、麒麟头			
原句	巫得	色嘎那	巫萨哎	尺嘎那
直译	妖魔	能杀死	妖血	能喝
意译	嘎拉神能杀死妖魔，喝妖魔的血			
原句	巫度	黑支	阿度	艾给
直译	邪魔	镇伏	秽物	埋葬
意译	把邪魔镇伏，把秽物埋掉			

文解

　　嘎拉〔地余〕：嘎拉——嘎拉神，〔地余〕——咒语，合起来即"嘎拉神咒唱经"。嘎拉神是羌族民间信仰的重要神灵，有些类似汉族所说的"水府三官"，但又有羌族自身特点。羌人在房子的中柱神位上供奉的就是嘎拉神。

第四十段：抵格地（看财运唱经）

原句　抵格地
直译　看财运
意译　看财运唱经

原句　抵格地　得斯那　比那哦　鲁哈住
直译　看财运　看　　　比　　　来
意译　请比来看家中财运

原句　斯弟哇　　抵格哎　　眯哈〔斯一〕
直译　这几家人　财运　　　察看
意译　看这几家人的财运

原句　抵格　　得斯　　得伊那　　得给那
直译　财运　　看　　　财物　　　过去
意译　走过去看那家的财运财物

原句　日巴　　基巴哦　　眯哈〔斯一〕
直译　大首领　大老婆　　察看
意译　首领家夫贵妻荣

原句　日支　　恩儿　　眯哈〔斯一〕
直译　首领　　大印　　察看
意译　看到首领有大印

原句　日支　　哈巴　　眯哈〔斯一〕
直译　首领　　大刀　　察看
意译　看到首领有大刀

原句　斯米古外　　眯哈〔斯一〕
直译　形象像神　　察看
意译　看到首领有神容

原句　如米古外　　眯哈〔斯一〕
直译　形象像仙　　察看

意译　看到首领有仙貌
原句　日依得格　　朱巴　　支巴　　眯哈〔斯一〕
直译　首领家　　　门大　　房大　　察看
意译　看出来首领家门大房大财运好
原句　抵格　　得斯　　得伊那　　得给那
直译　财运　　看　　　财物　　　走过去
意译　走过去看那家的财运财物
原句　比巴　　基巴　　　眯哈〔斯一〕
直译　大比　　大老婆　　察看
意译　比家夫贵妻荣
原句　比支　　不一　　眯哈〔斯一〕
直译　比　　　法鼓　　察看
意译　看到比有法鼓
原句　比支　　尺尼　　眯哈〔斯一〕
直译　比　　　盘铃　　察看
意译　看到比有盘铃
原句　斯米古外　　眯哈〔斯一〕
直译　形象像神　　察看
意译　看到比有神容
原句　如米古外　　眯哈〔斯一〕
直译　形象像仙　　察看
意译　看到比有仙貌
原句　比依得格　　朱巴　　支巴　　眯哈〔斯一〕
直译　比家　　　　门大　　房大　　察看
意译　看出来比家门大房大财运好
原句　抵格　　得斯　　得伊那　　得给那
直译　财运　　看　　　财物　　　走过去

意译	走过去看那家的财运财物				
原句	诸支	日古		眯哈〔斯一〕	
直译	铁匠	（铁器名）		察看	
意译	看到铁匠有铁器"日古"				
原句	诸支	西古		眯哈〔斯一〕	
直译	铁匠	火钳		察看	
意译	看到铁匠有火钳				
原句	斯米古外			眯哈〔斯一〕	
直译	形象像神			察看	
意译	看到铁匠有神容				
原句	如米古外			眯哈〔斯一〕	
直译	形象像仙			察看	
意译	看到铁匠有仙貌				
原句	诸依得格	朱巴	支巴	眯哈〔斯一〕	
直译	铁匠家	门大	房大	察看	
意译	看出来铁匠家门大房大财运好				
原句	抵格	得斯	得伊那	得给那	
直译	财运	看	财物	走过去	
意译	走过去看那家的财运财物				
原句	〔日儿〕支	尼苦		眯哈〔斯一〕	
直译	木匠	墨斗		察看	
意译	看到木匠有墨斗				
原句	〔日儿〕支	尺子		眯哈〔斯一〕	
直译	木匠	尺子		察看	
意译	看到木匠有尺子				
原句	斯米古外			眯哈〔斯一〕	
直译	形象像神			察看	

第四十段：抵格地（看财运唱经）

意译	看到木匠有神容				
原句	如米古外	眯哈〔斯一〕			
直译	形象像仙	察看			
意译	看到木匠有仙貌				
原句	〔日儿〕依得格	朱巴	支巴	眯哈〔斯一〕	
直译	木匠家	门大	房大	察看	
意译	看出来木匠家门大房大财运好				
原句	抵格	得斯	得伊那	得给那	
直译	财运	看	财物	走过去	
意译	走过去看那家的财运财物				
原句	伊支	古哈	眯哈〔斯一〕		
直译	管财人	金钱	察看		
意译	看到管财人有金钱				
原句	伊支	抵得	眯哈〔斯一〕		
直译	管财人	财宝	察看		
意译	看到管财人有财宝				
原句	斯米古外	眯哈〔斯一〕			
直译	形象像神	察看			
意译	看到管财人有神容				
原句	如米古外	眯哈〔斯一〕			
直译	形象像仙	察看			
意译	看到管财人有仙貌				
原句	伊依得格	朱巴	支巴	眯哈〔斯一〕	
直译	管财人家	门大	房大	察看	
意译	看出来管财人家门大房大财运好				
原句	抵格	得斯	得伊那	得给那	
直译	财运	看	财物	走过去	

意译	走过去看那家的财运财物			
原句	失支	勒不	眯哈〔斯一〕	
直译	头目人	臂膀	察看	
意译	看到头目人有强壮的臂膀			
原句	失支	得述	眯哈〔斯一〕	
直译	头目人	口齿	察看	
意译	看到头目人有伶牙俐齿			
原句	斯米古外	眯哈〔斯一〕		
直译	形象像神	察看		
意译	看到头目人有神容			
原句	如米古外	眯哈〔斯一〕		
直译	形象像仙	察看		
意译	看到头目人有仙貌			
原句	失依得格	朱巴	支巴	眯哈〔斯一〕
直译	头目人家	门大	房大	察看
意译	看出来头目人家门大房大财运好			

文解

抵格地：看财运唱经。这段唱经主要是比在做全寨大法事活动时唱的。

第四十一段：查格札
（祭请查格神唱经）

原句	查格	札		
直译	（神名）	祭请		
意译	祭请查格神唱经			

原句	白爷	者巴	白日白格	给一
直译	（神名）	大儿子	番人的地方	去
意译	白爷神的大儿子去了番人的地方			

原句	白日白格	白者者斯	日白者哎	说〔格一〕
直译	番人的地方	番王	（人名）	收服了
意译	他在番人的地方把番王"日白者"收服了			

原句	作格	塞扎	得斯	只得北一
直译	清水	三杯	看	行礼
意译	他看见番人用三杯清水行礼			

原句	株布	文麦	得斯	知地苏
直译	皮袋	奶制品	看	满意
意译	他看见番人皮袋里的奶制品很满意			

原句	出不	得斯	日尔为
直译	毪衫	看	礼拜
意译	他看见番人们穿着牛毛毪衫做礼拜		

原句	白五	塞萨牙五	作都斯一
直译	父亲	三句话	背负着
意译	父亲的三句教导使孩子背负着责任		

原句	妈五	塞萨牙五	嘎格斯一
直译	母亲	三句话	大脑里
意译	母亲的三句嘱咐，孩子牢记在了大脑里		

原句	枝米巴子	枝文尼	枝米书则	枝文尼
直译	（妖名）	作祟	（妖名）	作祟

第四十一段：查格札（祭请查格神唱经）

意译	番人的地方有妖魔"枝米巴子"和"枝米书则"作祟	
原句	那侬眯　　司侬外	
直译	兽眼　　　豹爪	
意译	妖魔长有兽眼豹爪	
原句	枝步　　枝基　　扑子	
直译	男妖　　女妖　　合伙	
意译	男妖和女妖合伙危害人间	
原句	枝鲁那　　枝录王　　枝给那　　枝录王	
直译	妖来了　　捉妖　　　妖走了　　捉妖	
意译	妖来妖去都要捉住它	
原句	日　　　得给支　　日者文	
直译	首领　　到哪里　　是首领	
意译	首领到哪里都是首领	
原句	比　　　得给支　　比者文	
直译	比　　　到哪里　　是比	
意译	比到哪里都是比	
原句	诸　　　得给支　　诸者文	
直译	铁匠　　到哪里　　是铁匠	
意译	铁匠到哪里都是铁匠	
原句	〔日儿〕　　得格支　　〔日儿〕者文	
直译	木匠　　　　到哪里　　是木匠	
意译	木匠到哪里都是木匠	
原句	伊　　　得给支　　伊者文	
直译	管财人　　到哪里　　是管财人	
意译	管财人到哪里都是管财人	
原句	失　　　得给支　　失者文	
直译	头目　　到哪里　　是头目人	

意译	头目人到哪里都是头目人			
原句	白爷	者鲁	木尔日木尔格	给一
直译	（神名）	二儿子	羌人的地方	去
意译	白爷神的二儿子去了羌人的地方			
原句	木尔日木尔格	木尔者者斯	拉荷者哎	书〔格一〕
直译	羌人的地方	羌王	（人名）	收服了
意译	他在羌人的地方把羌王"拉荷者"收服了			
原句	茶格	塞扎	得斯	只得北一
直译	茶水	三杯	看	行礼
意译	他看见羌人用三杯茶水行礼			
原句	喜格	北拉	得斯	知地苏
直译	酒	醪糟	看	满意
意译	他看见羌人的醪糟酒很满意			
原句	数不	得斯	日尔为	
直译	麻布	看	礼拜	
意译	他看见羌人们穿着麻布衣服做礼拜			
原句	白五	塞萨牙五	作都斯一	
直译	父亲	三句话	背负着	
意译	父亲的三句教导使孩子背负着责任			
原句	妈五	塞萨牙五	嘎格斯一	
直译	母亲	三句话	大脑里	
意译	母亲的三句嘱咐，孩子牢记在了大脑里			
原句	枝米巴子	枝文尼	枝米书则	枝文尼
直译	（妖名）	作祟	（妖名）	作祟
意译	羌人的地方有妖魔"枝米巴子"和"枝米书则"作祟			
原句	那依眯	司依外		
直译	兽眼	豹爪		

第四十一段：查格札（祭请查格神唱经）

意译	妖魔长有兽眼豹爪			
原句	枝不	枝基	扑子	
直译	男妖	女妖	合伙	
意译	男妖和女妖合伙危害人间			
原句	枝鲁那	枝录王	枝给那	枝鲁王
直译	妖来了	捉妖	妖走了	捉妖
意译	妖来妖去都要捉住它			
原句	日	得给支	日者文	
直译	首领	到哪里	是首领	
意译	首领到哪里都是首领			
原句	比	得给支	比者文	
直译	比	到哪里	是比	
意译	比到哪里都是比			
原句	诸	得给支	诸者文	
直译	铁匠	到哪里	是铁匠	
意译	铁匠到哪里都是铁匠			
原句	〔日儿〕	得给支	〔日儿〕者文	
直译	木匠	到哪里	是木匠	
意译	木匠到哪里都是木匠			
原句	伊	得给支	伊者文	
直译	管财人	到哪里	是管财人	
意译	管财人到哪里都是管财人			
原句	失	得给支	失者文	
直译	头目人	到哪里	是头目人	
意译	头目人到哪里都是头目人			
原句	白爷	者则	尔日尔格	给一
直译	（神名）	小儿子	汉人的地方	去

意译	白爷神的小儿子去了汉人的地方			
原句	尔日尔格	尔者者斯	国木者哎	书〔格一〕
直译	汉人的地方	汉王	（人名）	收服了
意译	他在汉人的地方把汉王"国木者"收服了			
原句	喜格	塞扎	得斯	只得北一
直译	酒	三杯	看	行礼
意译	他看见汉人用三杯酒行礼			
原句	克匹	五扎	得斯	知地苏
直译	大米	碗盆	看	满意
意译	他看见汉人们的大米装满了碗盆很满意			
原句	哇不	得斯	日尔为	
直译	绸缎	看	礼拜	
意译	他看见汉人们穿着绸缎衣服做礼拜			
原句	白五	塞萨牙五	作都斯一	
直译	父亲	三句话	背负着	
意译	父亲的三句教导使孩子背负着责任			
原句	妈五	塞萨牙五	嘎格斯一	
直译	母亲	三句话	大脑里	
意译	母亲的三句嘱咐，孩子牢记在了大脑里			
原句	枝米巴子	枝文尼	枝米书则	枝文尼
直译	（妖名）	作祟	（妖名）	作祟
意译	汉人的地方有妖魔"枝米巴子"和"枝米书则"作祟			
原句	那依眯	司依外		
直译	兽眼	豹爪		
意译	妖魔长有兽眼豹爪			
原句	枝步	枝基	扑子	
直译	男妖	女妖	合伙	

第四十一段：查格札（祭请查格神唱经）

意译	男妖和女妖合伙危害人间			
原句	枝鲁那	枝录王	枝给那	枝录王
直译	妖来了	捉妖	妖走了	捉妖
意译	妖来妖去都要捉住它			

原句	日	得给支	日者文
直译	首领	到哪里	是首领
意译	首领到哪里都是首领		
原句	比	得给支	比者文
直译	比	到哪里	是比
意译	比到哪里都是比		
原句	诸	得给支	诸者文
直译	铁匠	到哪里	是铁匠
意译	铁匠到哪里都是铁匠		
原句	〔日儿〕	得给支	〔日儿〕者文
直译	木匠	到哪里	是木匠
意译	木匠到哪里都是木匠		
原句	伊	得给支	伊者文
直译	管财人	到哪里	是管财人
意译	管财人到哪里都是管财人		
原句	失	得给支	失者文
直译	头目人	到哪里	是头目人
意译	头目人到哪里都是头目人		

原句	不不那	日格来
直译	前代人	当首领
意译	前代人当首领	

原句	日	须	麦尺	日得彼
直译	首领	学	不用	成了首领

意译	（后代人）不用学就会成为首领			
原句	日支	恩儿	得斯	哈都斯一
直译	首领	大印	看	很欣慰
意译	看到首领的大印很欣慰			
原句	日支	哈巴	得斯	哈都斯一
直译	首领	大刀	看	很欣慰
意译	看到首领的大刀很欣慰			
原句	日支	得牧根	日支	日刷根
直译	首领	口碑好	首领	本领好
意译	首领不仅要口碑好，还要本领好			
原句	不不那	比格来		
直译	前代人	当比		
意译	前代人当比			
原句	比	须	麦尺	比得彼
直译	比	学	不用	成了比
意译	（后代人）不用学就会成为比			
原句	比支	不一	得斯	哈都斯一
直译	比	法鼓	看	很欣慰
意译	看到比的法鼓很欣慰			
原句	比支	尺尼	得斯	哈都斯一
直译	比	盘铃	看	很欣慰
意译	看到比的盘铃很欣慰			
原句	比支	得牧根	比支	日刷根
直译	比	口碑好	比	本领好
意译	比不仅要口碑好，还要本领好			
原句	不不那	诸格来		
直译	前代人	当铁匠		

第四十一段：查格札（祭请查格神唱经）

意译	前代人当铁匠				
原句	诸	须	麦尺	诸得彼	
直译	铁匠	学	不用	成了铁匠	
意译	（后代人）不用学就会成为铁匠				
原句	诸支	日古		得斯	哈都斯一
直译	铁匠	（铁器名）		看	很欣慰
意译	看到铁匠的"日古"很欣慰				
原句	诸支	西古	得斯	哈都斯一	
直译	铁匠	火钳	看	很欣慰	
意译	看到铁匠的火钳很欣慰				
原句	朱支	得牧根	朱支	日刷根	
直译	铁匠	口碑好	铁匠	本领好	
意译	铁匠不仅要口碑好，还要本领好				
原句	不不那	〔日儿〕格来			
直译	前代人	当木匠			
意译	前代人当木匠				
原句	〔日儿〕	须	麦尺	〔日儿〕得彼	
直译	木匠	学	不用	成了木匠	
意译	（后代人）不用学就会成为木匠				
原句	〔日儿〕支	尼苦	得斯	哈都斯一	
直译	木匠	墨斗	看	很欣慰	
意译	看到木匠的墨斗很欣慰				
原句	〔日儿〕支	尺子	得斯	哈都斯一	
直译	木匠	尺子	看	很欣慰	
意译	看到木匠的尺子很欣慰				
原句	〔日儿〕支	得牧根	〔日儿〕支	日刷根	

直译	木匠		口碑好	木匠	本领好
意译	木匠不仅要口碑好，还要本领好				
原句	不不那	伊格来			
直译	前代人	当管财人			
意译	前代人当管财人				
原句	伊	须	麦尺	伊得彼	
直译	管财人	学	不用	成了管财人	
意译	（后代人）不用学就会成为管财人				
原句	伊支	古哈	得斯	哈都斯一	
直译	管财人	金钱	看	很欣慰	
意译	看到管财人的金钱很欣慰				
原句	伊支	抵得	得斯	哈都斯一	
直译	管财人	财宝	看	很欣慰	
意译	看到管财人的财宝很欣慰				
原句	伊支	得牧根	伊支	日刷根	
直译	管财人	口碑好	管财人	本领好	
意译	管财人不仅要口碑好，还要本领好				
原句	不不那	失格来			
直译	前代人	当头目人			
意译	前代人当头目人				
原句	失	须	麦尺	失得彼	
直译	头目人	学	不用	成了头目人	
意译	（后代人）不用学也会成为头目人				
原句	失支	勒不	得斯	哈都〔斯一〕	
直译	头目人	臂膀	看	很欣慰	
意译	看到头目人强壮的臂膀很欣慰				

第四十一段：查格札（祭请查格神唱经）

原句	失支	得述	得斯	哈都〔斯一〕
直译	头目人	口齿	看	很欣慰
意译	看到头目人有伶牙俐齿很欣慰			

原句	失支	得牧根	失支	日刷根
直译	头目人	口碑好	头目人	本领好
意译	头目人不仅要口碑好，还要本领好			

> **注释**
>
> 查格札：查格——查格神，札——祭请，合起来即"祭请查格神唱经"。当有些家庭经常遇到不顺心的事情，就会请比唱这段经，祭请查格神，保佑一家平安。

第四十二段：尺勒
（消气化解唱经）

原句　尺　　勒
直译　气　　化解
意译　消气化解唱经

原句　尺　　地多米那　　地多文
直译　气　　传说　　　　传说
意译　气的传说

原句　尺　　白爷米那　　白爷文
直译　气　　（神名）　　（神名）
意译　气在白爷神时期就有了

原句　尺　　如罗米　　如罗王
直译　气　　起源　　　起源
意译　这就是气的起源

原句　尺　　出麦出　　出麦出
直译　气　　流传　　　流传
意译　从此气就传了下来

原句　尺那达斯　　屋支内格　　白那　　者依那　　得佐
直译　正生气　　　堂屋　　　　父亲　　儿子　　　遇见
意译　正在生气的父子在堂屋上见面了

原句　白那　　锁不那　　塞五　　〔朱一〕
直译　父亲　　锁　　　　三把　　拿了
意译　父亲拿了三把锁把门锁了（不要儿子当家）

原句　白那　　者依那　　石瓜
直译　父亲　　儿子　　　打架
意译　父亲和儿子打架了

原句　慕五格巴那哎　　克〔格一〕
直译　火塘上的锅类　　打碎了

意译	火塘上的锅都被打碎了				
原句	屋苏斯格	妈那	基依那	得佐	
直译	里屋	母亲	女儿	遇见	
意译	母女在里屋相见了				
原句	妈那	基依那	石瓜		
直译	母亲	女儿	打架		
意译	母亲和女儿打架了				
原句	尺那北那	谷株达噶	得佐		
直译	斗气	家畜们	遇见		
意译	家畜们相见都斗气了				
原句	石那	尼麻那	石瓜		
直译	牛	绵羊	打架		
意译	牛和绵羊打架了				
原句	石那	午那	石瓜		
直译	牛	马	打架		
意译	牛和马打架了				
原句	白那	者那	斯月	诸格	黑给
直译	父亲	儿子	神路	（山名）	出去
意译	父子俩顺着神路去了"诸格"山				
原句	尺那	勒那	勒阿	阿窝那	欻玛依
直译	气	化解	杉树	一棵	要种
意译	为化解消气，要种一棵杉树				
原句	勒阿	子支	斯阿米阿那	欻玛依	
直译	杉树	这棵	敬神护民	要种	
意译	他们在神山上种了一棵杉树来敬神护民				
原句	哦	木都斯纳	纳于住		
直译	哦	天上神灵	得知		

意译	哦，天上的神灵得知了			
原句	国哎麦须	国哎麦外		
直译	不许愿	不还愿		
意译	不许愿、不还愿（就去神山种树）			
原句	木都斯纳	得日达那	得止哎	
直译	天上神灵	说起来	很生气	
意译	天上的神灵说起来很生气			
原句	古不	英木那	西麻依	
直译	九个	太阳	要晒	
意译	九个太阳来晒人类			
原句	尺杂	英木那	西麻	
直译	气愤	太阳	要晒	
意译	烈日暴晒人类			
原句	木都	达尼那	阿如给支那	米鲁为
直译	天上	黑云神	一天过去	没有来
意译	一天过去了，天上的黑云神没有来			
原句	木都	达匹那	阿如给支那	米鲁为
直译	天上	白云神	一天过去	没有来
意译	一天过去了，天上的白云神没有来			
原句	木都	达喜那	阿如给支那	米鲁为
直译	天上	彩云神	一天过去	没有来
意译	一天过去了，天上的彩云神没有来			
原句	木都	至木那	阿如给支那	米鲁为
直译	天上	星神	一天过去	没有来
意译	一天过去了，天上的星神没有来			
原句	埃自	国须	埃自	国外啊
直译	大家	许愿	大家	还愿

意译	大家要许愿、要还愿啊			
原句	木都	达尼那	黑哇根	
直译	天上	黑云神	回来	
意译	天上的黑云神请回来			
原句	木都	达匹那	黑哇根	
直译	天上	白云神	回来	
意译	天上的白云神请回来			
原句	木都	达喜那	黑哇根	
直译	天上	彩云神	回来	
意译	天上的彩云神请回来			
原句	木都	至木那	黑哇根	
直译	天上	星神	回来	
意译	天上的星神请回来			
原句	木都	达尼那	依如给支那	米鲁为
直译	天上	黑云神	两天过去	没有来
意译	两天过去了,天上的黑云神没有来			
原句	木都	达匹那	依如给支那	米鲁为
直译	天上	白云神	两天过去	没有来
意译	两天过去了,天上的白云神没有来			
原句	木都	达喜那	依如给支那	米鲁为
直译	天上	彩云神	两天过去	没有来
意译	两天过去了,天上的彩云神没有来			
原句	木都	至木那	依如给支那	米鲁为
直译	天上	星神	两天过去	没有来
意译	两天过去了,天上的星神没有来			
原句	埃自	国须	埃自	国外啊
直译	大家	许愿	大家	还愿

第四十二段:尺勒(消气化解唱经)

意译	大家要许愿、要还愿啊			
原句	木都	达尼那	黑哇根	
直译	天上	黑云神	回来	
意译	天上的黑云神请回来			
原句	木都	达匹那	黑哇根	
直译	天上	白云神	回来	
意译	天上的白云神请回来			
原句	木都	达喜那	黑哇根	
直译	天上	彩云神	回来	
意译	天上的彩云神请回来			
原句	木都	至木那	黑哇根	
直译	天上	星神	回来	
意译	天上的星神请回来			
原句	木都	达尼那	塞如给支那	米鲁为
直译	天上	黑云神	三天过去	没有来
意译	三天过去了,天上的黑云神没有来			
原句	木都	达匹那	塞如给支那	米鲁为
直译	天上	白云神	三天过去	没有来
意译	三天过去了,天上的白云神没有来			
原句	木都	达喜那	塞如给支那	米鲁为
直译	天上	彩云神	三天过去	没有来
意译	三天过去了,天上的彩云神没有来			
原句	木都	至木那	塞如给支那	米鲁为
直译	天上	星神	三天过去	没有来
意译	三天过去了,天上的星神没有来			
原句	埃自	国须	埃自	国外啊

直译	大家	许愿	大家	还愿		
意译	大家要许愿、要还愿啊					
原句	木都	达尼那	黑哇根			
直译	天上	黑云神	回来			
意译	天上的黑云神请回来					
原句	木都	达匹那	黑哇根			
直译	天上	白云神	回来			
意译	天上的白云神请回来					
原句	木都	达喜那	黑哇根			
直译	天上	彩云神	回来			
意译	天上的彩云神请回来					
原句	木都	至木那	黑哇根			
直译	天上	星神	回来			
意译	天上的星神请回来					
原句	哦	木都	古白	英木	子支那	麦西依
直译	哦	天上	九个	太阳	这些	消失了
意译	哦，天上的九个太阳消失了					
原句	尺杂	英木那	麦西依			
直译	气愤	太阳	消失了			
意译	烈日消失了					
原句	木都	古竹哎	鲁卓			
直译	天上	雨露	来了			
意译	天降甘露					
原句	日都	古巴	阿巴为			
直译	地上	万物	长大			
意译	地上万物生长					

第四十二段：尺勒（消气化解唱经）

原句	哦	木那阿刷	斯那如依那	阿答布	
直译	哦	天道顺了	神仙	开心	
意译	哦，天道顺了，神仙们开心了				
原句	屋支内格	白那	者依那	麻瓜依	
直译	堂屋	父亲	儿子	不争吵了	
意译	堂屋上父子俩不争吵了				
原句	白那	者依那	艾特住		
直译	父亲	儿子	和睦		
意译	父子和睦了				
原句	屋苏斯格	妈那	基依那	麻瓜依	
直译	里屋	母亲	女儿	不争吵	
意译	里屋中母女不争吵了				
原句	妈那	基依那	艾特住		
直译	母亲	女儿	和睦		
意译	母女和睦了				
原句	哦	谷株	作特	朱〔日阿〕那	
直译	哦	六畜	喝水	吃饲料	
意译	哦，六畜喝水吃饲料了				
原句	谷株	得彼	比于住		
直译	六畜	发展	好了		
意译	六畜兴旺就好了				
原句	哦	尺那杂勒	麦几阿古	麦几萨支	阿扑住
直译	哦	冲气鬼	（鬼名）	（鬼名）	逃跑了
意译	哦，原来是冲气鬼"麦几阿古""麦几萨支"在作怪，它们逃跑了				
原句	巫度文那	黑支卓			
直译	邪魔	镇伏			

意译	邪魔被镇伏了	
原句	阿度文那	艾给卓
直译	秽物	埋葬
意译	秽物被埋掉了	
原句	木都斯勒	阿答布
直译	天神们	开心
意译	天神们开心了	
原句	自土文那	比于哎住呀
直译	从此	好了
意译	从此就好了	

> **文解**
>
> 尺勒：尺——气，勒——化解，合起来即"消气化解唱经"。这段唱经是比在做法事活动，祈求神灵保佑村寨或家庭平安吉祥、和谐安顺时唱的。

第四十二段：尺勒（消气化解唱经）

第四十三段：羽得
（供养雀鸟唱经）

原句　羽得
直译　供养雀鸟
意译　供养雀鸟唱经

原句　八　八　必　必　必　必　八
直译　粗　粗　细　细　细　细　粗
意译　粗粗细细的彩旗杆上有祭品（你们去吃吧，不要吃地里的粮食）

原句　斯密古哎　　择米哎那
直译　（祭品名）　我们
意译　我们的祭品"斯密古"请你们去享用（不要吃地里的粮食）

原句　巴　巴　则　则　则　则　巴
直译　大　大　小　小　小　小　大
意译　大大小小的彩旗杆上有祭品

原句　斯密古哎　　择米哦那
直译　（祭品）　　我们
意译　我们的祭品"斯密古"请你们去享用

原句　不　不　拔　拔　拔　拔　不
直译　高　高　矮　矮　矮　矮　高
意译　高高低低的彩旗杆上有祭品

原句　茹密古哎　　择米哎那
直译　（祭品名）　我们
意译　我们的祭品"茹密古"请你们去享用

原句　之　之　瓦　瓦　瓦　瓦　之
直译　长　长　短　短　短　短　长
意译　长长短短的彩旗杆上有祭品

原句　茹密古哎　　择米呀那　叼　叼
直译　（祭品名）　我们　　　请吃　请吃

意译　我们的祭品"茹密古"请你们去享用，请吃吧、吃吧

文解

羽得：供养雀鸟唱经。每个羌寨都有一片神树林，神树林中有一座白石塔"纳格西"，纳格西周围有一个大坪用来祭山，羌人在此举行祭山会，届时全寨男人都要参加。祭山会的祭品是一只黑羊。全寨祭祀完毕，在太阳快下山时人们才回家，这段唱经就是在回家的路上人们边走边唱的。唱经的意思是请山中的雀鸟们去吃祭品，不要吃人们的庄稼。

第四十四段：司暮曲（扫除孩魂唱经）

第四十四段：司暮曲（扫除孩魂唱经）

原句	司暮		曲	
直译	夭折孩子的魂		扫除	
意译	扫除孩魂唱经			
原句	阿书那	把把那	古牙牙	
直译	第一次摸	冷冷的	冰冰的	
意译	摸第一下，你的身体已经冰冷了			
原句	恩	妈那	得葛那	得鲁根
直译	恩	妈	想念	不要想了
意译	你不要再想妈妈了			
原句	恩	妈那	把把那	艾朱根
直译	你	妈	冷冷的	不思念了
意译	你的身体已经冰冷了，不要思念妈妈了			
原句	依书那	把把那	古牙牙	
直译	第二次摸	冷冷的	冰冰的	
意译	摸第二下，你的身体确实已经冰冷了			
原句	恩	妈那	得葛那	得鲁根
直译	你	妈	想念	不要想了
意译	你不要再想妈妈了			
原句	恩	妈那	把把那	艾朱根
直译	你	妈	冷冷的	不思念了
意译	你的身体已经冰冷了，不要再思念妈妈了			
原句	五朱那	把把那	古牙牙	
直译	野鸡	冷冷的	冰冰的	
意译	野鸡是"五鬼血光星"中的第一星，你的身体已经冰冷了			
原句	恩	妈那	得葛那	得鲁根
直译	你	妈	想念	不要想了

意译	你不要再想妈妈了			
原句	恩	妈那	把把那	艾朱根
直译	你	妈	冷冷的	不思念了
意译	你的身体已经冰冷了,不要再思念妈妈了			
原句	白斯那	把把那	古牙牙	
直译	蛇	冷冷的	冰冰的	
意译	蛇是"五鬼血光星"中的第二星,你的身体已经冰冷了			
原句	恩	妈那	得葛那	得鲁根
直译	你	妈	想念	不要想了
意译	你不要再想妈妈了			
原句	恩	妈那	把把那	艾朱根
直译	你	妈	冷冷的	不思念了
意译	你的身体已经冰冷了,不要再思念妈妈了			
原句	古仄那	把把那	古牙牙	
直译	四脚蛇	冷冷的	冰冰的	
意译	四脚蛇是"五鬼血光星"中的第三星,你的身体已经冰冷了			
原句	恩	妈那	得葛那	得鲁根
直译	你	妈	想念	不要想了
意译	你不要再想妈妈了			
原句	恩	妈那	把把那	艾朱根
直译	你	妈	冷冷的	不思念了
意译	你的身体已经冰冷了,不要再思念妈妈了			
原句	日火那	把把那	古牙牙	
直译	蜈蚣	冷冷的	冰冰的	
意译	蜈蚣是"五鬼血光星"中的第四星,你的身体已经冰冷了			
原句	恩	妈那	得葛那	得鲁根
直译	你	妈	想念	不要想了

意译	你不要再想妈妈了			
原句	恩	妈那	把把那	艾朱根
直译	你	妈	冷冷的	不思念了
意译	你的身体已经冰冷了,不要再思念妈妈了			
原句	尺石那	把把那	古牙牙	
直译	蜘蛛	冷冷的	冰冰的	
意译	蜘蛛是"五鬼血光星"中的第五星,你的身体已经冰冷了			
原句	恩	妈那	得葛那	得鲁根
直译	你	妈	想念	不想了
意译	你不要再想妈妈了			
原句	你	妈那	把把那	艾朱根
直译	你	妈	冷冷的	不思念了
意译	你的身体已经冰冷了,不要再思念妈妈了			
原句	恩	妈那	本石那	斯甩扎
直译	你	妈	身体	抹扫了
意译	你妈已经清洁你的身体了			
原句	司暮那		曲那	司暮	曲
直译	夭折孩子的魂	扫除	夭折孩子的魂	扫除	
意译	扫走孩子的魂了			
原句	巫度文那	黑支尺		
直译	邪魔	镇伏下去		
意译	把邪魔镇伏下去了			
原句	阿度文那	艾给尺	呼呼呼	
直译	秽物	埋葬下去	呼呼呼	
意译	把秽物埋掉了,呼呼呼			

文解

司暮曲：司暮——夭折孩子的魂，曲——扫除，合起来即"扫除孩魂唱经"。当有人家中不满十二岁的孩子夭折了时就要请比来做法事，唱这段经。唱经大意是说孩子是"五鬼血光星"（野鸡精、蛇精、四脚蛇精、蜈蚣精、蜘蛛精）害死的，比会用麦草和柳条扎出这五种动物的替身，唱完经后连同夭折小孩的指甲和其他秽物一起埋到三岔路口处。

第四十五段：哈尼拉古噗得
（喷法水医治十二生肖动物拉古病唱经）

原句	哈尼		拉古	噗得
直译	十二（生肖动物）		拉古病	喷（法水）
意译	喷法水医治十二生肖动物拉古病唱经			

原句	嘛	拉古	夸	拉古
直译	什么	拉古病	凤	拉古病
意译	什么得了拉古病？凤得了拉古病			

原句	夸则	夸拉古	夸妈	夸拉古
直译	小凤	凤拉古病	母凤	凤拉古病
意译	小凤得了拉古病，母凤也会得拉古病			

原句	夸则	妈	枯	妈	则	枯
直译	小凤	母	恨	母	小	恨
意译	得了拉古病，小凤恨母凤，母凤恨小凤					

原句	嘛	拉古	日荷	拉古
直译	什么	拉古病	鼠	拉古病
意译	什么得了拉古病？鼠得了拉古病			

原句	日荷则	日荷拉古	日荷妈	日荷拉古
直译	小鼠	鼠拉古病	母鼠	鼠拉古病
意译	小鼠得了拉古病，母鼠也会得拉古病			

原句	日荷则	妈	枯	妈	则	枯
直译	小鼠	母	恨	母	小	恨
意译	得了拉古病，小鼠恨母鼠，母鼠恨小鼠					

原句	嘛	拉古	石	拉古
直译	什么	拉古病	牛	拉古病
意译	什么得了拉古病？牛得了拉古病			

原句	石则	石拉古	石妈	石拉古
直译	小牛	牛拉古病	母牛	牛拉古病
意译	小牛得了拉古病，母牛也会得拉古病			

原句	石则	妈	枯	妈	则	枯
直译	小牛	母	恨	母	小	恨
意译	得了拉古病，小牛恨母牛，母牛恨小牛					

原句	嘛	拉古	巨地	拉古
直译	什么	拉古病	虎	拉古病
意译	什么得了拉古病？虎得了拉古病			

原句	巨地则	巨地拉古	巨地妈	巨地拉古
直译	小虎	虎拉古病	母虎	虎拉古病
意译	小虎得了拉古病，母虎也会得拉古病			

原句	巨地则	妈	枯	妈	则	枯
直译	小虎	母	恨	母	小	恨
意译	得了拉古病，小虎恨母虎，母虎恨小虎					

原句	嘛	拉古	日	拉古
直译	什么	拉古病	兔	拉古
意译	什么得了拉古病？兔子得了拉古病			

原句	日则	日拉古	日妈	日拉古
直译	小兔	兔拉古病	母兔	兔拉古病
意译	小兔得了拉古病，母兔也会得拉古病			

原句	日则	妈	枯	妈	则	枯
直译	小兔	母	恨	母	小	恨
意译	得了拉古病，小兔恨母兔，母兔恨小兔					

原句	嘛	拉古	沃	拉古
直译	什么	拉古病	龙	拉古
意译	什么得了拉古病？龙得了拉古病			

原句	沃则	沃拉古	沃妈	沃拉古
直译	小龙	龙拉古病	母龙	龙拉古病
意译	小龙得了拉古病，母龙也会得拉古病			

原句	沃则	妈	枯	妈	则	枯

直译	小龙	母	恨	母	小	恨
意译	得了拉古病，小龙恨母龙，母龙恨小龙					

原句	嘛	拉古	卜云	拉古
直译	什么	拉古病	蛇	拉古病
意译	什么得了拉古病？蛇得了拉古病			

原句	卜云则	卜云拉古	卜云妈	卜云拉古
直译	小蛇	蛇拉古病	母蛇	蛇拉古病
意译	小蛇得了拉古病，母蛇也会得拉古病			

原句	卜云则	妈	枯	妈	则	枯
直译	小蛇	母	恨	母	小	恨
意译	得了拉古病，小蛇恨母蛇，母蛇恨小蛇					

原句	嘛	拉古	午	拉古
直译	什么	拉古病	马	拉古病
意译	什么得了拉古病？马得了拉古病			

原句	午则	午拉古	午妈	午拉古
直译	小马	马拉古病	母马	马拉古病
意译	小马得了拉古病，母马也会得拉古病			

原句	午则	妈	枯	妈	则	枯
直译	小马	母	恨	母	小	恨
意译	得了拉古病，小马恨母马，母马恨小马					

原句	嘛	拉古	泽	拉古
直译	什么	拉古病	羊	拉古病
意译	什么得了拉古病？羊得了拉古病			

原句	泽则	泽拉古	泽妈	泽拉古
直译	小羊	羊拉古病	母羊	羊拉古病
意译	小羊得了拉古病，母羊也会得拉古病			

原句	泽则	妈	枯	妈	则	枯
直译	小羊	母	恨	母	小	恨

意译	得了拉古病，小羊恨母羊，母羊恨小羊				
原句	嘛	拉古	娲萨	拉古	
直译	什么	拉古病	猴	拉古	
意译	什么得了拉古病？猴得了拉古病				
原句	娲萨则	娲萨拉古	娲萨妈	娲萨拉古	
直译	小猴	猴拉古病	母猴	猴拉古病	
意译	小猴得了拉古病，母猴也会得拉古病				
原句	娲萨则	妈	枯	妈	则	枯
直译	小猴	母	恨	母	小	恨
意译	得了拉古病，小猴恨母猴，母猴恨小猴				
原句	嘛	拉古	羽	拉古	
直译	什么	拉古病	鸡	拉古病	
意译	什么得了拉古病？鸡得了拉古病				
原句	羽则	羽拉古	羽妈	羽拉古	
直译	小鸡	鸡拉古病	母鸡	鸡拉古病	
意译	小鸡得了拉古病，母鸡也会得拉古病				
原句	羽则	妈	枯	妈	则	枯
直译	小鸡	母	恨	母	小	恨
意译	得了拉古病，小鸡恨母鸡，母鸡恨小鸡				
原句	嘛	拉古	库	拉古	
直译	什么	拉古病	狗	拉古病	
意译	什么得了拉古病？狗得了拉古病				
原句	库则	库拉古	库妈	库拉古	
直译	小狗	狗拉古病	母狗	狗拉古病	
意译	小狗得了拉古病，母狗也会得拉古病				
原句	库则	妈	枯	妈	则	枯
直译	小狗	母	恨	母	小	恨
意译	得了拉古病，小狗恨母狗，母狗恨小狗				

原句	嘛	拉古		扒	拉古
直译	什么	拉古病		猪	拉古
意译	什么得了拉古病？猪得了拉古病				
原句	扒则	扒拉古		扒妈	扒拉古
直译	小猪	猪拉古病		母猪	猪拉古病
意译	小猪得了拉古病，母猪也会得拉古病				
原句	扒则	妈	枯	妈则	枯
直译	小猪	母	恨	母	小恨
意译	得了拉古病，小猪恨母猪，母猪恨小猪				
原句	日荷拉古		石拉古		巨地拉古
直译	鼠拉古病		牛拉古病		虎拉古病
意译	不管是鼠拉古病、牛拉古病，还是虎拉古病				
原句	日拉古		沃拉古		卜云拉古
直译	兔拉古病		龙拉古病		蛇拉古病
意译	不管是兔拉古病、龙拉古病，还是蛇拉古病				
原句	午拉古		泽拉古		娲萨拉古
直译	马拉古病		羊拉古病		猴拉古病
意译	不管是马拉古病、羊拉古病，还是猴拉古病				
原句	羽拉古		库拉古		扒拉古
直译	鸡拉古病		狗拉古病		猪拉古病
意译	不管是鸡拉古病、狗拉古病，还是猪拉古病				
原句	阿斯	塞格		拉古	达嘎
直译	一天	三次		拉古病	脱体
意译	喷法水，一天三次，拉古病脱体				
原句	依斯	竹格		拉古	达嘎
直译	两天	六次		拉古病	脱体
意译	两天六次，拉古病脱体				

第四十五段：哈尼拉古噗得（喷法水医治十二生肖动物拉古病唱经）

原句	塞斯	古格	拉古	达嘎
直译	三天	九次	拉古病	脱体
意译	三天九次，拉古病脱体			

原句	呼得	呼得	呼得	拉古	达嘎
直译	呼得	呼得	呼得	拉古病	脱体
意译	呼得！呼得！呼得！喷法水，拉古病脱体了				

文解

哈尼拉古噗得：哈尼——十二（生肖动物），拉古——拉古病，噗得——喷、吹（法水），合起来即"喷法水医治十二生肖动物拉古病唱经"。当所养家畜、家禽等产崽产蛋时"遇邪"，就会发生母畜（禽）不爱幼崽（禽）、幼崽（禽）不爱母畜（禽）的情况，羌人谓之"拉古"病。如果出现拉古病，主家就会请比来做法事活动，唱这段经。比边唱经边用木香熏母畜（禽）与幼崽（禽），并喷法水在母畜（禽）与幼崽（禽）身上，重复熏三次、喷三次。小孩也会得"拉古"病，生病后小孩面黄肌瘦，皮包骨头，全身皮肤像苦荞面色，两岁都不会走路。这时就要请比来做法事活动，比要烧九个白石头、一个铧头，然后念动咒语，伸手将烧红的白石、铧头置于水中做成"法水"，唱这段经，用"法水"洗孩子全身，一日三次，连续重复三天。

第四十六段：滞噗得
（喷法水医治恶魔毒圈唱经）

第四十六段：滞噗得（喷法水医治恶魔毒圈唱经）

原句　滞　　　　　　　噗得
直译　恶魔毒圈　　　喷（法水）
意译　喷法水医治恶魔毒圈唱经

原句　格支　　鲁鲁
直译　脑袋　　死沉沉
意译　脑袋死沉沉的

原句　都支　　鲁鲁
直译　额头　　死沉沉
意译　额头感到死沉沉的

原句　买支　　鲁鲁
直译　眼部　　死沉沉
意译　眼皮感到死沉沉的

原句　内朱　　鲁鲁
直译　耳朵　　死沉沉
意译　耳朵感到死沉沉的

原句　亿支　　鲁鲁
直译　手部　　死沉沉
意译　手感到死沉沉的

原句　部支　　鲁鲁
直译　肚子　　死沉沉
意译　肚子感到死沉沉的

原句　塔支　　鲁鲁
直译　腰部　　死沉沉
意译　腰部感到死沉沉的

原句　朵支　　鲁鲁
直译　腿部　　死沉沉

意译	腿感到死沉沉的	
原句	拄支	鲁鲁
直译	脚部	死沉沉
意译	脚感到死沉沉的	

原句	巴五格一	滞哎得
直译	（山名）	中了恶魔毒圈
意译	在"巴五格一"山中了恶魔毒圈	

原句	巴五格一	滞	黑斯一
直译	（山名）	恶魔毒圈	发生
意译	"巴五格一"山中有了恶魔毒圈		

原句	哇格	滞哎得
直译	山中	中了恶魔毒圈
意译	在山中中了恶魔毒圈	

原句	哇格	滞	黑斯一
直译	山中	恶魔毒圈	发生
意译	山中有了恶魔毒圈		

原句	晕格一	滞哎得
直译	（山名）	中了恶魔毒圈
意译	在"晕格一"山中了恶魔毒圈	

原句	晕格一	滞	黑斯一
直译	（山名）	恶魔毒圈	发生
意译	"晕格一"山中有了恶魔毒圈		

原句	达匹都	滞哎得
直译	白云处	中了恶魔毒圈
意译	在有白云的地方中了恶魔毒圈	

原句	达匹都	滞	黑斯一
直译	白云处	中了恶魔毒圈	发生

意译	白云所在的地方有了恶魔毒圈				
原句	达尼都	滞哎得			
直译	黑云处	中了恶魔毒圈			
意译	在有黑云的地方中了恶魔毒圈				
原句	达尼都	滞	黑斯一		
直译	黑云	恶魔毒圈	发生		
意译	黑云所在的地方有了恶魔毒圈				
原句	唯格	巴都	滞哎得		
直译	山中	大坪	中了恶魔毒圈		
意译	在山中大坪中了恶魔毒圈				
原句	唯格	巴都	滞	黑斯一	
直译	山中	大坪	恶魔毒圈	发生	
意译	山中大坪上有了恶魔毒圈				
原句	斯支	巴都	滞哎得		
直译	庙宇	大坪	中了恶魔毒圈		
意译	在庙宇大坪上中了恶魔毒圈				
原句	斯支	巴都	滞	黑斯一	
直译	庙宇	大坪	恶魔毒圈	发生	
意译	庙宇大坪上有了恶魔毒圈				
原句	嫩支	巴都	滞哎得		
直译	望仙台	大坪	中了恶魔毒圈		
意译	在望仙台坪中了恶魔毒圈				
原句	嫩支	巴都	滞	黑斯一	
直译	望仙台	大坪	恶魔毒圈	发生	
意译	望仙台坪上有了恶魔毒圈				
原句	阿斯	塞格	滞	达嘎	
直译	一天	三次	恶魔毒圈	脱体	

意译	一天三次，恶魔毒圈脱体			
原句	依斯	竹格	滞	达嘎
直译	两天	六次	恶魔毒圈	脱体
意译	两天六次，恶魔毒圈脱体			
原句	塞斯	古格	滞	达嘎
直译	三天	九次	恶魔毒圈	脱体
意译	三天九次，恶魔毒圈脱体			
原句	哎呼得		滞	达嘎
直译	哎呼得		恶魔毒圈	脱体
意译	哎呼得，恶魔毒圈脱体！			

文解

滞噗得：滞——恶魔毒圈（类似瘴气，只有比才可以看见），噗得——喷、吹（法水），合起来即"喷法水医治恶魔毒圈唱经"。对于中了"滞"毒的人，比要做法水，唱这段经，再用木香和钱纸从病人头上擦到脚背，连擦三次，连唱三次，最后将木香和钱纸烧在坪神庙前。羌人传说有毒药猫的地方"滞"就不敢来，如果是没有毒药猫的地方，"滞"就非常猖獗。

第四十七段：眯眯噗得
（吹法水医治眼睛翳子唱经）

原句	眯眯	噗得		
直译	眼睛	吹（法水）		
意译	吹法水医治眼睛翳子唱经			
原句	木巴	尕耶	址扑依	
直译	天神	叫我	吹翳子	
意译	天神叫我吹翳子			
原句	得扑	址	塞刷塞第	
直译	上吹	翳子	三十三层	
意译	向上吹翳子到三十三层天			
原句	尔扑	址	哈赤	日补
直译	下吹	翳子	十八	地下
意译	向下吹翳子到十八层地狱			
原句	得扑	址	达嘎	
直译	上吹	翳子	散去	
意译	上吹上散			
原句	尔扑	址	达嘎	
直译	下吹	翳子	散去	
意译	下吹下散			
原句	日扑	址	达嘎	
直译	左吹	翳子	散去	
意译	左吹左散			
原句	比扑	址	达嘎	
直译	右吹	翳子	散去	
意译	右吹右散			
原句	格热	木扑那	瓦抓	抓尼
直译	如果	不散	五雷神	抓散

第四十七段：眯眯噗得（吹法水医治眼睛翳子唱经）

意译	如还不散,五雷抓散			
原句	格热	木扑	瓦抓	支瓦
直译	如果	不散	五雷神	扫散
意译	如还不散,五雷扫散			
原句	尕	阿爸	老君	得五卓
直译	我	(尊称)	(神名)	请动
意译	我请动了阿爸"老君"			
原句	快快日玛鲁阿哈			
直译	急急如律令			
意译	急急如律令			

注释

眯眯噗得:眯眯——眼睛,噗得——喷、吹(法水),合起来即"吹法水医治眼睛翳子唱经"。羌人把眼睛见光流泪、眼睛发红等眼病叫做"址(翳子)",有了"址(翳子)"就会请比来唱这段经"医治"。本段唱经对应的图已经残缺。

第四十八段：格不作（熏醋水唱经）

原句	格不	作	
直译	醋	水	
意译	熏醋水唱经		
原句	格	地多米那	地多文
直译	醋水	传说	传说
意译	醋水的传说		
原句	格	白爷米那	白爷文
直译	醋水	（神名）	（神名）
意译	醋水在白爷神时期就有了		
原句	格	如罗米	如罗王
直译	醋水	起源	起源
意译	这就是醋水的起源		
原句	格	出麦出	出麦出
直译	醋水	流传	流传
意译	从此醋水就传了下来		
原句	英木	格勒那	都格全
直译	太阳神	唱白石经	除掉
意译	请来太阳神，唱白石经，把病痛除掉		
原句	勒匹	格勒那	都格全
直译	白石神	唱白石经	除掉
意译	请来白石神，唱白石经，把病痛除掉		
原句	达匹	格勒那	都格全
直译	白云神	唱白石经	除掉
意译	请来白云神，唱白石经，把病痛除掉		
原句	达尼	格勒那	都格全
直译	黑云神	唱白石经	除掉
意译	请来黑云神，唱白石经，把病痛除掉		

原句	达喜	格勒那	都格全	
直译	彩云神	唱白石经	除掉	
意译	请来彩云神,唱白石经,把病痛除掉			
原句	西克基者	额玛	拾儿哇那	格玛王
直译	火塘铁三角	石头	抓出	白色的法石
意译	从火塘铁三角下把烧红的石头抓出来,它就是白色的法石了			
原句	作斯	哇地那	厄可勒	
直译	神水	部位	要熏	
意译	要用神水熏病痛部位			
原句	格作	哇地那	厄可勒	
直译	醋水	部位	要熏	
意译	要用醋水熏病痛部位			
原句	夸都	格勒那	都格全	
直译	凤凰神	唱白石经	除掉	
意译	请来凤凰神唱白石经,把病痛除掉			
原句	米勒哇弟	格勒那	都格全	
直译	(神名)	唱白石经	除掉	
意译	请来"米勒哇弟"神,唱白石经,把病痛除掉			
原句	居作牙五	格勒那	都格全	
直译	(神名)	唱白石经	除掉	
意译	请来"居作牙五"神,唱白石经,把病痛除掉			
原句	哈五比格	格勒那	都格全	
直译	(神名)	唱白石经	除掉	
意译	请来"哈五比格"神,唱白石经,把病痛除掉			
原句	哈格几者	格勒那	都格全	
直译	(神名)	唱白石经	除掉	
意译	请来"哈格几者"神,唱白石经,把病痛除掉			
原句	作斯	哇地那	厄可勒	

第四十八段:格不作(熏醋水唱经)

直译　神水　　部位　　　要熏
意译　要用神水熏病痛部位
原句　格作　　哇地那　　厄可勒
直译　醋水　　部位　　　要熏
意译　要用醋水熏病痛部位
原句　额玛　　塞依　　　书麻书
直译　石头　　三个　　　摸了摸
意译　摸了摸三个烧红的石头
原句　额玛　　亿巴那　　麦古
直译　石头　　大手　　　不怕
意译　比的大手不怕烧红的石头
原句　额玛　　塞依那　　打麻打
直译　石头　　三个　　　舔了舔
意译　舔了舔三个烧红的石头
原句　额玛　　古巴那　　麦古
直译　石头　　大口　　　不怕
意译　比的大嘴不怕烧红的大石头
原句　羽匹　　羽尼　　　塞西来
直译　白鸡　　黑鸡　　　叫起来
意译　白鸡、黑鸡一起叫起来
原句　作斯　　塞古那　　嘶噗〔南无〕
直译　神水　　三口　　　喷了
意译　喷了三口神水
原句　不不玉木　斯依那　　厄可勒
直译　（神名）　神　　　　要熏
意译　要熏一熏"不不玉木"神
原句　日尼嘎拉　斯依那　　厄可勒

直译	（神名）	神	要熏	
意译	要熏一熏"日尼嘎拉"神			
原句	作格巴都啊	斯依那	厄可勒	
直译	（神名）	神	要熏	
意译	要熏一熏"作格巴都"神			
原句	斯那巴那哎	斯依那	厄可勒	
直译	（神名）	神	要熏	
意译	要熏一熏"斯那巴那"神			
原句	木都	比达	英木	
直译	天上	（神名）	太阳神	
意译	天上的"比达"神、太阳神			
原句	国五	麻大	北麦那	厄可勒
直译	还愿祭品	没收	人	要熏
意译	有人还愿的祭品"比达"神和太阳神没有领受，要熏一熏			
原句	木都	比达	英木	
直译	天上	（神名）	太阳神	
意译	天上的"比达"神、太阳神			
原句	国五	日大	嘎尺那	哈比哇
直译	还愿祭品	领受	能	行了
意译	熏了以后"比达"神和太阳神能领受还愿的祭品就行了			
原句	英木	麻刷木哦	厄可勒	
直译	太阳	不亮	要熏	
意译	太阳不亮时熏一熏			
原句	英木哎	刷	嘎尺那	哈比哇
直译	太阳	光照	能	行了
意译	熏了以后太阳有亮光就行了			
原句	勒刷	麻刷本哦	厄可勒	

第四十八段：格不作（熏醋水唱经）

直译	月亮	不亮		要熏	
意译	月亮不亮时熏一熏				
原句	勒刷哎	刷	嘎尺那	哈比哇	
直译	月亮	光照	能	行了	
意译	熏了以后月亮有亮光就行了				
原句	木都	古竹	鲁嘎哦	苦夸	
直译	天上	雨露	能下来	熏了	
意译	熏了以后天上的雨露才能降下来				
原句	日都	古巴	阿巴	嘎尺哦	苦夸
直译	地下	万物	长大	能	熏了
意译	熏了以后地上的万物才能生长起来				
原句	库擦羽得	巴都那	厄可勒		
直译	打狗杀鸡	大坪	要熏		
意译	打狗杀鸡的大坪要熏一熏				
原句	库擦羽得	巴都	日大	嘎尺那	哈比哇
直译	打狗杀鸡	大坪	领受	能	行了
意译	熏了以后，打狗杀鸡的大坪上的祭品神们能领受就行了				
原句	作斯	哇地那	厄可勒		
直译	神水	部位	要熏		
意译	要用神水熏病痛部位				
原句	格作	哇地那	厄可勒		
直译	醋水	部位	要熏		
意译	要用醋水熏病痛部位				
原句	纳麦鲁那	艾给来			
直译	不健康	埋葬掉			
意译	把不健康的东西埋葬掉				
原句	巴数	木伍那	艾给来		

直译	卦位	不利	埋葬掉

意译　把卦位上不利的东西埋葬掉

原句	阿古	纳鲁那	哈比唯
直译	一家	健康	行了

意译　一家人健健康康就行了

原句	巴数	伍尺	哈比唯
直译	卦位	有利	行了

意译　卦位吉利就行了

原句	格不作依	尕支那	嘶噗来
直译	醋水	我	喷了

意译　我把醋水喷了出去

文解

　　格不作：格不——醋，作——水，合起来即"熏醋水唱经"。"醋水"是比的"神水"之一,在多种场合都会用到,本段唱经中是用其治病。做醋水时要先准备一盆醋,然后找洁净的白石五个、铁锡石一个、青石两个、麻石一个,共九个。把石头都放在火塘上烧红,比用手抓出来放在盆中的醋里,醋马上沸腾起来,比加一些其他东西后就用这盆水一个一个地熏主家的人,哪里生病就熏哪里。比一边做一边唱这段经。

第四十八段：格不作（熏醋水唱经）

第四十九段：亿萨佤萨比
（比还手足大愿唱经）

原句	亿	萨	佤	萨	比
直译	手	愿	足	愿	比
意译	比还手足大愿唱经				
原句	啊啊	阿爸		白爷哎	不郎
直译	啊啊	（尊称）		（神名）	鼓响
意译	啊啊，阿爸白爷，比敲着鼓来请您了				
原句	阿勒	阿底	日〔本儿〕那		日哎黑如呀
直译	一月	初一	天神位		首领诞生了
意译	一月初一卦位是天神位，是首领的生日				
原句	日巴	塞则	阿斯那		佐呀
直译	大首领	三位	每天		会面
意译	三位大首领每天都要会面				
原句	内则	内巴	日地哎		勒呀
直译	小事	大事	首领		有
意译	办大小事情都要有首领才行				
原句	恩勒那	尺尺哦	自纳		
直译	你的	办法	效果好		
意译	你的办法效果好				
原句	啊啊	阿爸		白爷呀	不郎
直译	啊啊	（尊称）		（神名）	鼓响
意译	啊啊，阿爸白爷，比敲着鼓来请您了				
原句	依勒	依底	泽哇那		比哎黑如呀
直译	二月	初二	山神位		比诞生了
意译	二月初二卦位是山神位，是比的生日				
原句	比巴	塞则	阿斯那		佐呀
直译	大比	三位	每天		会面

意译	三位大比每天都要会面				
原句	塞〔格儿〕	努女	比地哎	勒呀	
直译	（妖名）	（妖名）	比	有	
意译	镇伏妖魔"塞〔格儿〕""努女"要有比才行				
原句	恩勒那	尺尺哦	自纳		
直译	你的	办法	效果好		
意译	你的办法效果好				
原句	啊啊	阿爸	白爷哎	不郎	
直译	啊啊	（尊称）	（神名）	鼓响	
意译	啊啊，阿爸白爷，比敲着鼓来请您了				
原句	塞勒	塞底	斯皮都支	诸哎黑如呀	
直译	三月	初三	仓房位	铁匠诞生了	
意译	三月初三卦位是仓房位，是铁匠的生日				
原句	诸巴	塞则	阿斯那	佐呀	
直译	大铁匠	三位	每天	会面	
意译	三位大铁匠每天都要会面				
原句	西则	西巴	诸地哎	勒呀	
直译	小铁	大铁	铁匠	有	
意译	打小铁、大铁都要有铁匠才行				
原句	恩勒那	尺尺哦	自纳		
直译	你的	办法	效果好		
意译	你的办法效果好				
原句	啊啊	阿爸	白爷哎	不郎	
直译	啊啊	（尊称）	（神名）	鼓响	
意译	啊啊，阿爸白爷，比敲着鼓来请您了				
原句	只勒	只底	勒比苦哇	〔日儿〕哎黑如呀	
直译	四月	初四	秽物位	木匠诞生了	

意译	四月初四卦位是秽物位，是木匠的生日			
原句	〔日儿〕巴	塞则	阿斯那	佐呀
直译	大木匠	三人	每天	会面
意译	三位大木匠每天都要会面			
原句	支则	支巴	〔日儿〕地哎	勒呀
直译	小房子	大房子	木匠	有
意译	修建小房子、大房子都要有木匠才行			
原句	恩勒那	尺尺哦	自纳	
直译	你的	办法	效果好	
意译	你的办法效果好			
原句	啊啊	阿爸	白爷呀	不郎
直译	啊啊	（尊称）	（神名）	鼓响
意译	啊啊，阿爸白爷，比敲着鼓来请您了			
原句	瓦勒	瓦底	朱达那	伊哎黑如呀
直译	五月	初五	大门位	管财人诞生了
意译	五月初五卦位是大门位，是管财人的生日			
原句	伊巴	塞则	阿斯那	佐呀
直译	大管财人	三位	一天	会面
意译	三位大管财人每天都要会面			
原句	抵则	抵巴	伊地哎	勒呀
直译	小财	大财	管财人	有
意译	管小财、大财都要有管财人才行			
原句	恩勒那	尺尺哦	自纳	
直译	你的	办法	效果好	
意译	你的办法效果好			
原句	啊啊	阿爸	白爷呀	不郎

第四十九段：亿萨佤萨比（比还手足大愿唱经）

直译	啊啊	（尊称）	（神名）		鼓响
意译	啊啊，阿爸白爷，比敲着鼓来请您了				
原句	竹勒	竹底	依则哇底	失哎黑如呀	
直译	六月	初六	六畜位	头目人诞生了	
意译	六月初六卦位是六畜位，是头目人的生日				
原句	失巴	塞则	阿斯那	佐呀	
直译	大头目人	三人	每天	会面	
意译	三位大头目人每天都要会面				
原句	石瓜	鲁瓜	失地哎	勒呀	
直译	打架	斗殴	头目人	有	
意译	解决打架、斗殴都要有头目人才行				
原句	恩勒那	尺尺哦	自纳		
直译	你的	办法	效果好		
意译	你的办法效果好				
原句	啊啊	阿爸	白爷呀	不郎	
直译	啊啊	（尊称）	（神名）	鼓响	
意译	啊啊，阿爸白爷，比敲着鼓来请您了				
原句	布巴	玉巴哎	给一		
直译	（人名）	（地名）	去		
意译	布巴去了"玉巴"				
原句	玉巴	给一	白日白格哎	给一	
直译	（地名）	去	番人的地方	去	
意译	去了"玉巴"再去番人的地方				
原句	白日白格	白冉	塞古	斯尺噶	
直译	番人的地方	番歌	三句	唱了	
意译	布巴到了番人的地方唱了三句番歌				

原句	出哈木支哦	国叶提呀
直译	白炭	背回来
意译	背回来白炭	
原句	木尔日木尔格	给一
直译	羌人的地方	去
意译	布巴又去羌人的地方	

原句	木尔日木尔格	木尔冉	塞古	斯尺噶
直译	羌人的地方	羌歌	三句	唱了
意译	布巴到了羌人的地方唱了三句羌歌			

原句	底喜木支哦	国叶提呀
直译	土窑炭	背回来
意译	背回来土窑炭	
原句	尔日尔格哦	给一
直译	汉人的地方	去
意译	布巴又去汉人的地方	

原句	尔日尔格	尔冉	塞古	斯尺噶
直译	汉人的地方	汉歌	三句	唱了
意译	布巴到了汉人的地方唱了三句汉歌			

原句	那哈木支哎	国叶提呀
直译	地窑炭	背回来
意译	背回来地窑炭	

原句	泽泽牙五	朱不都那	日拇嘎呀
直译	（妖名）	大门上	收住了
意译	大门上的妖魔"泽泽牙五"被神收住了		
原句	娲萨牙五	斯不都那	日拇嘎呀
直译	（妖名）	神位上	收住了

意译	神位上的妖魔"娲萨牙五"被神收住了		
原句	夸日白那	都日哎白呀	
直译	凤飞	凰舞	
意译	凤凰齐舞		
原句	司格那	火格哦	丝木火呀
直译	豹子	老虎	无影无踪
意译	豹子、老虎等猛兽们无影无踪了呀		

文解

亿萨低萨比：亿——手，萨——愿，低——足，萨——愿，比——比，合起来即"比还手足大愿唱经"。"手足"即兄弟们，"手足大愿"字面上是指兄弟们共同举办的还愿活动，实际上是一些大型的还愿活动。本段唱经就是在这些大型还愿活动仪式上唱的。

第五十段：巫查（镇邪唱经）

第五十段：巫查（镇邪唱经）

原句	巫	查				
直译	邪魔	镇压				
意译	镇邪唱经					

原句	日巴哎	塞则				
直译	大首领	三位				
意译	三位大首领哎					

原句	日巴	塞则	阿斯那	佐那		
直译	大首领	三位	一天	会面		
意译	三位大首领每天都要会面					

原句	日巴	塞则	阿斯	佐那	内则那	内巴那
直译	大首领	三位	一天	会合	小事	大事
意译	三位大首领每天都要会面,一起解决大小事情					

原句	比巴哎	塞则				
直译	大比	三位				
意译	三位大比哎					

原句	比巴	塞则	阿斯那	佐那		
直译	大比	三位	一天	会面		
意译	三位大比每天都要会面					

原句	比巴	塞则	阿斯	佐那	塞〔格儿〕	努女那哎
直译	大比	三位	一天	会合	(妖名)	(妖名)
意译	三位大比每天都会见面,一起镇伏妖魔"塞〔格儿〕""努女"					

原句	诸巴哎	塞则				
直译	大铁匠	三位				
意译	三位大铁匠哎					

原句	诸巴	塞则	阿斯那	佐那		
直译	大铁匠	三位	一天	会面		

意译	三位铁匠每天都要会面					
原句	诸巴	塞则	阿斯	佐那	西则	西巴那
直译	大铁匠	三位	一天	会合	小铁	大铁
意译	三位大铁匠每天都要会面，一起打小铁、大铁					
原句	〔日儿〕巴哎	塞则				
直译	大木匠	三位				
意译	三位大木匠哎					
原句	〔日儿〕巴	塞则	阿斯那	佐那		
直译	木匠	三位	一天	会面		
意译	三位大木匠每天都要会面					
原句	〔日儿〕塞则	阿斯	佐那	支则	支巴那	
直译	大木匠	三位	一天	小房子	大房子	
意译	三位大木匠每天都要会面，一起修建小房子、大房子					
原句	伊巴哎	塞则				
直译	管财人	三位				
意译	三位大管财人哎					
原句	伊巴	塞则	阿斯那	佐那		
直译	大管财人	三位	一天	会面		
意译	三位大管财人每天都要会面					
原句	伊巴	塞则	阿斯	佐那	抵则	抵巴那
直译	大管财人	三位	一天	会合	小财	大财
意译	三位大管财人每天都要会面，一起管小财、大财					
原句	失巴哎	塞则				
直译	大头目人	三位				
意译	三位大头目人哎					
原句	失巴	塞则	阿斯那	佐那		
直译	大头目人	三位	一天	会面		

第五十段：巫查（镇邪唱经）

意译　　三位大头目人每天都要会面

原句　　失巴　　　塞则　　阿斯　　佐那　　石瓜　　鲁瓜哎
直译　　大头目人　三位　　一天　　会合　　打架　　斗殴
意译　　三位大头目人每天都要会面，一起调解打架斗殴

文解

　　巫查：巫——邪魔，查——镇压，合起来即"镇邪唱经"。这段唱经是在招魂祭灵的法事上唱的，比在做其他法事活动时在主家大门前和屋顶的白石碉前也会唱。

第五十一段：锝扎
（用桃木剑刺杀妖魔唱经）

原句	锝	扎			
直译	桃木剑	刺杀			
意译	用桃木剑刺杀妖魔唱经				
原句	若哦	得直依那	斯扑那	克麦	阿扎哇
直译	若哦	上看	神树	破坏	刺杀进去
意译	若哦,往上看,有人破坏神树,就刺杀进去				
原句	尔直	斯支哎	克麦那	阿扎哇	
直译	下看	庙宇	破坏	刺杀进去	
意译	往下看,有人破坏庙宇,就刺杀进去				
原句	日直	巴格得麦哎	阿扎哇		
直译	左看	使人栽跟头	刺杀进去		
意译	往左看,有人在使人栽跟头,就刺杀进去				
原句	比直	扑木哎	克麦那	阿扎哇	
直译	右看	树木	破坏	刺杀进去	
意译	往右看,有人破坏树林,就刺杀进去				
原句	艾给	尼本	北麦	阿扎哇	
直译	进来	甜言蜜语	人	刺杀进去	
意译	看到进门就说甜言蜜语的人,就刺杀进去				
原句	黑给	巫本那	北麦	阿扎哇	
直译	出去	搬弄是非	人	刺杀进去	
意译	看到出门就搬弄是非的人,就刺杀进去				
原句	内莫火那	内支尺	北麦	阿扎哇	
直译	没有是非	挑拨是非	人	刺杀进去	
意译	看到无事生非的人,就刺杀进去				
原句	支莫火那	支啄	北麦	阿扎哇	
直译	没事	找事	人	刺杀进去	

意译	看到没事找事的人，就刺杀进去			
原句	尼业	勒勒	北麦	阿扎哇
直译	家业	霸占	人	刺杀进去
意译	看到霸占家业的人，就刺杀进去			
原句	石几	勒勒	北麦那	阿扎哇
直译	家产	霸占	人	刺杀进去
意译	看到霸占家产的人，就刺杀进去			
原句	得石艾石		北麦	阿扎哇
直译	吊儿郎当		人	刺杀进去
意译	看到吊儿郎当的人，就刺杀进去			
原句	得朱艾朱		北麦	阿扎哇
直译	出尔反尔		人	刺杀进去
意译	看到出尔反尔的人，就刺杀进去			
原句	察	依茶那	北麦那	阿扎哇
直译	寨子	两半	人	刺杀进去
意译	看到分裂寨子的人，就刺杀进去			
原句	麦〔日阿〕	麦不〔日阿〕	北麦	阿扎哇
直译	吃人	整人	人	刺杀进去
意译	看到吃人整人的人，就刺杀进去			
原句	日依	日麻刷	北麦	阿扎哇
直译	首领	不当首领	人	刺杀进去
意译	看到当首领却没有首领样子的人，就刺杀进去			
原句	比依	比麻刷	北麦	阿扎哇
直译	比	不当比	人	刺杀进去
意译	看到做比却没有比样子的人，就刺杀进去			
原句	察都	骨本	北麦	阿扎哇
直译	寨子	做贼	人	刺杀进去

意译	看到寨子里做贼的人，就刺杀进去			
原句	阿扎	阿扎	巫依	扎
直译	刺杀	刺杀	妖魔	刺杀
意译	刺杀、刺杀，把妖魔全都刺杀掉			
原句	阿扎	阿扎	毒一	扎
直译	刺杀	刺杀	毒药猫	刺杀
意译	刺杀、刺杀，把毒药猫刺杀掉			
原句	阿扎	阿扎	阿扎哇	
直译	刺杀	刺杀	刺杀进去	
意译	刺杀、刺杀，刺杀进去			

文解

锊扎：锊——桃木剑，扎——刺杀，合起来即"用桃木剑刺杀妖魔唱经"。这段唱经是比在做驱邪除魔的法事时唱的。做法事时，比先用桃木做很多剑，剑把手涂上黑红相间的纹路，分给参加法事活动的众人。比再做一个草人，用棕皮包扎，替代妖魔。比念咒后，全寨人轮流赌咒。之后，比唱这段经，每唱一句就用桃木剑刺杀一下草人，众人附和着比，也用自己手中的桃木剑刺杀草人，仪式结束后将草人烧于三岔路口。本段唱经对应的图已模糊。

第五十二段：库擦
（吊狗唱经）

原句　库　　擦
直译　狗　　吊杀
意译　吊狗唱经

原句　得直依那　　斯扑　　克麦　　杀米杀
直译　上看　　　　神树　　破坏　　杀不杀
意译　（比唱问）往上看，有人砍伐神树，该杀不？（众人吼答：杀）（砍一刀、打一枪）

原句　尔直依那　　斯支　　克麦　　杀米杀
直译　下看　　　　庙宇　　破坏　　杀不杀
意译　（比唱问）往下看，有人破坏庙宇，该杀不？（众人吼答：杀）（砍一刀、打一枪）

原句　日直依那　　巴格得麦　　杀米杀
直译　左看　　　　使人栽跟头　杀不杀
意译　（比唱问）往左看，有人在使人栽跟头，该杀不？（众人吼答：杀）（砍一刀、打一枪）

原句　比直依那　　扑木　　克麦　　杀米杀
直译　右看　　　　树林　　破坏　　杀不杀
意译　（比唱问）往右看，有人破坏树林，该杀不？（众人吼答：杀）（砍一刀、打一枪）

原句　尼业　　勒勒　　勒麦　　杀米杀
直译　家业　　霸占　　有人　　杀不杀
意译　（比唱问）有人霸占家业，该杀不？（众人吼答：杀）（砍一刀、打一枪）

原句　石儿　　勒勒　　勒麦　　杀米杀
直译　家产　　霸占　　有人　　杀不杀
意译　（比唱问）有人霸占家产，该杀不？（众人吼答：杀）（砍一刀、打一枪）

原句	得石艾石　　勒麦　　杀米杀
直译	吊儿郎当　　有人　　杀不杀
意译	（比唱问）有人吊儿郎当,该杀不?（众人吼答：杀）（砍一刀、打一枪）

原句	得朱艾朱　　勒麦　　杀米杀
直译	出尔反尔　　有人　　杀不杀
意译	（比唱问）有人出尔反尔,该杀不?（众人吼答：杀）（砍一刀、打一枪）

原句	艾鲁　　尼本　　黑给　　巫本　　杀米杀
直译	进来　　甜言蜜语　　出去　　搬弄是非　　杀不杀
意译	（比唱问）有人进门就说甜言蜜语,出门就搬弄是非,该杀不?（众人吼答：杀）（砍一刀、打一枪）

原句	察　　依茶那　　杀米杀
直译	寨子　　两半　　杀不杀
意译	（比唱问）有人分裂寨子,该杀不?（众人吼答：杀）（砍一刀、打一枪）

原句	支莫火那　　支啄　　杀米杀
直译	没事　　找事　　杀不杀
意译	（比唱问）有人没事找事,该杀不?（众人吼答：杀）（砍一刀、打一枪）

原句	内莫火那　　内支尺　　杀米杀
直译	没有是非　　挑拨是非　　杀不杀
意译	（比唱问）有人无事生非,该杀不?（众人吼答：杀）（砍一刀、打一枪）

原句	日依　　日麻刷　　杀米杀
直译	首领　　不当首领　　杀不杀
意译	（比唱问）有人当首领却没有首领的样子,该杀不?（众人吼答：杀）（砍一刀、打一枪）

原句	比依　　比麻刷　　杀米杀
直译	比　　不当比　　杀不杀
意译	（比唱问）有人做比却没有比的样子,该杀不?（众人吼答：杀）（砍一刀、打一枪）

第五十二段：库擦（吊狗唱经）

原句	骨者	得彼	杀米杀	
直译	贼	变成	杀不杀	
意译	（比唱问）有人做贼,该杀不?（众人吼答,杀）（砍一刀、打一枪）			
原句	得阿嘎那	麦〔日阿〕本	杀米杀	
直译	张开嘴	吃人	杀不杀	
意译	（比唱问）有人张大嘴巴剥削人民,该杀不?（众人吼答:杀）（砍一刀、打一枪）			
原句	眯得啄那	麦不〔日阿〕	杀米杀	
直译	睁着眼睛	整人	杀不杀	
意译	（比唱问）有人明目张胆地整人,该杀不?（众人吼答:杀）（砍一刀、打一枪）			
原句	月外那	月地麦	杀米杀	
直译	有路	断路	杀不杀	
意译	（比唱问）有人破坏道路,该杀不?（众人吼答:杀）（砍一刀、打一枪）			
原句	巫度	黑支米		
直译	邪魔	镇伏了没有		
意译	（比唱问）把邪魔镇伏了吗?（众人吼答:镇伏了）（砍一刀、打一枪）			
原句	阿度	艾给米		
直译	秽物	埋掉了没有		
意译	（比唱问）把秽物埋掉了没有?（众人吼答:埋掉了）（砍一刀、打一枪）			
原句	骨	根不	得苦鲁米	
直译	贼	根	断了没有	
意译	（比唱问）贼根子挖断了没有?（众人吼答:挖断了）（砍一刀、打一枪）			

文解

　　库擦：库——狗，擦——吊杀，合起来即"吊狗唱经"。这段唱经是比在坪神庙前做杀狗驱邪法事时唱的。比把一根桃木杆的一头削尖，箍上四道箍子，每道箍贴上七张钱纸。再用一根一丈八尺的杆吊起一只白狗，杀一只白鸡，把鸡血淋在杆周围，然后众人轮流用桃木杆象征性地刺一下狗。接着比先祭祀唱经，从寨中年纪最大的人开始，比与其一唱一答，众人附和。每个人回答比的话以后再用法刀在刺过狗的桃木杆上砍一下，用明火枪向狗打一枪。

第五十三段:则刷
（念祭祀咒唱经）

原句　则刷
直译　念祭祀咒
意译　念祭祀咒唱经

原句　麦几哎阿古　　勒则哎　　刷呀
直译　（妖名）　　　祭祀　　　念（咒语）
意译　比祭祀念咒，咒伏妖魔"麦几阿古"

原句　麦几哦萨支　　勒则哎　　刷呀
直译　（妖名）　　　祭祀　　　念（咒语）
意译　比祭祀念咒，咒伏妖魔"麦几萨支"

原句　古哈哦格外　　勒则哦　　刷呀
直译　（妖名）　　　祭祀　　　念（咒语）
意译　比祭祀念咒，咒伏妖魔"古哈格外"

原句　泽喜哦米勒　　勒则哦　　刷呀
直译　（妖名）　　　祭祀　　　念（咒语）
意译　比祭祀念咒，咒伏妖魔"泽喜米勒"

原句　巴替哎朱外　　勒则哎　　刷呀
直译　（妖名）　　　祭祀　　　念（咒语）
意译　比祭祀念咒，咒伏妖魔"巴替朱外"

原句　比如哦达外　　勒则哦　　刷呀
直译　（妖名）　　　祭祀　　　念（咒语）
意译　比祭祀念咒，咒伏妖魔"比如达外"

原句　西哇哎依外　　勒则哎　　刷呀
直译　（妖名）　　　祭祀　　　念（咒语）
意译　比祭祀念咒，咒伏妖魔"西哇依外"

原句　地查哦塔外　　勒则哎　　刷呀
直译　（妖名）　　　祭祀　　　念（咒语）

意译	比祭祀念咒，咒伏妖魔"地查塔外"				
原句	勒则呀	勒则呀	刷呀		
直译	祭祀	祭祀	念（咒语）		
意译	祭祀呀祭祀呀，念咒语				
原句	石沙依那	巴牙哦依那	勒则哦	刷呀	
直译	干坏事	说坏话	祭祀	念（咒语）	
意译	比祭祀念咒，咒伏那些干坏事、说坏话的人				
原句	米嘎依那	米扎啊	北麦	勒则哎	刷呀
直译	欺凌别人	笑话别人	人	祭祀	念（咒语）
意译	比祭祀念咒，咒伏那些欺凌别人、笑话别人的人				
原句	作顷依那	格弟哎	北麦	勒则哎	刷呀
直译	跳水	跳崖	人	祭祀	念（咒语）
意译	比祭祀念咒，咒伏那些跳水、跳崖人的凶魂				
原句	斯特哦	北麦	勒则哦	刷呀	
直译	服毒	人	祭祀	念（咒语）	
意译	比祭祀念咒，咒伏那些服毒的人的凶魂				
原句	斯尺依那	斯哇哦	北麦	勒则哦	刷呀
直译	上吊	自缢	人	祭祀	念（咒语）
意译	比祭祀念咒，咒伏那些上吊自缢的人的凶魂				
原句	艾鲁依那	尼本哦	北麦	勒则哦	刷呀
直译	进来	甜言蜜语	人	祭祀	念（咒语）
意译	比祭祀念咒，咒伏那些进门就说甜言蜜语的人				
原句	黑给依那	巫本	北麦	勒则哦	刷呀
直译	出去	搬弄是非	人	祭祀	念（咒语）
意译	比祭祀念咒，咒伏那些出门就搬弄是非的人				
原句	得直依那	斯扑	克麦	勒则哎	刷呀
直译	上看	神树	破坏	祭祀	念（咒语）

意译	往上看，有人砍伐神树，比要祭祀念咒					
原句	尔直依那	斯支哦	克麦	勒则哎	刷呀	
直译	下看	庙宇	破坏	祭祀	念（咒语）	
意译	往下看，有人破坏庙宇，比要祭祀念咒					
原句	日直依那	巴格得麦	勒则哎	刷呀		
直译	左看	使人栽跟头	祭祀	念（咒语）		
意译	往左看，有人在使人栽跟头，比要祭祀念咒					
原句	比直依那	扑木哦	克麦	勒则哦	刷呀	
直译	右看	树木	破坏	祭祀	念（咒语）	
意译	往右看，有人破坏树林，比要祭祀念咒					
原句	嘎拉	东木	塞则	木尔基那哦	木尔刷哎	鲁呀
直译	（神名）	兄弟	三位	羌人家里	羌卦	来了
意译	嘎拉神三兄弟到羌人家里打羌卦来了					
原句	阿察哎达都	木尔哦	鲁那	木尔刷哎	麻呀	
直译	一寨之中	羌人	来	羌卦	算	
意译	寨中的人都来算羌卦					
原句	阿古哎	木尔哇	依古哎	木尔刷哎	麻呀	
直译	一家	羌人	两家	羌卦	算	
意译	算了一家又一家					
原句	嘎拉	者巴	夸都	外塞	勒则哦	刷呀
直译	（神名）	老大	凤凰	鸣叫	祭祀	念（咒语）
意译	嘎拉神的老大祭祀念咒的声音像凤凰鸣叫一样					
原句	嘎拉	者鲁	司格那哦	外塞	勒则哎	刷呀
直译	（神名）	老二	豹	吼叫	祭祀	念（咒语）
意译	嘎拉神的老二祭祀念咒的声音像豹子吼叫一样					
原句	嘎拉	者则	火格那哦	外塞	勒则哎	刷呀
直译	（神名）	老三	虎	吼叫	祭祀	念（咒语）

意译	嘎拉神的老三祭祀念咒的声音像虎吼一样
原句	阿不那哦　　则刷　　　古不那哦　　德司
直译	一年　　　　念祭祀咒　　九年　　　　太平
意译	念祭祀咒一年能保九年的太平
原句	阿斯那哦　　则刷　　　古斯哦　　　德司
直译	一天　　　　念祭祀咒　　九天　　　　太平
意译	念祭祀咒一天能保九天的太平
原句	阿帕哦　　　则刷　　　古帕哦　　　德司
直译	一刻　　　　念祭祀咒　　九刻　　　　太平
意译	念祭祀咒一刻能保九刻的太平
原句	巫度啊　　　黑支哎尺呀
直译	邪魔　　　　镇伏下去
意译	要把邪魔镇伏下去
原句	阿度哦　　　艾给哦尺呀
直译	秽物　　　　埋葬下去
意译	要把秽物埋下去
原句	日巴　　　塞则　　日地古做　　　比于哎住呀
直译	大首领　　三位　　首领达成一致　好了
意译	三位大首领达成一致就好了
原句	日古哦　　艾责呀
直译	首领嘴　　少说
意译	首领可以少说了
原句	比巴　　　塞则　　比地古做　　　比于哎住呀
直译	大比　　　三位　　比达成一致　　好了
意译	三位大比达成一致就好了
原句	比古　　　艾责呀
直译	比嘴　　　少说

意译　比可以少说了

> **文解**
>
> 　　则刷：念祭祀咒唱经。当寨中有不正常的自然现象时，人们就会请比来做法事活动"驱邪"，并用白鸡、白狗献祭，唱这段经，祈求神灵保佑村寨平安无事。

第五十四段：达阿麻干则斯［地余］
（解秽神咒唱经）

原句　达阿　　麻干则　　斯〔地余〕
直译　分散　　秽气　　　神咒
意译　解秽神咒唱经

原句　木　　日都　　那哈
直译　天　　地　　　自然
意译　天地自然

原句　麻干则　　达阿
直译　秽气　　　分散
意译　秽气分散

原句　牙不　　归　　扑子　　塔哇
直译　洞　　　中　　玄　　　虚
意译　洞中玄虚

原句　哈勒　　英木
直译　煌朗　　太阳
意译　煌朗太阳

原句　赤达　　都斯
直译　八方　　威神
意译　八方威神

原句　尕　　都　　那哈
直译　我　　使　　自然
意译　使我自然

原句　迫〔官儿〕　　徐　　嘎
直译　灵宝　　　　命　　能
意译　灵宝符命

原句　古木　　帕花
直译　九天　　普告

意译	普告九天		
原句	全罗斯	达罗斯	
直译	全罗神	达罗神	
意译	全罗达罗		
原句	洞罡斯	太扑子斯	
直译	洞罡神	太玄神	
意译	洞罡太玄		
原句	都不	努不哎	支
直译	妖	鬼	斩除
意译	斩妖除邪		
原句	阿花	阿都哎	色
直译	一万	一千	杀掉
意译	杀鬼万千		
原句	哇不	归	斯〔地余〕
直译	山	中	神咒
意译	中山神咒		
原句	嘎玛	日勒文	
直译	元始	御文	
意译	元始御文		
原句	阿土	阿得	
直译	一遍	念诵	
意译	持诵一遍		
原句	鲁不茶	阿花都	
直译	驱鬼	万千	
意译	驱鬼万千		
原句	瓦达	格王	
直译	五岳	愿行	

意译　愿行五岳
原句　赤作　　知内
直译　八海　　知闻
意译　八海知闻
原句　巫巴　　亿束
直译　魔王　　束手
意译　魔王束手
原句　尕戈　　尺为
直译　我轩　　侍卫
意译　侍卫我轩
原句　入　麻干则　　何扑
直译　生　秽气　　　消散
意译　生秽消散
原句　刹　麻干则　　何扑
直译　死　秽气　　　消散
意译　死秽消散
原句　麻干则　　苦扑
直译　秽气　　　熏散
意译　秽气熏散
原句　彻黑居　　那达〔石儿〕
直译　道　　　长虹
意译　道及长虹
原句　快快日玛鲁阿哈
直译　急急如律令
意译　急急如律令

第五十四段：达阿麻干则斯（地余）（解秽神咒唱经）

文解

达阿麻干则斯〔地余〕：达阿——分散，麻干则——秽气，斯〔地余〕——神咒，合起来即"解秽神咒唱经"。这段唱经比在很多场合都会用到。唱这段经时必须点燃木香在神龛前后左右熏。唱完这段经接着还要唱《古刷〔地余〕》和《木阿作鲁》，三段都唱完才算解秽完成，才能开展法事的具体活动。这段咒语与后面的《古刷〔地余〕》和《木阿作鲁》两段咒语在道教中也有，从字词对应关系看，似是从道教咒语中转译过去的，因此翻译这些唱经时译者据《道藏》中收录的文本做了校订，主要延用了《道藏》中的字词和语句。本段咒语在《道藏》中写作《净天地神咒》。

第五十五段：古刷〔地余〕（金光咒唱经）

原句	古刷	〔地余〕	
直译	金光	咒语	
意译	金光咒唱经		
原句	木	日都	阿爸勒阿爸
直译	天	地	玄宗
意译	天地玄宗		
原句	花	萨	格不如
直译	万	极	定根
意译	万极定根		
原句	广知	花	萨
直译	广修	万	极
意译	广修万极		
原句	阿得	木	斯木那
直译	正	天	神通
意译	正天神通		
原句	河拉	木萨	都
直译	沐及	雷	处
意译	沐及雷处		
原句	彻黑居唯哎	地嘎	
直译	唯道	独尊	
意译	唯道独尊		
原句	本石	古刷	〔官儿〕
直译	身体	金光	护佑
意译	体护金光		
原句	木都	尕	本石 的

直译	天	我	身体	拥
意译	天拥吾身			

原句	斯那哎	麦地
直译	看	看不见
意译	视之不见	

原句	数得哎	麦洒
直译	听	听不到
意译	听之不闻	

原句	日巴瓦	俄得
直译	五帝	迎接
意译	五帝伺迎	

原句	塞萨	尺为
直译	三界	侍卫
意译	三界侍卫	

原句	阿花	木巴	哇楚
直译	一万	天神	朝拜
意译	万神朝礼		

原句	勒斯得	木萨直
直译	役使	雷霆
意译	役使雷霆	

原句	度不	努不	不都斯〔入阿〕
直译	妖魔	鬼怪	肝胆俱裂
意译	鬼妖丧胆		

原句	古日巴	的尺
直译	精怪	消亡
意译	精怪亡形	

第五十五段：古刷（地余）（金光咒唱经）

原句	哈萨	〔古格〕勒
直译	霹雳	内部
意译	内有霹雳	

原句	木萨斯	达的
直译	雷神	隐名
意译	雷神隐名	

原句	麻干则	牙不	达阿
直译	秽气	洞	分散
意译	洞秽分散		

原句	日木瓦	达哎得
直译	五气	腾腾
意译	五气腾腾	

原句	古刷	数黑鲁
直译	金光	快速出现
意译	金光速现	

原句	巴本	本麦
直译	护法	真人
意译	护法真人	

原句	快快日玛鲁阿哈
直译	急急如律令
意译	急急如律令

文解

　　古刷〔地余〕：古刷——金光，〔地余〕——咒语，合起来即"金光咒唱经"。在《道藏》中这段咒语是《金光神咒》。

第五十六段：木阿作鲁
（天一生水咒唱经）

原句	木	阿	作	鲁
直译	天	一	水	生
意译	天一生水咒唱经			

原句	夕作	伊作	彼
直译	红水	清澈	变成
意译	赤滴澄清		

原句	哇不	居作
直译	山	河
意译	江山河域	

原句	居作巴	沃斯叶
直译	大海	龙神
意译	海阔龙神	

原句	契真日巴	麻鲁火
直译	契真帝王	命令
意译	契真有令	

原句	亿苏	哇楚
直译	合手	朝拜
意译	合手诚拜	

原句	古司	玉司
直译	金仙	玉族
意译	金仙玉族	

原句	格徐	日吾
直译	元神	守舍
意译	元神守舍	

原句	徐朱哎	鲁
直译	魂魄	归宗

意译	魂魄归宗			
原句	木西	鲁都	得牙	
直译	太阳	东方	朝气	
意译	东方生气			
原句	努不	得古		
直译	鬼怪	惊魂		
意译	鬼怪惊魂			
原句	南无	古妈		
直译	南无	金母		
意译	南无金母			
原句	得尔尼知	丝木火		
直译	浩劫	无影无踪		
意译	浩劫无踪			
原句	木都	得尼	知木火	
直译	天	浩劫	消除	
意译	上天消劫			
原句	剀底	苦色沃		
直译	下面	逆龙		
意译	下地逆龙			
原句	归	木衣	干则	
直译	中	雨	清洁	
意译	中清雨洁			
原句	涯格日格	黑如		
直译	绝地	逢生		
意译	绝地逢生			
原句	努不	得古		
直译	鬼怪	惊魂		

意译	鬼怪惊魂	
原句	南无	古妈
直译	南无	金母
意译	南无金母	
原句	南无	木都斯
直译	南无	天神
意译	南无天神	
原句	斋哎外竹萨麻鲁底	
直译	还斋六令契	
意译	还斋六令契	

文解

木阿作鲁：木——天，阿——一，作——水，鲁——生，合起来即"天一生水咒唱经"。比做任何法事都要用水，用水时就要唱这段经"净水"。

第五十七段：比依基苦
（敬请索卦祖师唱经）

原句	比依基	苦
直译	（神名）	熏
意译	熏木香敬请索卦祖师"比依基"神（敬请索卦祖师唱经）	

原句	如依基	苦
直译	（神名）	熏
意译	熏木香敬请索卦祖师"如依基"神	

原句	格尼都	苦
直译	（神名）	熏
意译	熏木香敬请索卦祖师"格尼都"神	

原句	木地格	迟迟
直译	（神名）	迎接
意译	在袅袅香烟中迎接索卦祖师"木地格"神	

原句	北尼木地	迟迟
直译	（神名）	迎接
意译	在袅袅香烟中迎接索卦祖师"北尼木地"神	

原句	尺尼木得	苦
直译	（神名）	熏
意译	熏木香敬请索卦祖师"尺尼木得"神	

原句	木那个	夸	木日 都	木日
直译	天空	凤	歌舞 凰	歌舞
意译	天空中凤凰在歌舞			

原句	米勒哇底	木日	斯火	木日
直译	（神名）	歌舞	（神名）	歌舞
意译	"米勒哇底"神和"斯火"神在歌舞			

原句	居作牙五	木日	日朱	木日

直译	（神名）	歌舞	（神名）	歌舞	
意译	"居作牙五"神和"日朱"神在歌舞				
原句	哈五比格	木日	尼比	木日	
直译	（神名）	歌舞	（神名）	歌舞	
意译	"哈五比格"神和"尼比"神在歌舞				
原句	泽泽牙五	丝木火	苦夸		
直译	（妖名）	无影无踪	熏了		
意译	熏了以后，妖魔"泽泽牙五"无影无踪了				
原句	娲萨牙五	丝木火那	苦夸		
直译	（妖名）	无影无踪	熏了		
意译	熏了以后，妖魔"娲萨牙五"无影无踪了				
原句	泽泽木巴	苦			
直译	（神名）	熏			
意译	熏木香敬请索卦祖师"泽泽木巴"神				
原句	〔古儿〕木北	苦			
直译	（神名）	熏			
意译	熏木香敬请索卦祖师"〔古儿〕木北"神				
原句	斯尺木北	苦			
直译	斯尺木北	熏			
意译	熏木香敬请索卦祖师"斯尺木北"神				

文解

比依基苦：比依基——索卦祖师名，苦——熏木香，合起来即"熏木香敬请索卦祖师'比依基'神"，实为"敬请索卦祖师唱经"。这段唱经是肖永庆在扯索卦刚开始用木香熏卦绳时唱的，请了历代索卦祖师以后才正式开始扯索卦。

第五十八段：都尼堵
（扯索卦唱经）

原句　都尼　　堵
直译　索卦　　扯
意译　扯索卦唱经

原句　阿尺哦　　日荷　　沃那哦　　娲萨　　塞哦　　文尼哎
直译　第一卦　　鼠　　　龙　　　　猴　　　三个　　是
意译　第一卦是"子辰申"三命位

原句　阿尺哦　　日〔本儿〕那　　文尼哎
直译　第一卦　　天神位　　　　　是
意译　第一卦是天神位

原句　阿尺哦　　果不格都银珠　　文尼哎　　依尺罗文
直译　第一卦　　（卦子名）　　　是　　　　第二卦
意译　第一卦扯出的卦子是"果不格都银珠"，又看第二卦

原句　依尺　　斯尼都　　文尼哎
直译　第二卦　火塘位　　是
意译　第二卦是火塘位

原句　依尺　　羽　　不　　乙　　塞哦　　文尼哎
直译　第二卦　鸡　　蛇　　牛　　三个　　是
意译　第二卦是"西巳丑"三命位

原句　依尺　　第第哦　　　塞尺罗文
直译　第二卦　（卦子名）　第三卦
意译　第二卦扯出的卦子是"第第"，又看第三卦

原句　塞尺　　依则哇底　　文尼哎
直译　第三卦　六畜位　　　是
意译　第三卦是六畜位

原句　塞尺　　库日　　巨地　　午　　塞哦　　文尼哎
直译　第三卦　狗　　　虎　　　马　　三个　　是

第五十八段：都尼堵（扯索卦唱经）

意译	第三卦是"戌寅午"三命位				
原句	塞尺	第第夸格哦	文尼哎	只尺罗文	
直译	第三卦	（卦子名）	是	第四卦	
意译	第三卦扯出的卦子是"第第夸格"，又看第四卦				
原句	只尺	朱达哦	文尼哎		
直译	第四卦	大门位	是		
意译	第四卦是大门位				
原句	只尺	泽	扒	日	塞哦	文尼哎
直译	第四卦	羊	猪	兔	三个	是
意译	第四卦是"未亥卯"三命位				
原句	只尺	比基哦	文尼哎	瓦尺罗文	
直译	第四卦	（卦子名）	是	第五卦	
意译	第四卦扯出的卦子是"比基"，又看第五卦				
原句	瓦尺	巫都哦	文尼哎		
直译	第五卦	仇敌位	是		
意译	第五卦是仇敌位				
原句	瓦尺	午如哦	文尼哎		
直译	第五卦	属马的	是		
意译	第五卦是午命人的卦位				
原句	瓦尺	渣哦	文尼哎	竹尺罗文	
直译	第五卦	（卦子名）	是	第六卦	
意译	第五卦扯出的卦子是"渣"，又看第六卦				
原句	竹尺	基朱如哦	文尼哎		
直译	第六卦	女人	是		
意译	第六卦是女性的卦位				
原句	竹尺	泽如哦	文尼哎		
直译	第六卦	属羊的	是		

意译	第六卦是未命人的卦位			
原句	竹尺	蒙得哦	文尼哎	得尺罗文
直译	第六卦	（卦子名）	是	第七卦
意译	第六卦扯出的卦子是"蒙得"，又看第七卦			
原句	得尺	斯皮都哦	文尼哎	
直译	第七卦	仓房位	是	
意译	第七卦是仓房位			
原句	得尺	娲萨哦	文尼哎	
直译	第七卦	属猴的	是	
意译	第七卦是申命人的卦位			
原句	得尺	果不格都银珠哦	文尼哎	赤尺罗文
直译	第七卦	（卦子名）	是	第八卦
意译	第七卦扯出的卦子是"果不格都银珠"，又看第八卦			
原句	赤尺	古那则哦	文尼哎	
直译	第八卦	老小娘舅	是	
意译	第八卦是老小娘舅的卦位			
原句	赤尺	羽如哦	文尼哎	
直译	第八卦	属鸡的	是	
意译	第八卦是西命人的卦位			
原句	赤尺	苏米哦	文尼哎	古尺罗文
直译	第八卦	（卦子名）	是	第九卦
意译	第八卦扯出的卦子是"苏米"，又看第九卦			
原句	古尺	伍哇哦	文尼哎	
直译	第九卦	坟山位	是	
意译	第九卦是坟山位			
原句	古尺	库如哦	文尼哎	
直译	第九卦	属狗的	是	

意译	第九卦是戌命人的卦位				
原句	古尺	散得哦	文尼哎	哈地罗文	
直译	第九卦	（卦子名）	是	第十卦	
意译	第九卦扯出的卦子是"散得"，又看第十卦				
原句	哈地	察都哦	文尼哎		
直译	第十卦	寨子位	是		
意译	第十卦是寨子位				
原句	哈地	扒如哦	文尼哎		
直译	第十卦	属猪的	是		
意译	第十卦是亥命人的卦位				
原句	哈地	勒牙哦	文尼哎	哈基罗文	
直译	第十卦	（卦子名）	是	第十一卦	
意译	第十卦扯出的卦子是"勒牙"，又看第十一卦				
原句	哈基	木巴达都哦	文尼哎		
直译	第十一卦	家神位	是		
意译	第十一卦是家神位				
原句	哈基	日荷哦	文尼哎		
直译	第十一卦	属鼠的	是		
意译	第十一卦是子命人的卦位				
原句	哈基	得不哦	文尼哎	哈尼罗文	
直译	第十一卦	（卦子名）	是	第十二卦	
意译	第十一卦扯出的卦子是"得不"，又看第十二卦				
原句	哈尼	泽哇哦	文尼哎		
直译	第十二卦	山神位	是		
意译	第十二卦是山神位				
原句	哈尼	依则哦	文尼哎		
直译	十二卦	属牛的	是		

意译　第十二卦是丑命人的卦位

原句　哈尼　　　　婆婆则牙哦　　文尼哎　　哈西罗文
直译　第十二卦　　（卦子名）　　是　　　　第十三卦
意译　第十二卦扯出的卦子是"婆婆则牙"，又看第十三卦

原句　哈西　　　　啄格都哦　　文尼哎
直译　第十三卦　　全寨总卦　　是
意译　第十三卦是全寨总卦，全盘看

原句　哈西　　　　巨地　　　　文尼哎
直译　第十三卦　　属虎的　　　是
意译　第十三卦是寅命人的卦位

原句　哈西　　　　第第都儿哦　　文尼哎
直译　第十三卦　　（卦子名）　　是
意译　第十三卦扯出的卦子是"第第都儿"

（第一排十三卦结束）

原句　阿尺哦　　日荷　　沃那哦　　娲萨　　塞哦　　文尼哎
直译　第一卦　　鼠　　　龙　　　　猴　　　三个　　是
意译　第一卦是"子辰申"三命位

原句　阿尺哦　　日〔本儿〕那　　文尼哎
直译　第一卦　　天神位　　　　　是
意译　第一卦是天神位

原句　阿尺哎　　第第哦　　　文尼哎　　依尺罗文
直译　第一卦　　（卦子名）　是　　　　第二卦
意译　第一卦扯出的卦子是"第第"，又看第二卦

原句　依尺　　　斯尼都　　文尼哎
直译　第二卦　　火塘位　　是
意译　第二卦是火塘位

第五十八段：都尼堵（扯索卦唱经）

原句	依尺	羽	卜	乙	塞哦	文尼哎
直译	第二卦	鸡	蛇	牛	三个	是
意译	第二卦是"酉巳丑"三命位					

原句	依尺	居五哦	文尼哎	塞尺罗文
直译	第二卦	（卦子名）	是	第三卦
意译	第二卦扯出的卦子是"居五"，又看第三卦			

原句	塞尺	依则哇底	文尼哎
直译	第三卦	六畜位	是
意译	第三卦是六畜位		

原句	塞尺	库日	巨地	午	塞哦	文尼哎
直译	第三卦	狗	虎	马	三个	是
意译	第三卦是"戌寅午"三命位					

原句	塞尺	果不格都银珠哦	文尼哎	只尺罗文
直译	第三卦	（卦子名）	是	第四卦
意译	第三卦扯出的卦子是"果不格都银珠"，又看第四卦			

原句	只尺	朱达哦	文尼哎
直译	第四卦	大门位	是
意译	第四卦是大门位		

原句	只尺	泽	扒	日	塞哈	文尼哎
直译	第四卦	羊	猪	兔	三个	是
意译	第四卦是"未亥卯"三命位					

原句	只尺	第第哦	文尼哎	瓦尺罗文
直译	第四卦	（卦子名）	是	第五卦
意译	第四卦扯出的卦子是"第第"，又看第五卦			

原句	瓦尺	巫都哦	文尼哎
直译	第五卦	仇敌位	是
意译	第五卦是仇敌位		

原句	瓦尺	午如哦	文尼哎	
直译	第五卦	属马的	是	
意译	第五卦是午命人的卦位			
原句	瓦尺	婆婆则牙哦	文尼哎	竹尺罗文
直译	第五卦	（卦子名）	是	第六卦
意译	第五卦扯出的卦子是"婆婆则牙"，又看第六卦			
原句	竹尺	基朱如哦	文尼哎	
直译	第六卦	女人	是	
意译	第六卦是女性的卦位			
原句	竹尺	泽如哦	文尼哎	
直译	第六卦	属羊的	是	
意译	第六卦是未命人的卦位			
原句	竹尺	得不哦	文尼哎	得尺罗文
直译	第六卦	（卦子名）	是	第七卦
意译	第六卦扯出的卦子是"得不"，又看第七卦			
原句	得尺	斯皮都哦	文尼哎	
直译	第七卦	仓房位	是	
意译	第七卦是仓房位			
原句	得尺	娲萨哎	文尼哎	
直译	第七卦	属猴的	是	
意译	第七卦是申命人的卦位			
原句	得尺	第第梯五哦	文尼哎	赤尺罗文
直译	第七卦	（卦子名）	是	第八卦
意译	第七卦扯出的卦子是"第第梯五"，又看第八卦			
原句	赤尺	古那则哦	文尼哎	
直译	第八卦	老小娘舅	是	
意译	第八卦是老小娘舅的卦位			

原句	赤尺	羽如哦	文尼哎		
直译	第八卦	属鸡的	是		
意译	第八卦是西命人的卦位				
原句	赤尺	达木哦	文尼哎	古尺罗文	
直译	第八卦	（卦子名）	是	第九卦	
意译	第八卦扯出的卦子是"达木"，又看第九卦				
原句	古尺	伍哇哦	文尼哎		
直译	第九卦	坟山位	是		
意译	第九卦是坟山位				
原句	古尺	库如哦	文尼哎		
直译	第九卦	属狗的	是		
意译	第九卦是戌命人的卦位				
原句	古尺	除〔日阿〕哦	文尼哎	哈地罗义	
直译	第九卦	（卦子名）	是	第十卦	
意译	第九卦扯出的卦子是"除〔日阿〕"，又看第十卦				
原句	哈地	察都哦	文尼哎		
直译	第十卦	寨子位	是		
意译	第十卦是寨子位				
原句	哈地	扒如哦	文尼哎		
直译	第十卦	属猪的	是		
意译	第十卦是亥命人的卦位				
原句	哈地	木塞格扎哦	文尼哎	哈基罗文	
直译	第十卦	（卦子名）	是	第十一卦	
意译	第十卦扯出的卦子是"木塞格扎"，又看第十一卦				
原句	哈基	木巴达都哦	文尼哎		
直译	第十一卦	家神位	是		
意译	第十一卦是家神位				

原句	哈基	日荷哦	文尼哎		
直译	第十一卦	属鼠的	是		
意译	第十一卦是子命人的卦位				
原句	哈基	第第梯五哦	文尼哎	哈尼罗文	
直译	第十一卦	（卦子名）	是	第十二卦	
意译	第十一卦扯出的卦子是"第第梯五"，又看第十二卦				
原句	哈尼	泽哇哦	文尼哎		
直译	第十二卦	山神位	是		
意译	第十二卦是山神位				
原句	哈尼	依则哦	文尼哎		
直译	第十二卦	属牛的	是		
意译	第十二卦是丑命人的卦位				
原句	哈尼	比基哦	文尼哎	哈西罗文	
直译	第十二卦	（卦子名）	是	第十三卦	
意译	第十二卦扯出的卦子是"比基"，又看第十三卦				
原句	哈西	啄格都哦	文尼哎		
直译	第十三卦	全寨总卦	是		
意译	第十三卦是全寨总卦，全盘看				
原句	哈西	巨地	文尼哎		
直译	第十三卦	属虎的	是		
意译	第十三卦是寅命人的卦位				
原句	哈西	第第都儿哦	文尼哎		
直译	第十三卦	（卦子名）	是		
意译	第十三卦扯出的卦子是"第第都儿"				

（第二排十三卦结束）

原句	阿尺哦	日荷	沃那哦	娲萨	塞哦	文尼哎

直译	第一卦	鼠	龙	猴	三个	是
意译	第一卦是"子辰申"三命位					

原句	阿尺哦	日〔本儿〕那	文尼哎	
直译	第一卦	天神位	是	
意译	第一卦是天神位			

原句	阿尺哎	第第夸格哦	文尼哎	依尺罗文
直译	第一卦	（卦子名）	是	第二卦
意译	第一卦扯出的卦子是"第第夸格"，又看第二卦			

原句	依尺	斯尼都	文尼哎	
直译	第二卦	火塘位	是	
意译	第二卦是火塘位			

原句	依尺	羽	卜	乙	塞哦	文尼哎
直译	第二卦	鸡	蛇	牛	三个	是
意译	第二卦是"酉巳丑"三命位					

原句	依尺	蒙得哦	文尼哎	塞尺罗文
直译	第二卦	（卦子名）	是	第三卦
意译	第二卦扯出的卦子是"蒙得"，又看第三卦			

原句	塞尺	依则哇底	文尼哎
直译	第三卦	六畜位	是
意译	第三卦是六畜位		

原句	塞尺	库日	巨地	午	塞哈	文尼哎
直译	第三卦	狗	虎	马	三个	是
意译	第三卦是"戌寅午"三命位					

原句	塞尺	哈衣哦	文尼哎	只尺罗文
直译	第三卦	（卦子名）	是	第四卦
意译	第三卦扯出的卦子是"哈衣"，又看第四卦			

原句	只尺	朱达哦	文尼哎
直译	第四卦	大门位	是

意译　　第四卦是大门位

原句　　只尺　　　泽　扒　　日　　　塞哦　　文尼哎
直译　　第四卦　　羊　猪　　兔　　三个　　　是
意译　　第四卦是"未亥卯"三命位

原句　　只尺　　　第第哦　　　　文尼哎　　瓦尺罗文
直译　　第四卦　　（卦子名）　　是　　　　第五卦
意译　　第四卦扯出的卦子是"第第"，又看第五卦

原句　　瓦尺　　　巫都哦　　文尼哎
直译　　第五卦　　仇敌位　　是
意译　　第五卦是仇敌位

原句　　瓦尺　　　午如哦　　文尼哎
直译　　第五卦　　属马的　　是
意译　　第五卦是午命人的卦位

原句　　瓦尺　　　婆婆则牙哦　　　文尼哎　　竹尺罗文
直译　　第五卦　　（卦子名）　　　是　　　　第六卦
意译　　第五卦扯出的卦子是"婆婆则牙"，又看第六卦

原句　　竹尺　　　基朱如哦　　文尼哎
直译　　第六卦　　女人　　　是
意译　　第六卦是女性的卦位

原句　　竹尺　　　泽如哦　　文尼哎
直译　　第六卦　　属羊的　　是
意译　　第六卦是未命人的卦位

原句　　竹尺　　　散得哦　　　文尼哎　　得尺罗文
直译　　第六卦　　（卦子名）　是　　　　第七卦
意译　　第六卦扯出的卦子是"散得"，又看第七卦

原句　　得尺　　　斯皮都哦　　文尼哎
直译　　第七卦　　仓房位　　　是
意译　　第七卦是仓房位

原句	得尺	娲萨哦	文尼哎	
直译	第七卦	属猴的	是	
意译	第七卦是申命人的卦位			

原句	得尺	渣哦	文尼哎	赤尺罗文
直译	第七卦	（卦子名）	是	第八卦
意译	第七卦扯出的卦子是"渣"，又看第八卦			

原句	赤尺	古那则哦	文尼哎	
直译	第八卦	老小娘舅	是	
意译	第八卦是老小娘舅的卦位			

原句	赤尺	羽如哦	文尼哎	
直译	第八卦	属鸡的	是	
意译	第八卦是西命人的卦位			

原句	赤尺	得不哦	文尼哎	古尺罗文
直译	第八卦	（卦子名）	是	第九卦
意译	第八卦扯出的卦子是"得不"，又看第九卦			

原句	古尺	伍哇哦	文尼哎	古尺罗文
直译	第九卦	坟山位	是	第九卦
意译	第九卦是坟山位			

原句	古尺	库如哦	文尼哎	
直译	第九卦	属狗的	是	
意译	第九卦是戌命人的卦位			

原句	古尺	哈衣哦	文尼哎	哈地罗文
直译	第九卦	（卦子名）	是	第十卦
意译	第九卦扯出的卦子是"哈衣"，又看第十卦			

原句	哈地	察都哦	文尼哎	
直译	第十卦	寨子位	是	
意译	第十卦是寨子位			

原句　哈地　　　扒如哦　　文尼哎
直译　第十卦　　属猪的　　是
意译　第十卦是亥命人的卦位

原句　哈地　　　木塞格扎哦　　文尼哎　　哈基罗文
直译　第十卦　　（卦子名）　　是　　　　第十一卦
意译　第十卦扯出的卦子是"木塞格扎"，又看第十一卦

原句　哈基　　　木巴达都哦　　文尼哎
直译　第十一卦　家神位　　　　是
意译　第十一卦是家神位

原句　哈基　　　日荷哦　　文尼哎
直译　第十一卦　属鼠的　　是
意译　第十一卦是子命人的卦位

原句　哈基　　　除〔日阿〕哦　　文尼哎　　哈尼罗文
直译　第十一卦　（卦子名）　　　是　　　　第十二卦
意译　第十一卦扯出的卦子是"除〔日阿〕"，又看第十二卦

原句　哈尼　　　泽哇哦　　文尼哎
直译　第十二卦　山神位　　是
意译　第十二卦是山神位

原句　哈尼　　　依则哦　　文尼哎
直译　第十二卦　属牛的　　是
意译　第十二卦是丑命人的卦位

原句　哈尼　　　第第夸格哦　　文尼哎　　哈西罗文
直译　第十二卦　（卦子名）　　是　　　　第十三卦
意译　第十二卦扯出的卦子是"第第夸格"，又看第十三卦

原句　哈西　　　啄格都哦　　文尼哎
直译　第十三卦　全寨总卦　　是
意译　第十三卦是全塞总卦，全盘看

原句	哈西	巨地哦	文尼哎
直译	第十三卦	属虎的	是
意译	第十三卦是寅命人的卦位		

原句	哈西	苏米哦	文尼哎
直译	第十三卦	（卦子名）	是
意译	第十三卦扯出的卦子是"苏米"		

（第三排十三卦结束）

文解

都尼堵：都尼——索卦，堵——扯，合起来即"扯索卦唱经"。索卦是一种古老的占卜形式，也是羌族最具代表性的文化遗产之一，据译者调查所见，现今全国仅有肖永庆一人还会羌族扯索卦，急需传承和保护。羌族索卦用七根纯白羊毛绳做卦绳，卦绳两头有七色彩布做的绳头。索卦有一根母卦、六根子卦，即"一六共宗"。全卦为三十九卦，单卦为十三卦，共三排。与绳索相对应的还有二十种卦子，扯一卦放一枚卦子，直到扯十三次或三十九次后，再用一根麦草秆来破卦。本段唱经是第一排卦（第一卦到第十三卦）、第二排卦（第十四卦到第二十六卦）和第三排卦（第二十七卦到第三十九卦）的卦谱唱经，是一个例本，其中的卦位名、卦子名等在实际中随机变化。

第五十九段：都尼谛
（解索卦唱经）

原句　都尼　　谛
直译　索卦　　解说
意译　解索卦唱经

原句　阿尺　　　婆婆则牙那　　外云吧
直译　第一卦　　（卦子名）　　出现
意译　第一个一卦上出现的卦子是"婆婆则牙"

原句　阿尺　　　散得　　　　外云吧
直译　第一卦　　（卦子名）　出现
意译　第二个一卦上出现的卦子是"散得"

原句　阿尺　　　比基　　　　外云吧
直译　第一卦　　（卦子名）　出来
意译　第二个一卦上出现的卦子是"比基"

原句　子不　　地得哇
直译　今年　　摇甩
意译　三个一卦一起看，今年四柱不稳

原句　国得国巴　　北尺吧
直译　还大愿　　　要弥补
意译　要请比还大愿来弥补

原句　依尺　　　果不格都银珠那　　外云吧
直译　第二卦　　（卦子名）　　　出现
意译　第一个二卦上出现的卦子是"果不格都银珠"

原句　依尺　　　黑迫得不　　外云吧
直译　第二卦　　（卦子名）　出现
意译　第二个二卦上出现的卦子是"黑迫得不"

原句　依尺　　　得不　　　　外云吧
直译　第二卦　　（卦子名）　出现

意译	第三个二卦上出现的卦子是"得不"			
原句	日那	比那	得五那	
直译	首领	比	请来	
意译	三个二卦一起看,要请首领和比来做祭祀			
原句	刷来依那	第第	外云吧	
直译	算卦	(卦子名)	出现	
意译	算卦时扯出了卦子"第第"			
原句	内支巴都	作麦鲁那	黑鲁旺	
直译	聚会大坪	没有水流	又来了	
意译	已经断水的聚会大坪上又有水了			
原句	者麦几那	者几		
直译	不生孩子	生孩子		
意译	没有生下孩子的家庭快要生小孩了			
原句	塞尺	第第那	外云吧	
直译	第三卦	(卦子名)	出现	
意译	第一个三卦上出现的卦子是"第第"			
原句	塞尺	果不格都银朱	外云吧	
直译	第三卦	(卦子名)	出现	
意译	第二个三卦上出现的卦子是"果不格都银朱"			
原句	塞尺	得不	外云吧	
直译	第三卦	(卦子名)	出现	
意译	第三个三卦上出现的卦子是"得不"			
原句	古儿	何楚那	得彼吧	
直译	正气	树起	变好	
意译	三个三卦一起看,正气树起来就会好了			
原句	纳萨	达〔如阿〕那	得彼吧	
直译	纳萨杆	立起	变好	

意译	纳萨杆立起来就会好了			
原句	阿古得古那		得彼吧	
直译	一家人尽其财		变好	
意译	一家人尽其财就会好了			
原句	阿古出古那		得彼吧	
直译	一家人尽其力		变好	
意译	一家人尽其力就会好了			
原句	只尺	散得那		外云吧
直译	第四卦	（卦子名）		出现
意译	第一个四卦上出现的卦子是"散得"			
原句	只尺	第第		外云吧
直译	第四卦	（卦子名）		出现
意译	第二个四卦上出现的卦子是"第第"			
原句	只尺	哈衣		外云吧
直译	第四卦	（卦子名）		出现
意译	第三个四卦上出现的卦子是"哈衣"			
原句	屋支	地得哇		麦勒吧
直译	堂屋	摇甩		没有
意译	三个四卦一起看，家中四柱平稳			
原句	朱达哦	地得哇		麦勒吧
直译	大门	摇甩		没有
意译	大门位很稳，家中平安顺利			
原句	瓦尺	婆婆则牙那		外云吧
直译	第五卦	（卦子名）		出现
意译	第一个五卦上出现的卦子是"婆婆则牙"			
原句	瓦尺	渣那		外云吧
直译	五卦	（卦子名）		出现

意译	第二个五卦上出现的卦子是"渣"			
原句	瓦尺	黑迫得不	外云吧	
直译	第五卦	（卦子名）	出现	
意译	第三个五卦上出现的卦子是"黑迫得不"			
原句	巫度文那	黑支哎		
直译	邪魔	镇伏		
意译	三个五卦一起看，邪魔会被镇伏			
原句	阿度文那	艾给哎		
直译	秽物	埋葬		
意译	秽物会被埋掉			
原句	竹尺	达木那	外云吧	
直译	第六卦	（卦子名）	出现	
意译	第一个六卦上出现的卦子是"达木"			
原句	竹尺	第第都儿那	外云吧	
直译	第六卦	（卦子名）	出现	
意译	第二个六卦上出现的卦子是"第第都儿"			
原句	竹尺	除〔日阿〕	外云吧	
直译	第六卦	（卦子名）	出现	
意译	第三个六卦上出现的卦子是"除〔日阿〕"			
原句	麦巴	剋底	麦则	黑如吧
直译	大人	底下	小孩	成长
意译	三个六卦一起看，大人之后有小孩在成长			
原句	扑巴	剋底	扑则	黑如吧
直译	大树	底下	小树	生长
意译	大树底下有小树在生长			
原句	得尺	第第夸格那	外云吧	
直译	第七卦	（卦子名）	出现	

意译	第一个七卦上出现的卦子是"第第夸格"				
原句	得尺	散得	外云吧		
直译	第七卦	（卦子名）	出现		
意译	第二个七卦上出现的卦子是"散得"				
原句	得尺	果不格都银珠那	外云吧		
直译	第七卦	（卦子名）	出现		
意译	第三个七卦上出现的卦子是"果不格都银珠"				
原句	哇	〔日阿〕勒	哇巴	刷勒文那	外云吧
直译	粮	够吃	存粮	变得有了	出现
意译	三个七卦一起看，家中粮够吃，粮有余				
原句	阔	〔日阿〕勒	阔巴	刷勒文那	外云吧
直译	肉	够吃	存肉	变得有了	出现
意译	家中肉够吃，肉有存				
原句	赤尺	居五	外云吧		
直译	第八卦	（卦子名）	出现		
意译	第一个八卦上出现的卦子是"居五"				
原句	赤尺	蒙得	外云吧		
直译	八卦	（卦子名）	出现		
意译	第二个八卦上出现的卦子是"蒙得"				
原句	赤尺	第第	外云吧		
直译	第八卦	（卦子名）	出现		
意译	第三个八卦上出现的卦子是"第第"				
原句	者麦儿那	者几王			
直译	不生孩子	生孩子			
意译	三个八卦一起看，没有生下小孩的家庭要生小孩了				
原句	古尺	果不格都银珠	外云吧		

直译	第九卦	（卦子名）	出现
意译	第一个九卦上出现的卦子是"果不格都银珠"		

原句	古尺	得不	外云吧
直译	第九卦	（卦子名）	出现
意译	第二个九卦上出现的卦子是"得不"		

原句	古尺	除〔日阿〕	外云吧
直译	第九卦	（卦子名）	出现
意译	第三个九卦上出现的卦子是"除〔日阿〕"		

原句	质国哎	外玛扎呀	
直译	犏牛愿	要还愿	
意译	三个九卦一起看，要用一头犏牛还愿		

原句	国则	国巴	外王吧
直译	小愿	大愿	要还
意译	小愿大愿都要还		

原句	哈地	第第那	外云吧
直译	第十卦	（卦子名）	出现
意译	第一个十卦上出现的卦子是"第第"		

原句	哈地	得不	外云吧
直译	第十卦	（卦子名）	出现
意译	第二个十卦上出现的卦子是"得不"		

原句	哈地	第第夸格	外云吧
直译	第十卦	（卦子名）	出现
意译	第三个十卦上出现的卦子是"第第夸格"		

原句	察都哦	不月	得牙吧
直译	寨子位	年	顺运
意译	三个十卦一起看，在寨子位上，年运很好		

第五十九段：都尼谛（解索卦唱经）

原句	日个	子支	得雅吧	
直译	地方	这个	顺运	
意译	这个地方会风调雨顺			
原句	哈基	比基	外云吧	
直译	第十一卦	（卦子名）	出现	
意译	第一个十一卦上出来的卦子是"比基"			
原句	哈基	得不	外云吧	
直译	第十一卦	（卦子名）	出现	
意译	第二个十一卦上出现的卦子是"得不"			
原句	哈基	第第	外云吧	
直译	第十一卦	（卦子名）	出现	
意译	第三个十一卦上出现的卦子是"第第"			
原句	阿古得古	得彼吧		
直译	一家人尽其财	变好		
意译	三个十一卦一起看，一家人尽其财就会好了			
原句	阿古出古	得彼吧		
直译	一家人尽其力	变好		
意译	一家人尽其力就会好了			
原句	哈尼	第第	外云吧	
直译	第十二卦	（卦子名）	出现	
意译	第一个十二卦上出现的卦子是"第第"			
原句	哈尼	除〔日阿〕	外云吧	
直译	第十二卦	（卦子名）	出现	
意译	第二个十二卦上出现的卦子是"除〔日阿〕"			
原句	哈尼	得不	外云吧	
直译	第十二卦	（卦子名）	出现	

意译	第三个十二卦上出现的卦子是"得不"

原句　木巴依那　　阿古达都　　木巴巴
直译　天神　　　　一家之中　　天神大
意译　三个十二卦一起看，一家之中天神为大

原句　阿察　　勒麦　　则则　　巴巴　　木巴　　火石尺
直译　一寨　　有人　　小孩　　大人　　天神　　谨请
意译　全寨老少遇事都要谨请天神

原句　哈西　　　　果不格都银珠　　外云吧
直译　第十三卦　　（卦子名）　　　出现
意译　第一个十三卦上出现的卦子是"果不格都银珠"

原句　哈西　　　　果不格都银珠　　外云吧
直译　第十三卦　　（卦子名）　　　出现
意译　第二个十三卦上出现的卦子又是"果不格都银珠"

原句　哈西　　　　第第　　　　外云吧
直译　第十三卦　　（卦子名）　出现
意译　第三个十三卦上出现的卦子是"第第"

原句　阿石那　　亚麻吧
直译　以后　　　万事如意
意译　以后就万事如意了

原句　阿巴巴那　　亚麻吧
直译　永远　　　　万事如意
意译　永远万事如意

文解

都尼谛：都尼——索卦，谛——解说，合起来即"解索卦唱经"。索卦是羌族的传统占卜方式，它保存了"结绳记事"的形式。这段唱经是扯完索卦进行解读时必唱的经，是一个例本。

第六十段：得捂不楚
（聚财大祭唱经）

第六十段：得捂不楚（聚财大祭唱经）

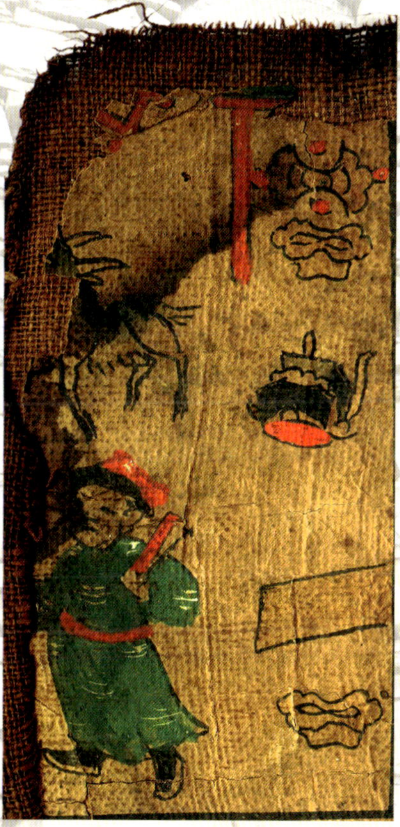

原句	得捂	不楚			
直译	聚财	大祭祀			
意译	聚财大祭唱经				
原句	扎麻文支作哈	那都哈扎哈			
直译	纸剪的仓神	插在斗上			
意译	把纸剪的仓神插在斗上				
原句	得伊朱那	得伊达那			
直译	进财宝	招财宝			
意译	招财进宝				
原句	木都	日都	阿插于		
直译	天	地	相连		
意译	远古时天地相连在一起				
原句	阿爸	白爷	木都	日都	得改哈
直译	（尊称）	（神名）	天	地	劈开了
意译	阿爸白爷劈开了天地				
原句	自土文那	支在文那	支在哈		
直译	从此	建房	建房		
意译	从此人们在地上修建房子				
原句	日都哎	迫哈			
直译	地上	挖地基			
意译	修房子时先挖地基				
原句	额玛那	木得	卡鲁那	得勒彼哈	
直译	石头	寻找	砌墙	砌好	
意译	再找石头砌成墙				
原句	杜巴那	阿捉	〔日儿〕那		
直译	木材	砍伐	木匠		

意译	请木匠把木材砍回来			
原句	达苦	得使哎	池文那	
直译	梁担	搭上	锯开	
意译	把木头锯开做成梁担搭上去			
原句	支都文那	达苦	使那彼哈	
直译	房子	梁担	架好	
意译	架好房屋的梁担			
原句	五勒	拔那	得丝哈	
直译	椽子	钉好	安好	
意译	把椽子钉好安好			
原句	木无	布麻	阿捉给	
直译	竹子	竹梢	砍回来	
意译	把竹子的竹梢砍回来			
原句	木无那	布麻	思思依那	
直译	竹子	竹梢	铺好	
意译	把竹子的竹梢铺好			
原句	勒尼依那	得勿住		
直译	黑泥	倒上去		
意译	在竹梢上面倒上黑泥巴			
原句	勒尼	格底	勒阿	得勿住
直译	黑泥	上面	黄泥	倒上去
意译	黑泥上面再倒上黄泥			
原句	不依哎	池	支都	使那彼哈
直译	木料	锯开	房上	架好
意译	把木料锯成木板，在房上架好			
原句	扑弟那	得累	支文哈	
直译	壁板	装	房间	

第六十段：得捂不楚（聚财大祭唱经）

意译	装上壁板就有了房间				
原句	朱都	挨格为			
直译	大门	开好了			
意译	大门开好了				
原句	朱都	沃勒	日木哈		
直译	大门	龙神	请		
意译	在大门口要请五方龙神				
原句	泽那	尼麻	日补哈		
直译	山羊	绵羊	买了		
意译	买来山羊、绵羊				
原句	泽那	尼麻哎	鲁尺	哈比哇	
直译	山羊	绵羊	进圈	行了	
意译	山羊、绵羊肯进圈就行了				
原句	泽	阿日纽	古日文那	得彼	哈比哇
直译	羊	一只	九只	发展	行了
意译	羊从一只发展到九只就行了				
原句	阿阔纽	古阔那	得彼	哈比哇	
直译	一群	九群	发展	行了	
意译	从一群发展到九群就行了				
原句	得给支	朱〔日阿〕那	哈比哇		
直译	到哪里	吃草	行了		
意译	到哪里都能找到草吃就行了				
原句	艾鲁依那	得〔日阿〕那	哈比哇		
直译	回来	吃食	行了		
意译	回到圈里肯吃食就行了				
原句	得给支	作特那	哈比哇		
直译	到哪里	喝水	行了		

意译	到哪里都能找到水喝就行了		
原句	艾鲁依那	苏兀那	哈比哇
直译	回来	摇尾巴	行了
意译	回到家羊会摇头摆尾就行了		
原句	瓜巴依那	阿〔日阿〕哈	哈比哇
直译	锄头	打几把	行了
意译	锄头打上几把就行了		
原句	拉阿	得股那	哈比哇
直译	荒草	锄	行了
意译	把荒地上的草锄掉就行了		
原句	日都	阿叉巴	日于给
直译	地	一大片	开垦
意译	开垦出一大片土地		
原句	植	阿欻那	哈比哇
直译	麦子	种	行了
意译	在这块地种上麦子就行了		
原句	日	阿欻那	哈比哇
直译	青稞	种	行了
意译	在这块地种上青稞就行了		
原句	茹	阿欻那	哈比哇
直译	荞麦	种	行了
意译	在这块地种上荞麦就好了		
原句	谷	阿欻那	哈比哇
直译	蔬菜	种	行了
意译	在这块地种上蔬菜就好了		
原句	植	阿欻那	植得亚
直译	麦子	种	麦子好

第六十段：得捂不楚（聚财大祭唱经）

意译	麦子种下后长势很好			
原句	日	阿欻那	日得亚	
直译	青稞	种	青稞好	
意译	青稞种下后长势很好			
原句	茹	阿欻那	茹得亚	
直译	荞麦	种	荞麦好	
意译	荞麦种下后长势很好			
原句	谷	阿欻那	谷得亚那	
直译	蔬菜	种	蔬菜好	
意译	蔬菜种下后长势很好			
原句	阿不依那	木衣作都	土麻哈	
直译	一年	雨水	浇灌	
意译	一年到头都有雨水浇灌			
原句	〔地云〕依那	得累	哈比哇	
直译	白石碙	砌	行了	
意译	砌好房顶上的白石碙就行了			
原句	得捂	不楚依那	外麻扎牙	
直译	聚财	大祭祀	要还愿	
意译	聚财大祭上的愿要还			
原句	纳萨依那	达〔入阿〕	嘎那	哈比哇
直译	纳萨杆	立起	能	行了
意译	纳萨杆能立起来就行了			
原句	阿不	何楚	塞不斯那	德司
直译	一年	树起	三年	太平
意译	把纳萨杆立上一年，能保三年的太平			
原句	依不	何楚	朱不斯那	德司
直译	两年	树起	六年	太平

意译	把纳萨杆立上两年，能保六年的太平			
原句	塞不	何楚	古不斯那	德司
直译	三年	树起	九年	太平
意译	把纳萨杆立上三年，能保九年的太平			
原句	英木	日何	哈比哇	
直译	太阳神	保佑	行了	
意译	太阳神保佑主家就行了			
原句	嘎拉	日何	哈比哇	
直译	（神名）	保佑	行了	
意译	嘎拉神保佑主家就行了			
原句	哇	〔日阿〕勒	哈比哇	
直译	粮	够吃	行了	
意译	家里的粮够吃就行了			
原句	哇巴	刷勒	哈比哇	
直译	存粮	变得有了	行了	
意译	家里有余粮就行了			
原句	阔	〔日阿〕勒	哈比哇	
直译	肉类	够吃	行了	
意译	家里的肉够吃就行了			
原句	阔巴	刷勒	哈比哇	
直译	存肉	变得有了	行了	
意译	家里有存肉就行了			
原句	作哎古那	作依五那	哈比哇	
直译	烧水	水好喝	行了	
意译	烧的水好喝就行了			
原句	喜哎古那	喜依五那	哈比哇	
直译	酿酒	酒好喝	行了	

第六十段：得捂不楚（聚财大祭唱经）

意译　酿的酒好喝就行了
原句　达那　　达那　　斯依那
直译　祷告　　祷告　　神
意译　再三向神祷告

原句　达那　　达那　　朱耶纳
直译　祷告　　祷告　　门庭顺遂
意译　再三祷告，请神保佑门庭顺遂

原句　达那　　达那　　朱耶哎纳呀
直译　祷告　　祷告　　门庭顺遂
意译　再三祷告，请神保佑门庭顺遂呀

文解

得捂不楚：得捂——聚财，不楚——大祭祀，合起来即"聚财大祭唱经"。当主家生活比较拮据，经常没有存粮存肉的时候就要请比来做一场"聚财大祭"，到时前来参加的亲朋好友都会送上礼品帮助主家。做活动时比要在主家的仓房上唱这段经。

参考文献

[1] 四川省少数民族古籍整理办公室. 羌族释比经典. 成都：四川民族出版社，2008.

[2] 阿坝师范高等专科学校少数民族文化艺术研究所. 羌族释比图经. 成都：四川民族出版社，2010.

[3] 王治升，阮宝娣，徐亚娟. 羌族释比唱经. 北京：民族出版社，2011.

[4] 李绍明. 羌族历史问题. 马尔康：阿坝州地方志编纂委员会、阿坝州史志学会（内部印刷），1998.

[5] 任乃强. 羌族源流探索. 重庆：重庆出版社，1984.

[6] 冉光荣，李绍明，周锡银. 羌族史. 成都：四川民族出版社，1985.

[7] 何光岳. 氐羌源流史. 南昌：江西教育出版社，2000.

[8] 于一，李家骥，罗永康，等. 羌族释比文化探秘. 北京：中国戏剧出版社，2003.

[9] 董常保. 阿坝州旧志集成. 成都：四川大学出版社，2018.

后记

  我这辈子做的最重要的一件事情，就是抢救、保护、传承羌族《刷勒日》图经及其唱经，使《刷勒日》中的信息可以永久保存、永续利用。我的最终目的是在保护好《刷勒日》的基础上，让其"活起来"，让更多的社会公众走近并了解羌文化，提振羌人的文化自信。

  我之所以能够做到三十余年守一不移，一是得益于从2008年开始的长达10多年的羌族《刷勒日》抢救保护工程，使得羌族《刷勒日》文本目前处于安全状态；二是得益于各级档案部门的全力支持和关心，使《刷勒日》的传承人、相关器物、唱经等得到全系统保护；三是得益于《刷勒日》成功入选第四批《中国档案文献遗产名录》，彰显了羌族《刷勒日》的重要价值，为后续的各项保护行动提供了依据；四是得益于羌族《刷勒日》图经传承人的全力配合，无私奉献，为我们解开"天书"之谜提供了钥匙；五是得益于羌族尼娲许《刷勒日》传承人的开明、担当、自觉，把祖传之宝奉献出来，让社会公众知道现今只有语言、没有传统古老文字的羌族却传承有一部图画形式的古籍《刷勒日》，它把一些传说变成了现实，承载着羌文化的重要根脉。

  要让古籍说话、让历史说话、让文化说话、守文化之根、创时代之新，我们有理由期待，未来还会有更多的羌文化宝藏被发掘出来，服务于人民。习近平总书记要求"要坚定文化自信、把握时代脉搏、聆听时代声音，坚持与时代同步伐、以人民为中心、以精品奉献人民、用明德引领风尚"。过去我们面对经典心存敬畏，今天我们按照时代要求，寻找古籍在新时代的恒在价值。《刷勒日》的图画都有着相应的文化阐释和表达系统，都有着传统的美好情怀和现实的人文关怀。呵护好我们的珍贵古籍，关乎全球化时代中华民族身份的确立，关乎我们能否拥有一个美好的精神家园。保护和传承《刷勒日》，每个羌族儿女都不应是冷静的旁观者和沉默的看客。我想，传承《刷勒日》最重要的不是守住炉中的那些灰烬，而是对那束热情火焰的不断传递。

如今我们探索一种对古籍的创新性表达，是对羌文化开放之路的艰苦探索，只是一种尝试，笔者的水平有限，精力不足，难免存在不够准确或错误之处，希望读者宽容指正。恳请广大读者和专家批评指教，从而为我们进一步探索羌族《刷勒日》之谜提供动力，在此深表谢意。

杨成立
2020 年 9 月 30 日